Pioniere des Himmels

Andreas Venzke

Pioniere des Himmels

Die Brüder Wright

Eine Biografie

Artemis & Winkler

Die Deutsche Bibliothek – CIP-Einheitsaufnahme
Ein Titeldatensatz für diese Publikation ist bei
Der Deutschen Bibliothek erhältlich.

© 2002 Patmos Verlag GmbH & Co. KG
Artemis & Winkler Verlag, Düsseldorf und Zürich
Alle Rechte, einschließlich derjenigen des auszugsweisen Abdrucks
sowie der fotomechanischen und elektronischen Wiedergabe, vorbehalten.
Umschlagmotiv: »Biplane by Wright«, Photo: Getty Images/Hulton Archives
Umschlaggestaltung: Groothuis, Lohfert, Consorten (Hamburg)
Satz: Heinrich Fanslau, Communication/EDV, Düsseldorf
Druck und Bindung: Wiener Verlag, A-Himberg
ISBN 3-538-07143-8
www.patmos.de

Inhalt

1.

Der Beginn
Ballone und Flugmaschinen

Der Traum vom Fliegen – ein Ausdruck, der heute, nach einem Jahrhundert Flugerfahrung, zur Phrase geworden ist. »Wie rasch hat das Fliegen, dieser uralte, kostbare Traum, jeden Reiz, jeden Sinn, seine Seele verloren. So erfüllen sich die Träume, einer nach dem andern, zu Tode. Kannst du einen neuen Traum haben?«[1], fragte noch 1973 Elias Canetti. Der Traum vom Fliegen ist zur Banalität verkommen, einerseits.

Mallorca wird in jedem Jahr von über sieben Millionen Touristen besucht, von denen fast alle mit dem Flugzeug anreisen. Für sie ist der Traum jährlich aufs Neue für ein paar Hundert Euro inklusive plastikverschweißtem Fließbandessen zu haben. Vom Traum bleiben einige Sätze darüber, wie man beim Start in die Sitze gedrückt werde. So wird heute geflogen, also mitgeflogen! Und bezeichnenderweise wird bei der Landung noch immer geklatscht, als hätte der Pilot ein Bravourstück vollbracht und nicht die exakten Vorgaben einer computergesteuerten Flugleitzentrale befolgt.

Andererseits fliegen weiterhin diejenigen, die aus der Luft mittlerweile »humanitäre Kriegsführung« betreiben – der Albtraum vom Fliegen. Ist es da nicht bezeichnend, wie schon die Brüder Wright ihre Erfindung, als sie 1905 ausgereift war, anpriesen: »Wir haben die letzten Jahre vollständig damit verbracht, unsern Flieger zu vollenden, und wir haben wenig darüber nachgedacht, was wir damit machen würden, wenn er fertig wäre. Aber unsere jetzige Absicht ist, ihn zuerst den Regierungen zu Kriegszwecken anzubieten.«[2] Die Wrights hätten sich wohl nie träumen lassen, wie dann ihre Erfindung, ihre Patente darauf, von der Entwicklung überrollt werden sollte. Welche Erfindung ließe sich anführen, die schneller perfektioniert worden wäre und die das Weltgeschehen in den letzten einhundert Jahren stärker verändert hätte, als die des Flugzeugs?

Und doch lebt der Traum vom Fliegen fort, und zwar ganz im Sinn eines sozialdemokratisch gesinnten Ingenieurs aus der Provinz, nämlich Otto Lilienthals; der konnte ihn immer nur kurz Wirklichkeit werden lassen und schwärmte doch immer wieder davon. Er schrieb etwa von der »besonnenen Ruhe, während das unbegreiflich schöne und sanfte Dahingleiten über die weit ausgedehnten sonnigen Berghänge den Eifer bei jedem Sprunge von Neuem anfacht«.[3]

Um in diesen Genuss zu kommen braucht man seit Ende der 1980er Jahre nur noch einen besonders gefüllten Rucksack. So weit ist der Gleitschirm entwickelt worden, dass dieses Fluggerät heute mit einem Gewicht von höchstens 20 Kilogramm auskommt, inklusive Rettungsschirm. Und tatsächlich lässt sich damit, Thermik vorausgesetzt, stundenlang fliegen. Da ist er also verwirklicht, der Traum vom Fliegen.

Doch wer wird heute Gleitschirmflieger? Wer sucht diesen Genuss? In Deutschland sind über 3 000 000 Motorräder zugelassen[4] und es sind darunter wahrlich ›Geschosse auf Rädern‹. Dagegen sind nicht mehr als 22 000 Pilotenscheine für Gleitschirmflieger ausgestellt.[5] Fragt man, warum nur so wenige diese Gelegenheit nutzen, geht die Antwort meist dahin, dass einem eine solche Technik nicht geheuer erscheine, dass es wenig Vertrauen erweckend aussehe, sich ein paar Schnüren und einem Stück Stoff zu überlassen und so weiter. So antworten auch die Motorradfahrer, die sich in der Kurve darauf verlassen, dass die Fahrbahn frei von Dreck, Laub und Öl ist. Jedes Jahr verunglücken in Deutschland fast 1000 Motorradfahrer tödlich[6], in Relation nicht weniger als beim Gleitschirmfliegen, wo inzwischen jedes Jahr etwa 10 Personen einen Absturz mit dem Leben bezahlen, mit weiter sinkender Tendenz[7].

Sogar Buchautoren können mit dem Gleitschirm den Traum vom Fliegen verwirklichen.

Der Traum vom Fliegen? Hundert Jahre nach den Brüdern Wright kann ihn fast jeder Wirklichkeit werden lassen. Doch gilt noch immer das Motto: Bleib am Boden! War also der Traum vom Fliegen je einer?

Ergriffen davon waren diejenigen, die das Wagnis eines Flugversuchs eingingen. Schon Ikarus, als er plötzlich »beginnt, sich des kühnes Fluges zu freuen«, verlor sich entgegen der Warnung des Vaters »im Drang, sich zum Himmel zu heben«.[8]

Und auch die ersten Berichte derjenigen Menschen, die tatsächlich flogen, künden von himmlischen Gefühlen, wobei es durchaus ein eigenes Thema ist, was man überhaupt unter ›Fliegen‹ zu verstehen habe.

Am 21. November 1783 erhoben sich die ersten Menschen mit einem Heißluftballon in die Luft: Jean-François Pilâtre de Rozier und der Chevalier François-Laurent d'Arlandes. Ihnen folgten sozusagen auf dem Fuße Jacques Alexandre César Charles und Noël Robert, die am 1. Dezember mit einem Wasserstoffballon abhoben. Wie schnell war es plötzlich zu dieser Entwicklung gekommen, die für die nächsten einhundert Jahre die einzige Möglichkeit darstellen sollte zu ›fliegen‹!

Es geht die Anekdote, dass Joseph Michel Montgolfier auf das Prinzip des Heißluftballons stieß, als er sah, wie der Rauch des Kaminfeuers den zum Trocknen aufgehängten Unterrock seiner Frau blähte. Doch ist auch eine Geschichte überliefert, die für einen anderen Antrieb des Menschen leider ebenso bezeichnend ist: 1782 belagerten die Spanier und Franzosen bereits seit drei Jahren das von den Engländern gehaltene Gibraltar. Angesichts dieser Situation soll Joseph Michel Montgolfier darüber nachgesinnt haben, ob es nicht irgendein Mittel gäbe, ein Fahrzeug, einen Apparat, mit dem die Engländer, die auf See kaum zu schlagen waren, aus der Luft anzugehen wären.[9] Auf jeden Fall schrieb er im November 1782 seinem Bruder Jacques Étienne: »Bereite sofort Mengen von Taft und Schnüren vor und Du wirst eine der erstaunlichsten Sachen der Welt erleben!«[10] Schon am 19. September 1783 stiegen daraufhin erste Lebewesen in die Luft: ein Schaf, ein Hahn, eine Ente. Die Tiere überlebten die vier Kilometer lange Luftfahrt. Nur der Hahn hatte einen gebrochenen Flügel, was aber, wie man feststellte, nur daher rührte, dass ihm das Schaf einen Tritt versetzt hatte. Von da an ging es ausschließlich darum, dass die Krone der Schöpfung, der Mensch, den Luftraum betrete.

Nichts lag am Ende des 18. Jahrhunderts so sehr ›in der Luft‹ wie die Erfindung des Ballons. Allenfalls mag es verwundern, *wie* lange es noch dauerte. Denn schon 1766 hatte der britische Naturforscher Henry Cavendish Wasserstoff nicht nur selbst hergestellt – was wohl schon länger möglich war –, sondern das Gas auch physikalisch analysiert. Da es 14 Mal weniger wiegt als Luft, versuchte man, Gefäße wie etwa Fischblasen und natürlich papierene Konstruktionen damit zu füllen um sie aufsteigen zu lassen. Doch erst die Brüder

Montgolfier, bezeichnenderweise die Söhne eines Papierfabrikanten, gingen das Problem im großen Maßstab an und experimentierten mit Rauch, mit heißer Luft also, den sie ebenfalls für ein Gas hielten. Es musste also nur jemand ›größer‹ denken und das taten dann nicht nur die Montgolfiers. Während sie also ihren Ballon mit Heißluft füllten, verwendeten Jacques Alexandre César Charles, Professor und protegierter Privatgelehrter, und die Brüder Robert, zwei geschickte Mechaniker, für den ihren Wasserstoff. Was sich dann durchsetzte, waren die Wasserstoffballone, die einen weit größeren Auftrieb haben. Auch die Zeppeline, ein eigenes Kapitel der Luftfahrtgeschichte, wurden noch von Wasserstoff getragen. Erst ab den 1960er Jahren, als es leistungsfähige Propangasbrenner und für die Ballonhaut feuerresistentes Material gab, setzten sich wieder die Heißluftballone durch.

Wer aber stieg mit dem ersten Ballon auf? Dessen Erfinder? Mitnichten. Étienne Montgolfier wollte es wohl wagen, doch bat ihn sein Vater inständig, von einem solchen Vorhaben abzulassen. Er fürchtete um das Leben seines Sohnes.[11] Wie unerhört muss es erschienen sein, den ältesten Traum des Menschen in die Tat umzusetzen. Auch der französische König als Repräsentant des Staates hatte zunächst den freien Aufstieg verboten; und als dann die Möglichkeit einer Ballonfahrt erwiesen war, wollte Ludwig XVI. zwei zum Tode verurteilte Verbrecher in den Apparat setzen lassen, die man nach einem erfolgreichen ›Flug‹ begnadigen könne. Dazu besagt die Überlieferung, dass es erst zwei Adeligen, eben Pilâtre und d'Arlandes, gelungen sei, die Haltung des Königs zu ändern. Pilâtre habe erklärt, es sei unwürdig, etwas so Edles wie den ersten Flug eines Menschen Kriminellen zu überlassen.

Dann die ungeheure Sensation, als der Traum endlich wahr werden sollte! Womit wäre der Vorgang heute zu vergleichen? Vielleicht mit dem Apollo-Programm zur Mondlandung. Ein riesiges Gerät stand bereit, die beiden ›Aeronauten‹ aufzunehmen. Der Ballon maß 22 Meter im Durchmesser. Über und über war er geschmückt mit bildlichen Darstellungen. »Alle Verzierungen waren goldfarben auf einem leuchtend blauen Hintergrund«, heißt es in einer zeitgenössischen Beschreibung, »so daß es aussah, als sei diese großartige Kugel aus Gold und Azurblau gefertigt.«[12] Dieses riesige Fluggerät stand auf einem Podest, unter dem das Feuer brannte, dessen Rauch die Hülle füllte. Zusätzlich war in dem Zylinder, der den Ballon mit einer Galerie umgab, ein Becken angebracht, auf dem mit Stroh nachgeheizt werden konnte. Entsprechend waren in dem Zylinder zwei sich gegenüberliegende Löcher gelassen, durch die das Feuer von der Galerie aus zu erreichen war. Für den Fall, dass die Ballonhaut in Brand geraten sollte, lagen wassergefüllte Schwämme bereit.

Die Montgolfiere wurde außerhalb von Paris, im Park des Jagdschlosses La Muette, vor Tausenden von Zuschauern startklar gemacht. Treffend beschreibt ein Zeitzeuge, wie diese dann auf das Ereignis des Aufstiegs reagierten: »Während die Maschine so dahinschwankte und dabei Wolken von Rauch ausstieß, stocherten die beiden Männer, jeder mit einem Schürhaken bewehrt, im Feuer, um das Stroh in Brand zu halten; wenn sie es ausharkten, ergossen sich Schauer halbverbrannten Strohs durch die Luft, die beim Fallen noch einmal aufglühten. Niemals zuvor hatte eine so abgrundtiefe Stille auf der Erde geherrscht; Bewunderung, Furcht und Mitleid spiegelten sich in den Mienen der Zuschauer wider.«[13]

Der Marquis d'Arlandes selbst schrieb über diesen ›Flug‹: »Ich war von der Stille überrascht und auch davon, wie wenig Erregung unsere Abreise unter den Zuschauern hervorgerufen hatte. Da sie überrascht und erstaunt, ja sogar erschreckt sein mußten von diesem neuartigen Schauspiel, gedachte ich sie zu beschwichtigen. [. . .] Ich zückte mein Schnupftuch und winkte damit – und nun sah ich auch Bewegung aufkommen im Park von La Muette.«[14]

D'Arlandes machte nie wieder eine Fahrt mit einer Montgolfiere – anders Pilâtre, der bald darauf sein Leben der Luftfahrt wahrlich zu opfern hatte. Pilâtre hatte sich vorgenommen, in einem selbstkonstruierten, mit staatlichen Geldern finanzierten Ballon den Ärmelkanal in Richtung England zu überqueren. Obgleich er die äußerste Waghalsigkeit seines Unterfangens bald einsah, da schon der Wind kaum jemals konstant von Frankreich nach England weht, konnte er seine Bedenken vor den Geldgebern nicht durchsetzen und wurde am Ende geradezu genötigt, den Versuch zu wagen. Mit seiner Konstruktion, einer Kombination aus Heißluft- und Wasserstoffballon und also einem »Pulverfass über einem Feuer«, wie Charles mahnte[15], stürzte er kurz nach dem Start tödlich ab. Hatte Pilâtre sein Leben noch seiner Ehre zu opfern, so trat an deren Stelle später die Profitgier der Flugschauen.

Erst ein Jahr nach dem ersten Aufstieg einer Montgolfiere wagte es einer ihrer Erfinder, Jacques Étienne Montgolfier, ein einziges Mal ›mitzufliegen‹. Mehr Zutrauen zu seiner Erfindung hatte von Anfang an Professor Charles. Er persönlich bestieg mit Noël Robert den Wasserstoffballon, den er ersonnen und nahezu zur Perfektion geführt hatte: Am höchsten Punkt seines Ballons war ein Ventil angebracht, das mit Hilfe eines Seils vom Korb aus bedient werden konnte. Der Ballon war an der oberen Hälfte von einem Netz umfasst, an dessen Rand ein Holzring befestigt war, an dem wiederum an Leinen der Korb hing. Mit dem Ventil und mit Ballast konnte der Ballon in der Höhe gesteuert werden. Heutige Ballons werden im Prinzip genauso gebaut, nur dass eine so genannte Reißbahn bei der Landung das schnelle Entweichen des Gases oder der heißen Luft ermöglicht.

Der Aufstieg der ›Charliere‹ am 1. Dezember 1783 fand in den Gärten der Tuilerien statt und wurde zu *dem* gesellschaftlicher Ereignis des Jahres. Die Bürger von Paris waren begeistert, und wer konnte, machte sich auf die Beine. Auch in den näheren Straßen und auf den Dächern der Häuser standen die Menschen gedrängt und erwarteten ein Spektakel, das die Nerven reizte wie nichts zuvor.

Nach dem Aufstieg eines Testballons, der die Windrichtung anzeigte, war es so weit. Charles beschrieb die Fahrt (in einer Übersetzung aus jener Zeit) so: »Wir brannten vor Ungeduld, die Erde zu verlassen. Noch rührte der mit der Kugel im Gleichgewicht stehende Wagen an den Boden, und es war drey Viertel auf zwey Uhr Wir

Noch die Form der ›Gondel‹ erinnert bei der ›Charliere‹ an die bevorstehende Reise durch das Luftmeer.

warfen 19 Pfund Ballast von uns, und erhoben uns unter einem tiefen, von Rührung und Erstaunen verursachten Stillschweigen der Zuschauer. Nichts kann dem Vergnügen gleichen, das in dem Augenblicke, da ich die Erde verließ, sich meines ganzen Daseyns bemächtigte; es war nicht bloß Vergnügen, es war Glückseligkeit. Ich fühlte mich allen Mühseligkeiten der Erde, allen Plagen des Neids und der Verfolgung entflohen; ich fühlte mich mir selbst genug, indem ich mich über alles erhob. Mit dieser moralischen Empfindung mischte sich ein noch lebhafteres physisches Gefühl, der

Anblick des majestätischen Schauspiels, das sich uns darstellte. Unter uns sahen wir, wohin wir nur unsere Blicke wendeten, Kopf an Kopf, und aller Augen auf uns gerichtet; über uns den heitersten Himmel, in der Ferne die reizendsten Aussichten. O! mein Freund, sagte ich hier zu Herrn Robert, wie groß ist unser Glück! Ich weiß nicht, in welchem Zustande wir die Erde zurücklassen, aber wie günstig scheint uns der Himmel! welche Heiterkeit, welche bezaubernde Scene! Warum kann ich nicht einen unserer Gegner hieher rufen, und ihm sagen. Siehe, Unglücklicher, wieviel man verliert, wenn man den Fortgang der Wissenschaften hindert! [. . .] Während dieser ganzen so angenehmen Reise ist es uns nicht eingefallen, im geringsten für unser und unserer Maschine Schicksal besorgt zu seyn.«[16]

Die Fahrt dauerte über zwei Stunden und führte in relativ niedriger Höhe weit aus Paris hinaus. Der Wagemut des Professors Charles zeigte sich auch daran, dass er nach der Landung zu einem weiteren ›Flug‹ aufstieg, und zwar allein. Er wusste, dass durch das fehlende Gewicht in Gestalt seines Mitfahrers der Ballon viel weiter aufsteigen musste. Zwar wies er die versammelten Bauern noch an, Ballast zu sammeln, doch fanden sich auf der Wiese nicht einmal Steine. So war die Sonne schon untergegangen, als Charles die Anweisung gab, die Gondel loszulassen. Tatsächlich stieg der Ballon »schneller als ein Vogel« auf, sodass in kurzer Zeit die sagenhafte Höhe von über 3000 Metern erreicht war und Charles »in zehn Minuten aus der Temperatur des Frühlings in die des Winters« übergegangen war. Obwohl er angesichts des rapiden Aufstiegs doch Angst, wenn nicht Todesangst, gehabt haben muss und immer wieder Wasserstoff ablassen musste um einen noch weiteren Aufstieg zu verhindern, schrieb er über seine Fahrt: »Ich machte mich jetzt aufmerksam auf alle meine Empfindungen; ich hörte mich, wenn man so sagen darf, leben.« Nach 35 Minuten landete er wieder, mit starken Ohrenschmerzen, nachdem er das Vergnügen gehabt hatte, die Sonne »zweymal in einem Tage untergehen zu sehen«.[17] Auch er stieg nie wieder in den Korb eines Ballons.

Wie reagierten nun die Menschen am Boden? Erfüllte sie nicht die Sehnsucht, es denen gleich zu tun, die sich über ihren Köpfen durch die Luft bewegten? Hatten sie nicht den Traum vom Fliegen? Immerhin war es dem ›Mann auf der Straße‹ erst ab den 1970er Jahren möglich, in der ein oder anderen Weise ein Luftfahrzeug zu besteigen. Ein Flug von London nach New York kostete um 1960 3 000 Mark[18], wobei ein Arbeiter zu jener Zeit über ein durchschnittliches Nettovermögen von 1600 Mark im Jahr verfügte[19].

Alle Überlieferung zeigt, und man weiß es, man spürt es: Es ist die Angst vor dem Fliegen, die ihn zum Traum macht. Wenn schon Wasser, wie das Sprichwort sagt, keine Balken hat, woran kann man sich dann in der Luft festhalten? Und ein Ballon hält sich immerhin selbst über der Erde. Nicht umsonst heißt es weder bei den Ballonfahrern ›fliegen‹ noch bei den Luftschiffern, die immerhin gezielt durch die Luft steuern. Mit diesen Fluggeräten wird ›gefahren‹.

War es also schon unfassbar, mit einem Ballon aufzusteigen, so muss es den Menschen wie Irrsinn erschienen sein, wenn jemand danach strebte zu fliegen wie ein Vogel, mit einem Gerät in den Himmel zu steigen, das schwerer war als Luft. Musste nicht die Strafe für solche Anmaßung auf dem Fuß folgen? Wie viele hatten es versucht, ehe sich die Brüder Wright der Sache annahmen? Wie viele hatten versponnene Flugzeugkonstruktionen ersonnen, ohne je den Prinzipien des Fliegens nachgeforscht zu haben, und hatten all ihren Ehrgeiz und ihr Geld dafür gegeben, gar ihr Leben?

Man führe sich nur vor Augen, wie gutgläubig unwissend man damals angesichts jeglicher Prozesse des Fliegens war. Da hatte etwa 1751 in Berlin die ›Vossische Zeitung‹ ernsthaft von einem Signor Volante berichtet, der eine Maschine erfunden habe, durch die er »mit vieler Schnelligkeit davon fliegen kann«[20]. Er sei damit bereits von Calais nach Dover und außerdem vom Hydepark nach Windsor und zurück geflogen. Tatsächlich fand der Leser auch eine umfangreiche Beschreibung dieses Flugzeugs, die sich folgendermaßen las: »Die Maschine bestehet von innen aus einem Uhrwerke. Von einem Ende zu dem andern ist sie 22 Fuß lang, und hat die Figur eines

Vogels, dessen Leib aus Stücken Korks besteht, die künstlich mit Drath an einander gefügt sind, und mit Pergament und Federn überzogen und bekleidet ist. Die Flügel sind von Katzendärmen und Fischbein gemacht, und mit Wallfischbart überzogen, und jeder von denselben ist in den drey Gelenken damit angefüllt. In dem Körper befinden sich dreißig Räder von besonderer Kunst mit zwey Laufrollen von gelben Kupfer und kleinen Kettchens, wovon jede, eine nach der andern, ein Gewichte von gleicher Schweere abwindet vermittelst sechs kupferner Röhren, die sich herumwälzen, einige Abtheilungen haben, und mit einer gewissen Quantität Quecksilber angefüllt sind. Die Maschine wird durch die Geschicklichkeit des Erfinders in dem gehörigen Gleichgewichte gehalten; und durch eine mäßige Reibung einer stählern Walze oder eines stählern Rades so wohl als vermittelst eines sehr grossen Magnets weiß er dieselbe in einer beständigen und regulären Bewegung zu halten [...] Diese wunderbare Maschine wird durch einen Schwanz, sieben Fuß lang, gelenket und regiert, welcher mit ledernen Riemen an die Pfoten und Knöchel fest angemacht ist; und durch das Ausbreiten der Flügel zur rechten und linken Seite bewegt er die ganze Maschine nach dem Wege den er erwehlt.«[21]

So viele Einzelheiten wurden also präsentiert, so viele eigenartige Substanzen angeführt, überhaupt so viel Kenntnis verbreitet – dass man damit das Wunderbare auf jeden Fall verkaufen konnte, und sei es als Zeitungsartikel. Insgesamt aber kündet dieser Artikel eben auch davon, wie völlig unwissend man über alle Vorgänge des Fliegens war. Als Flugzeug stellte man sich schlichtweg einen ins Riesenhafte vergrößerten Vogel vor, der in seinem Inneren von einer komplizierten Maschinerie bewegt wurde – ein Märchen wie aus Tausendundeiner Nacht; nicht umsonst hieß es über jenen Volante, er sei vor zwanzig Jahren »in die Morgenländer« geschickt worden.[22]

Der Sturm technologischer Entwicklung jedoch, wie ihn im 19. Jahrhundert die entfesselten Kräfte des so genannten Frühkapitalismus hervorbrachte, ließ nichts Altes bestehen. Alles wurde erkundet, erforscht, unterworfen. Um weltweit an Rohstoffe und menschliche Arbeitskraft zu gelangen wurden die Entfernungen drastisch verkürzt, mit Dampfschiff, Eisenbahn, Telegraf. Alles schien der Mensch, fast immer in der Gestalt des ›freien‹ Unternehmers, sich unterwerfen zu können. Nur der Luftraum blieb frei. Er war auch mit Ballons, die der Wind vor sich hertreibt, nicht beherrschbar, das heißt nutzbar. Otto Lilienthal sah den Ballon sogar als großen Hinderer der Luftfahrt und schrieb: »Jetzt [. . .], wo also der Ballontaumel seinem Ende sich naht, kehren wir eigentlich mit der Flugfrage zu dem alten Standpunkte zurück, den sie vor der Erfindung des Ballons eingenommen hat, und unwillkürlich drängt sich uns die Frage auf, wieviel die Fliegekunst hätte gefördert werden können, wenn die Aufmerksamkeit nicht hundert Jahre von ihr abgelenkt worden wäre, und wenn jene außerordentlichen Mittel des Geistes wie des Geldbeutels, welche in die Lenkbarkeit des Luftballons hineingesteckt wurden, ihr hätten zu gute kommen können.«[23] Übrigens war dieses Argument in Deutschland, gemünzt auf die Zeppeline, später wieder zu hören.

Zwei Wege gab es, auf denen je unterschiedlich geforscht und experimentiert wurde: Einer verlief in Richtung lenkbarer Luftschiffe, der andere in Richtung eines Flugapparats, der, schwerer als Luft, nach dem Vorbild der Vögel zu fliegen wäre. Auf dem zweiten Weg versuchte man wiederum mit zwei unterschiedlichen Entwicklungen vorwärts zu kommen: Die einen wollten den Menschen mit schlagenden Flügel das Fliegen erlernen lassen, die anderen ersannen und bauten einen starren motorgetriebenen Flugapparat. Doch auf beiden Wegen war kein Durchkommen.

Da gab es Erfinder wie den Belgier Vincent de Groof. In jahrelanger Arbeit hatte dieser Schuhmacher an einem mit Muskelkraft anzutreibenden Fluggerät gebaut, das er am Ende für ausgereift hielt. An einem Kastenaufbau waren Schwingen mit einer Spannweite von 14 Metern befestigt, dazu ein 6 Meter langes Leitwerk. Die Schwingen konnten mit den Armen nach unten gedrückt werden, wobei sie ein Mechanismus aus Gummiseilen wieder nach

Die Illustration des Todessturzes von Vincent de Groof zeigt nicht den letzten, jedoch den tragischsten Versuch, einen Schwingenapparat durch die Luft zu steuern.

oben zog. Die Steuerung erfolgte mit den Beinen über das Leitwerk. Da es de Groof nicht gelang, aus eigener Kraft vom Boden abzuheben, er jedoch von der Flugfähigkeit seines Apparats überzeugt war, kam er auf einen tollkühnen Gedanken: Er müsste nur einmal in die Luft kommen um über genügend Raum zum Fliegen zu verfügen. So befestigte er 1874 seinen Schwingenapparat unter einem Ballon und ließ sich emporheben. Tatsächlich schien sich seine Erfindung zu bewähren. Am Seil hängend konnte er wie ein Vogel Flugbewegungen machen. So überzeugt war er nach diesem Versuch von der Möglichkeit selbständig zu fliegen, dass er für den nächsten den Führer des Ballons dazu überreden konnte, in der Luft das Halteseil zu kappen. Derart losgelassen, kam aber de Groof erst gar nicht dazu, die Schwingen niederzuschlagen. Sie klappten sofort zusammen. Der Belgier fiel wie ein Stein zur Erde und starb. Auch der Ballonfahrer Joseph Simmons überlebte nur knapp. Der nach Kappung des Seils schlagartig erhöhte Auftrieb ließ seinen Ballon so schnell aufsteigen, dass Simmons ohnmächtig wurde. Der Ballon ging schließlich auf einem Bahngleis nieder, wo sich ein Zug näherte, der gerade noch rechtzeitig stoppen konnte.[24]

Es schien, als wäre der Flug der Vögel nicht nachzuahmen. Man spottete und Spott kam auch von einem, der selbst das Fliegen entwickeln wollte: Hiram Maxim. Dieser amerikanisch-englische Industrielle, der über reichlich Kapital verfügte, das er vor allem aus dem Verkauf von Waffen zog, ließ das Bonmot verlauten: Bei der Entwicklung der Lokomotive habe man sich als Vorbild auch nicht den Elefanten genommen.[25] Gleichwohl ließ Maxim elefantengroß bauen und wie der unglückliche de Groof entfernte er sich bei allen Vorarbeiten nicht vom grünen Tisch und aus der grauen Werkstatt.

Es wäre eine eigene Geschichte, eine von Größenwahn und Überheblichkeit, wie Maxim es dahin brachte, 1894 ein Fluggerät starten zu wollen, das eine Spannweite von 31,5 Metern, eine Höhe von 10,6 Metern und ein Gewicht von über 3½ Tonnen hatte. Ob

Mit der Person im Vordergrund ist auf dieser Aufnahme gut die Dimension von Maxims Flugapparat zu erkennen.

dem Industriellen nicht selbst schwindelig wurde, als er vor dem Resultat seiner Forschungen stand? Und wahrlich war geforscht worden! Alles Material war auf Zug und Druck geprüft, Flügelprofile auf Tragfähigkeit, Propeller auf Schubkraft. Ein eigener Motor war gebaut worden, eine Dampfmaschine mit großer Leistungsfähigkeit und relativ geringem Gewicht – trotzdem wog allein die gesamte Antriebsanlage fast eine Tonne.[26] Vorgesehen war, das potentielle Fluggerät von Schienen zu starten.

Allerdings wollte man dieses Monstrum doch erst erproben; dabei sollten es oben liegende Führungsschienen vor dem Abheben bewahren. Vielleicht muss man sich vorstellen, wie sich das Dienstpersonal ins Fäustchen lachte, als dann ein Fluggerät erprobt wurde, das eigentlich eine Lokomotive mit Flügeln war. Und ob Maxim wirklich voller Zuversicht war, als die beiden Dampfmaschinen zum Laufen gebracht waren und er seine Erfindung von der Leine ließ? Zischend und schnaufend beschleunigte der neuzeitliche Drache, bekam Auftrieb, hob, soweit es die oberen Führungsschienen zuließen, ab – und krachte wieder hinunter. Spätestens mit dem nun schwer beschädigten Apparat vor Augen muss Maxim die Vergeblichkeit seiner Bemühungen eingesehen haben, denn er ließ alle weiteren Arbeiten stoppen. In einem von Charles H. Gibbs-Smith verfassten Standardwerk über die Geschichte des Fliegens heißt es dazu: »Diese gigantische Testvorrichtung von 1894 ergab nichts Neues, erschloss kein Neuland und beeinflusste niemanden: In der Geschichte des Fliegens verkörperte sie nur die größte Menge an verschwendetem Geld und mühevoller Arbeit«[27]

Maxim hatte wohl nichts verstanden und sollte gleichwohl später behaupten, im Grunde der Erfinder des Flugzeugs zu sein. 1908 schrieb er: »Die Tatsache, daß bis zum heutigen Tage keine wesentlichen Abänderungen von meinen Ideen zu verzeichnen sind, beweist meiner Meinung nach, daß ich den besten aller möglichen Flugapparate ausgearbeitet hatte, noch bevor ich mit der eigentlichen Arbeit begann.«[28] Ein Narr, könnte man meinen, wäre er nicht ein erfolgreicher Industrieller gewesen. Interessant ist immerhin, was sich jemand wie er von der Entwicklung des Flugzeugs versprach, wenn er 1901 verkündete: »Trotzdem wird es in nächster Zeit Flugmaschinen geben. [...] Ihre vornehmste Verwendung sollen sie jedoch im Kriege finden [...] gar nicht zu reden von der Möglichkeit, an geeigneten Punkten Bomben fallen zu lassen. Flugmaschinen und automatische Gewehre [...] räumen also der Macht, welche Geld besitzt und ausreichende Geschicklichkeit im Maschinenbau entfaltet, großen Vorteil über andere Nationen ein, was einen gewichtigen Faktor in der Ausbreitung der Zivilisation bedeutet.«[29]

Maxim entsprach mit seiner Erfindung dem typischen Bild der fliegerischen Versuche in Europa: So wie man ehemals eine Pferdekutsche mit einem Motor versehen und auf Schienen gestellt hatte, so wollte man sich auch in die Luft erheben. Selbst für den Fall, dass ein Gerät wie Maxims geflügelte Lokomotive flugfähig gewesen wäre (es besaß weder Seiten-, geschweige Querruder) – wer könnte heute, ohne Vorkenntnisse, ohne die geringste Erfahrung, ein Flugzeug starten, fliegen und wieder landen?

Beide Wege, wie hier beschrieben, mussten in die Irre führen, weil sie nicht Schritt für Schritt erforscht worden waren. Es brauchte dazu weniger wagemutige Männer, die entweder ihr Leben oder ihr Vermögen einsetzten, als besonnene Köpfe, die das Problem in praktischer Erprobung methodisch anzugehen suchten. Das Flugzeug konnte nicht *ad hoc* gebaut und dann auch noch geflogen werden.

Wer dabei zunächst am weitesten kam, war Otto Lilienthal, ein Ingenieur, ein freiheitsliebender Mensch, ein *Selfmademan,* und gewiss kein Abenteurer.

2.

Der Vogelmensch
Otto Lilienthal

Otto Lilienthal – mit diesem Namen sind Bilder verbunden, die gleichsam zum kollektiven Gedächtnis gehören: fächerartige Schwingen, darunter der pendelnde Körper eines Menschen, ein starres Leitwerk, all das hoch in der Luft und von unten gesehen, also über dem Kopf des Fotografen.

Wie müssen diese Bilder gewirkt haben, diese Fotografien, die in ihrer Menge unbestechlich waren, die eindeutig bewiesen, dass da ein Mensch mit einem Flugapparat durch die Luft glitt? Lilienthal wusste sehr wohl um die Wirkung solcher Aufnahmen, weil natürlich auch zu ihm, diesem großherzigen Fabrikanten, wie zu jedem Menschen, ob seiner Leistungen Stolz und Eitelkeit gehörten. So schrieb er 1895: »Schon bei 6 bis 7 Meter Windgeschwindigkeit kann ich fast horizontal von der Spitze meines Hügels ohne Anlauf absegeln. Bei größerer Windstärke lasse ich mich von der Bergspitze einfach abheben und segle dem Wind langsam entgegen. Die Flugbahn ist bei zunehmendem Winde oft stark aufwärts gerichtet. Am Gipfelpunkt einer solchen Fluglinie kommt der Apparat oft längere Zeit zum Stillstand, sodaß ich oben in der Luft mit den Herren, die mich zu photographieren wünschen, und denen wir die Abbildungen verdanken, über die zur Aufnahme geeignetste Stellung verhandeln kann.«[1] So kalkuliert also die Fotografien gemacht wurden, so sehr zeigen diese Zeilen auch, in welchem Maße Lilienthal das Fliegen beherrschte. Niemand hatte es bis dahin nur annähernd so weit gebracht wie dieser Ingenieur aus der Provinz, der eine florierende, selbst gegründete Maschinen- und Dampfkesselfabrik betrieb.

Otto Lilienthal flog. Ein Gerät, das zum Aufstieg keine Füllung mit Heißluft oder Wasserstoff benötigte und nur aus unbeweglichen Flügeln bestand, bewegte er aktiv steuernd durch die Luft. Das waren keine Sandkastensprünge mehr, das waren Flüge.

Nun kennt man die Art der Berliner, nichts Großes neben sich bestehen zu lassen, mit Schnauze alles kleinzureden; zumindest soll dies, in eher herzlicher Form, früher so gewesen sein. Werden die Berliner trotzdem gestaunt haben über den fliegenden Menschen, den sie am Sonntag, wenn es nicht regnete, in Lichterfelde sehen konnten? In diesem Vorort Berlins, den sich die ausufernde Stadt bautechnisch gerade einverleibte, hatte sich Otto Lilienthal 1894 einen »Fliegeberg« errichten lassen, in Form eines Kegels, aufgeschüttet aus Abraummaterial auf eine Höhe von fünfzehn Metern. Aber vielleicht galt Lilienthal auch nur als Wundermann, als Fabelwesen, als eine Jahrmarktsattraktion, bloß als Episode, wie sie die Hauptstadt des Deutschen Reiches zu jener Zeit hundertfach hervorbrachte. In technischer Hinsicht schien inzwischen alles möglich zu sein, angefangen von elektrischem Licht über »Fernsprecher« und »Sprechmaschinen« bis zu den »lebenden Bildern« eines Kinoapparats, die im Wintergarten 1895 zum ersten Mal über eine Leinwand flimmerten, oder den »X-Strahlen«, deren Wirkung Wilhelm Conrad Röntgen 1896 in Berlin vorführte.

So jedenfalls müssen die Berliner Otto Lilienthal erlebt haben: Zusammen mit dem jungen Arbeiter Paul Beylich, seinem Monteur und Faktotum, trug er ein Gerät, ähnlich den Flügeln einer Fledermaus, den Fliegeberg hinauf. Noch ehe sie oben angelangt waren, hatte Lilienthal den Segelapparat bereits über sich gestülpt und ging die letzten Meter rückwärts. Und der Apparat, als wäre er lebendig, hob sich sogleich im Wind, der den Hang hinaufstrich. Lilienthal packte nun fest das »Griffholz«, das Quergestänge, das er mit beiden Händen von unten hielt, während die Unterarme gepolstert auflagen, stellte sich genau gegen den Wind, beugte sich vor, balancierte seinen Gleiter so aus, dass er dessen Gewicht von zwanzig Kilogramm kaum noch spürte, und rannte los. Tatsächlich hob dieses Flugzeug auch sofort ab. Ging ein kräftiger Wind, stieg es manchmal bis über die Spitze des ›Berges‹; und es galt, »einen, wenn auch nicht gefährlichen, so doch meist sehr interessanten Kampf mit dem Winde zu bestehen«[2]. In diesem Kampf setzte Lilienthal seine Beine ein, die er nach vorn warf, wenn sich der Apparat nach hinten neigte, und umgekehrt, und die er entsprechend nach links warf, wenn sich der Apparat nach rechts neigte, und wiederum umgekehrt. Mit diesen Bewegungen seines Körpers konnte er auch mehr oder weniger gezielt durch die Luft steuern.

Lilienthal selbst gab folgende Anleitung zu dieser Art des Fliegens: »Die Übungen werden nun zunächst nur bei ganz mäßigem Winde gemacht, indem man gegen den Wind bergab läuft und bei horizontal gehaltenem Apparat kleine Sprünge zu machen versucht, erst ganz allmählich steigert man dann die Sprungweite, bis man sich ganz sicher fühlt und beim Landen jedesmal ohne zu fallen auf die Erde trifft. Wenn bei windigem Wetter ein Flügel mehr Wind erhält, so muß man durch Hinüberneigen des Körpers und der Beine denselben mehr belasten. Die Übung und Erfahrung zeigt hierbei den richtigen Weg am besten. Der Apparat ist stets gegen den Wind zu richten.«[3]

Wie lang mag den Zuschauern die Zeit erschienen sein, die sich Lilienthal in der Luft hielt? Von seinem Fliegeberg konnte er nicht einmal 100 Meter Strecke zurücklegen. Doch konnte man bis auf Zehn zählen, ehe der Mann mit den fast sieben Meter breiten Flügeln wieder landete; und wenn man entsprechend stand, war er einem über dem Kopf hinweg geflogen. Der US-amerikanische Naturwissenschaftler Robert William Wood, der Interesse an seinen Fluggeräten zeigte und ihn einmal zum Fliegen begleitete, beschrieb es so: »Ich habe Sprünge von Türmen und mit Fallschirmen aus Ballonen gesehen und viele andere Heldentaten in Geschick und Wagemut, aber ich habe nie etwas erlebt, das die Nerven zu einem solchen Grad von Aufregung angespannt oder ein solches Gefühl von Enthusiasmus hervorgerufen hätte wie der wilde furchtlose Sturm von Otto Lilienthal durch die Luft. Der Anblick eines Mannes, der von riesigen weißen Flügeln getragen wird, der sich mit Rennpferdgeschwindigkeit hoch über einem bewegt, verbunden mit dem sonderbaren Summen des Windes durch die Seile des Apparats, bewirkt einen Eindruck, den man nie mehr vergessen kann.«[4] Die Begeisterung muss also außerordentlich gewesen sein, zumindest für die, die das Außerordentliche wahrzunehmen vermochten.

Was das einheimische Publikum angeht, so ist vielleicht doch bezeichnend, was ein Bewohner Lichterfeldes über seine Erlebnisse als Kind berichtete: »Wir gingen oft zu dem nahen Sandberg, den er hatte errichten lassen, und sahen auch manche seiner Flüge. Wir Kinder fanden das herrlich; aber die großen, klugen Menschen lächelten etwas mitleidig und meinten: Wir werden doch niemals fliegen können!«[5] Die Berliner, wie die Menschen im Allgemeinen, glaubten nicht an das Fliegen. Die, die daran arbeiteten, waren Sonderlinge, Außenseiter, Kauze, einer wie Lilienthal, der trotzdem nicht allein stand. Immerhin konnte er bis zu seinem Tod von seinem ›Normal-Segelapparat‹ fast zehn Exemplare verkaufen, meist an Kunden, denen er eine solche Demonstration des Fliegens gegeben hatte. Und der Preis war durchaus nicht gering. 500 Mark kostete der Normal-Segelapparat, der, wenn man so will, das erste in Serie gebaute Flugzeug der Welt war. Ein Maurer etwa verdiente zu jener Zeit nicht viel mehr als 25 Mark in der Woche.[6]

Wer war Otto Lilienthal, wer musste er vielleicht sein? Lilienthal stammt aus dem kleinen Ort Anklam in Vorpommern, einem damals wie heute abgelegenen Provinzort. Dort war viel Zeit, dort hatte die Industrialisierung noch nicht Fuß gefasst, dort verbreiteten sich auch die neusten Nachrichten langsam. Und dort sollte jemand vom Fliegen träumen? Vielleicht gerade dort, vielleicht gerade in der Provinz, wo zu denen, die der Enge entfliehen wollten, große Träume gehörten – und wo es keine Gelehrten gab, die *en passant* logisch darlegen konnten, warum etwa der Traum vom Fliegen ein Traum zu bleiben habe. Bezeichnend, was Lilienthal in diesem Sinne schrieb: »Es ist wirklich kein Wunder, wenn die Landleute, über deren Haus und Hof in jedem Sommer ein großes Fliegen dieser 2 m klafternden Vögel [der Störche] beginnt, ein regeres Interesse für die Fliegekunst an den Tag legen. Aber der Landmann fürchtet, für einen Windbeutel gehalten zu werden, wenn jemand erfährt, daß er sich mit einer so brotlosen Kunst abgiebt. Und dennoch ist der Verfasser [Lilienthal] aus keinem anderen Stande so oft als aus diesem angegangen worden, leichte Betriebsmaschinen zu einem verschämt geheim gehaltenen Zweck zu konstruieren.«[7] Auch die Brüder Wright kamen nicht aus den Zentren des Wissens, der Technik und des Fortschritts.

Das Streben Lilienthals lässt sich vielleicht am Vorbild *eines* Vogels festmachen, und außerdem *eines* Buches oder beidem.

Anklam in Vorpommern hatte Mitte des 19. Jahrhunderts nicht einmal 10 000 Einwohner, die in der Hauptsache einem für eine solche Gegend traditionellen Beruf nachgingen, nämlich dem des Bauern, Handwerkers und Krämers, dazu, wegen der nahen Ostsee, auch des Fischers und Matrosen. Es herrschten die adeligen Grundbesitzer, die sich gegen alles Neue, Moderne, Fortschrittliche wehrten. Der Vater Otto Lilienthals, Gustav, ging daran wohl zugrunde. Er hatte sich die Ideen der 1848er-Revolution zu Eigen gemacht und sich entsprechend engagiert. Als Tuchhändler, der er war, blieb ihm bald die Kundschaft aus und er musste Konkurs anmelden. Es konnte nur noch geträumt werden, von Flucht in jeglicher Art, gefördert noch von der Alkoholsucht, der er verfiel; doch Flucht auch in ein gerechtes Leben, in eine andere Welt, in die Neue Welt. Tatsächlich wollte der Vater mit anderen revolutionären Mitstreitern dann nach Amerika auswandern, starb aber, als die Pläne standen.

Traum, Flucht und ein besseres Dasein in einer anderen Welt – diese Komponenten machten auch das Leben seines ältesten Sohnes Otto aus, der eben in dem Revolutionsjahr 1848 zur Welt kam, in eine fest gefügte, fest gezurrte Welt. Daraus zu entfliehen, zu entfliegen – das machte der eine Vogel vor, der Storch, der jedes Jahr kam und wieder ging. Auf den feuchten Böden und Weiden in Anklams Umgebung finden die Störche noch heute gute Lebensbedingungen. Otto Lilienthal hatte mit seinem Bruder Gustav bald herausgefunden, wie sie ihnen am nächsten kommen konnten: *mit* dem Wind. Wenn sie die großen Vögel dann aufscheuchten, flogen diese direkt über sie hinweg, manchmal so nah, dass sie deren Beine berühren konnten. Selbst bei der Flucht mussten die Störche also, um fliegen zu können, gegen den Wind starten – schon für die Kinder eine Erkenntnis.

Die Störche so nah über sich zu sehen und auf diese Weise Prozesse des Fliegens zu erlernen, und dazu ein Buch immer wieder zu lesen: ›Die Reisen des Grafen Zambeccari‹ – das muss Lilienthal auf ewig geprägt haben. Francesco Zambeccari war zwar schon 1812 als einer der bekanntesten Ballonfahrer seiner Zeit auf tragische Weise ums Leben gekommen, doch sein Jugendbuch war bekannt und populär. Es ist darin beschrieben, wie ein vom Flug ermüdeter Zaunkönig einen Storch bittet, ihn auf dem Rücken ein Stück des Weges mitzunehmen. Dabei erklärt dann der Storch dem kleinen Vogel ausführlich, wie es ihm möglich ist, fast ohne Flügelschlag so weite Strecken zurückzulegen.

Die Störche – immer wieder kommt Lilienthal auf sie zurück. Noch 1895, nach Jahren an Flugerfahrung, zog er einmal hinaus ins

Grüne‹, um in dem Ort Vehlin die Störche zu beobachten, die dort auf fast jedem Dach nisteten. Eine Zeit lang hielt er sich sogar einige vor seinem Haus in Lichterfelde. Die Faszination für diese Vögel rührte schlicht aus der Beobachtung, dass sie unter bestimmten Bedingungen nicht nur dahinglitten, sondern auch aufstiegen und doch keinen Flügelschlag machten. Die Texte Lilienthals sind voll von Bemerkungen in der Art, »daß die Fliegemethode, welche die gut fliegenden Vögel anwenden, höchst wahrscheinlich diejenige Fliegeart ist, welche auch dem Menschen unter günstigen Umständen einstmals zu einer freien, schnellen Fortbewegung durch die Luft verhelfen kann«[8]. Die Vögel als Vorbild – welch ein Gegensatz zum Vorgehen eines Maxim, der das Fliegen am grünen Tisch entwickeln wollte! Doch hatte Lilienthal nicht Recht? Der Unterschied zwischen ihm und jemandem wie Maxim führte später auf höherem Niveau regelrecht zu einem Wettlauf um die Erfindung des Flugzeugs…

Lilienthal war konsequent vorangeschritten. Nach mäßigen Leistungen am Gymnasium besuchte er die Königliche Gewerbeakademie in Potsdam, schnitt bestens ab, zog in den Krieg gegen Frankreich, wo er vor dem belagerten Paris die flugtechnischen Fähigkeiten der Franzosen verfolgte, die mit Freiballonen Post und auch wichtige Personen aus der Stadt beförderten, arbeitete als Ingenieur in einer Maschinenfabrik in Berlin, diente sich von der Drehbank zum Zeichentisch im Konstruktionsbüro empor, wechselte zu der bedeutenden Maschinenbaufirma Weber, in deren Diensten er insbesondere auch Bergbaugeräte konstruierte, optimierte und an Ort und Stelle daran instruierte, und immer grübelte er, plante, entwarf. Schließlich gründete er ein eigenes Unternehmen, eine »Maschinen- u. Dampfkessel-Fabrik«, »Specialität: Gefahrlose Dampfkessel, Dampfmaschinen, Heizungen, Transmissionen, schmiedeeiserne Riemscheiben«, wie es später auf dem Briefkopf hieß.[9] Bald beschäftigte er über fünfzig Mitarbeiter, die er, und das ist so außergewöhnlich wie bezeichnend, am Gewinn beteiligte.

Und immer wieder baute und erprobte er Fluggeräte, konsequent. Schon in Anklam hatte er mit seinem Bruder Gustav Flugversuche unternommen, indem sie sich Flügel bauten, sie an den Armen befestigten und damit einen Hügel hinabrannten um abzuheben – Streiche geradezu, wie sie zur Kindheit gehören. Die beiden Brüder begnügten sich jedoch nicht mit der Feststellung, dass ihre Versuche eigentlich völlig aussichtslos schienen. Ein Zeuge berichtete, er habe einmal gesehen, wie Otto Lilienthal in den Hof des Elternhauses ›flog‹. Dazu steckte er im ersten Stockwerk »die vorgestreckten, beflügelten Arme durch das Fenster, setzte sich mit baumelnden Beinen auf das Fensterbrett, spreizte die Flügel aus und sprang ab«. Immerhin habe es so einen »gemilderten Fall aus etwa 4 m Höhe« gegeben.[10] Mut charakterisierte den Mann wohl an erster Stelle, den Mut nicht nur, etwas zu wagen, sondern auch etwas ganz Neues zu denken.

Träume mit wissenschaftlichen Mitteln in die Tat umzusetzen – das sollte Lilienthal ausmachen. Tatsächlich begann er bald mit seinem Bruder wissenschaftlich zu untersuchen, wie eigentlich die Kräfte beschaffen sein müssen, die einen Vogel oder eben ein Gerät, schwerer als Luft, fliegen lassen. Dazu konstruierten sie etwa, wie abgebildet, ein Flügelschlaggerät, das zwar schon als ›Flugzeug‹ gemeint war, dann aber als Messinstrument diente.

Zu ihrer Enttäuschung bewegte sich der Apparat, den sie mit den Füßen tretend antrieben, kein Stück aufwärts. Indem sie ihn dann aber flügelschlagend mit verschiedenen Gewichten ins Gleichgewicht brachten, konnten sie erkennen, dass ihre Konstruktion doch Auftrieb erzeugte, und dessen Kraft bestimmen.

Weiter bauten sie ein Rundlaufgerät, mit dem sie den Widerstand bewegter Flächen in der Luft messen konnten. Zugleich konstruierten sie Flugmodelle, die mit dem Fortschritt ihrer Erkenntnisse immer ausgereifter wurden. Am Ende verfügten sie über Einsichten, die es in so präziser Form noch nie gegeben hatte: über die optimale Wölbung von Flügeln und dass diese überhaupt gewölbt sein müssen, über die Wirkung verschiedener Anstellwinkel, also des Win-

kels, in dem der Flügel gegen den Luftstrom geneigt ist, über das
Verhältnis dieses Anstellwinkels und der Windgeschwindigkeit auf
gewölbte Flächen.

All diese Ergebnisse gingen ein in das Buch von Otto Lilienthal:
›Der Vogelflug als Grundlage der Fliegekunst‹, ein programma-
tischer Titel. Dieses Werk galt als eine der »Bibeln für die aeronautische Welt«[11], aus dem noch die Brüder Wright schöpften. Dabei ließ
es sich zu Lebzeiten Lilienthals kaum verkaufen. Es war aber ein
Fachbuch und führte zum ersten Mal anhand von Experimenten
empirisch erarbeitete Zahlen und Werte flugdynamischer Prozesse
an. Zudem band Lilienthal all diese Erkenntnisse immer wieder in
ermutigende Schilderungen darüber ein, wie das Fliegen zu entwickeln sei – alles in allem eine euphorische Handreichung für die

Verwirklichung des *Menschenflugs.* Und den suchte er ab 1889 in die Tat umzusetzen.

Wahrlich Schritt für Schritt kam er voran. In seinem Garten baute er eine Art Startrampe, die er bis auf eine Höhe von zwei Metern aufrichten konnte. Mit einem starren Flügelpaar gelangen ihm so Sprünge von über fünf Metern. Unermüdlich übte er, bekam ein Gefühl für seine Apparate, die er verbesserte und immer wieder neu baute. Dann folgte der entscheidende Schritt: Es galt, die Kraft des Windes zu nutzen. 1891 stand Lilienthal zum ersten Mal auf einer Anhöhe, in einem Kiesabbaugelände bei Drewitz in der Nähe von Potsdam. Sein Fluggerät verfügte nun über einen ›Schwanz‹ mit vertikalem Leitwerk, dem er bald auch ein horizontales hinzufügte. Man muss kein Flieger sein um sich vorzustellen, wie er sich gefühlt haben muss, als er zum ersten Mal durch die Luft glitt, als er wirklich zum ersten Mal flog.

Obwohl die Weiten bei nicht mehr als 25 Metern lagen, war damit der Beweis erbracht, dass Menschen sich wie die Vögel in der Luft zu halten vermögen. Lilienthal erkannte auch schnell, welche Kraft der Wind ausübte, dessen Wirkung er leider nie ganz durchschaute. Und wie er diesen Wind, den hangnahen Aufwind, kennen lernte! Er selbst beschrieb es so: »Auch bei der nur 8 qm grossen Flügelfläche wurde ich einige Male durch unvorhergesehene Windstösse von flacher Erde in die Luft entführt, und nur dem Umstande, dass ich mich jederzeit schnell aus dem Apparate fallen lassen konnte, verdanke ich mein ungebrochenes Genick, während die verstauchten Füsse oder Arme immer in wenigen Wochen geheilt waren.«[12]

Wie definiert man ›Fliegen‹? War Otto Lilienthal der erste fliegende Mensch? Vielleicht eine akademische Frage, doch hat deren Beantwortung auch immer eine emotionale Seite, eine psychologische, eine die mit Nationalstolz zu tun hat. Was hatte man nicht alles versucht um nachzuweisen, dass eine Person wie Kolumbus Italiener oder Spanier war? Da Lilienthal Deutscher war, hat damit ein Deutscher das Fliegen erfunden? Und wäre diese Frage von Relevanz? Es hängt davon ab, was man unter Fliegen versteht, und es sollten sich noch Rechtsanwälte den Kopf darüber zerbrechen ...

Für den französischen Flugpionier Ferdinand Ferber allerdings stand bereits 1910 fest: »Den Tag, an welchem Lilienthal im Jahre 1891 seine ersten fünfzehn Meter in der Luft durchmessen hat, fasse ich auf als den Augenblick, seit dem die Menschen fliegen können.«[13]

Lilienthal selbst beschrieb es so: »Fliegen heißt: ›Sich mit einer Flugmaschine vom Boden in die Luft erheben.‹ Das können wir nicht!

Fliegen heißt ferner: ›Von einer Bergspitze zu einer anderen gleich hoch gelegenen Bergspitze durch die Luft sich hinüberbewegen.‹ Das können wir auch nicht!

Fliegen heißt aber auch: ›Sich von der Spitze eines Hügels in's Thal durch die Luft herablassen.‹ Das aber können wir und hierbei haben wir Gelegenheit zu lernen und zu üben und auch schließlich die andern Arten des Fliegen's, das horizontale und ansteigende Fliegen nach und nach auszubilden und somit wirklich zu erfinden.«[14]

Lilienthal *lernte* fliegen. Der Weg, den er genommen hatte, war offensichtlich richtig: vom Schreibtisch zur Werkstatt zum Fluggelände – und, um die in der Praxis gewonnenen Erfahrungen mit Stift und Werkzeug zu überprüfen, wieder zurück. Da verwirklichte ein Mann einen Traum, *den* Menschheitstraum, und er wollte damit nichts weniger als die Welt verändern. In einem Brief von 1894 erklärte Lilienthal, er habe sich »die Beschaffung eines Kulturelements zur Lebensaufgabe gemacht, welches länderverbindend und völkerversöhnend wirken soll.« Dieses Element war für ihn nichts anderes als das Flugzeug. Wie nobel erscheint dieser Mann, wie herrlich utopisch angesichts einer politisch-wirtschaftlichen Entwicklung, die in Europa auf den großen Krieg zwischen den führenden Industriestaaten hinauslief! Und Lilienthal schrieb weiter: »Die gegenseitige Absperrung der Länder, der Zollzwang und die Verkehrserschwerung ist nur dadurch möglich, daß wir nicht frei wie der Vogel auch das Luftreich beherrschen. Der freie, unbeschränkte Flug des Menschen [...] kann hierin Wandel schaffen und würde von tief einschneidender Wirkung auf alle unsere Zustände sein.« Könnte man diese Zeilen noch begreifen als rein aus der Perspektive des Unternehmers verfasst, der Lilienthal war, so heißt es dann aber deutlich: »Die Grenzen der Länder würden ihre Bedeutung verlieren, weil sie sich nicht mehr absperren lassen, die Unterschiede der Sprachen würden mit der zunehmenden Beweglichkeit der Menschen sich verwischen. Die Landesverteidigung, weil zur Unmöglichkeit geworden, würde aufhören, die besten Kräfte der Staaten zu verschlingen, und das zwingende Bedürfnis, die Streitigkeiten der Nationen auf andere Weise zu schlichten als den blutigen Kämpfen um die imaginär gewordenen Grenzen, würde uns den ewigen Frieden verschaffen.«[15]

Passte die Erfindung des Flugzeugs nicht in die Zeit, wo sich viele versprachen, die Menschen aus allen Beschränkungen und Abhängigkeiten zu befreien? Lilienthal lebte diese Vorstellung, und nicht nur in Sachen Fliegen. Es würde hier zu weit führen noch darauf einzugehen, dass er über Jahre hinweg ein Volkstheater finanzierte, damit die Arbeiter möglichst zu einem Eintrittspreis von zehn Pfennigen Schauspiele sehen konnten, und nicht die wie üblich effektheischenden, inhaltlosen, zeitvertreibenden, als vielmehr deutsche ›Klassiker‹ und zeitgenössische, gesellschaftskritische Stücke.

Wie schön passt der Traum vom Fliegen auf die Person Lilienthal, auf einen im Wortsinn fortschrittlichen Menschen. Entsprechend ließ er die Welt an seinen Erkenntnissen teilhaben, die er in Form von Artikeln oder eben seines Buches über seine fliegerischen Erkenntnisse informierte und die er zu sich einlud. Denn fast alle, die sich später in der Entwicklung des Flugzeugs hervortaten, korrespondierten mit ihm, wie dies auch die Brüder Wright noch versuchen sollten, oder besuchten ihn: der Österreicher Wilhelm Kress, der sich wie Maxim auf einen Großversuch einließ und ebenfalls daran scheiterte, der Russe Nikolai Jegorowitsch Shukowski, der als Wissenschaftler das Flugproblem theoretisch zu durchdringen suchte, der Brite Percy Pilcher, der Lilienthals Gleitflüge noch übertraf und 1899 ebenfalls tödlich abstürzte, und Octave Chanute, der als einflussreicher Ingenieur die ›American Aeronautical Society‹ gegründet hatte und als geborener Franzose in flugtechnischen Angelegenheiten zwischen der Alten und Neuen Welt vermittelte – und der, wie noch zu sehen sein wird, großen Einfluss auf die Brüder Wright haben sollte; außerdem Samuel Pierpont Langley, den Lilienthal zu einer Spende für einen weit größeren Fliegeberg als den seinen gewinnen wollte, damit die Jugend dort das Fliegen erlerne.

Langley – hier begegnet der Name zum ersten Mal. Professor Langley war Leiter der *Smithsonian Institution* in Washington D.C., *der* Wissenschaftseinrichtung der Vereinigten Staaten von Amerika – und mit finanziellen Mitteln gesegnet. Er sollte noch die Brüder Wright in ihrer Arbeit wie von Ferne antreiben. Langley glaubte wie Maxim und andere an den Großversuch, das heißt, an den Bau eines manntragenden Flugzeugs, das mit seiner Fertigstellung flugfähig wäre. Theoretisch hatte er sich dazu durch seine ›Experiments in Aerodynamics‹ abgesichert, ein geachtetes Buch, das auch Lilienthal besaß; praktisch durch Flugzeugmodelle, die er ›Aerodrome‹ nannte und von denen zwei tatsächlich fliegen sollten[16]. Von einem Katapult gestartet und von einer Dampfmaschine angetrieben, flog 1896 das ›Aerodrome No. 5‹ sogar 90 Sekunden lang, fast einen Kilometer weit und bis 30 Meter hoch.[17]

Langley besuchte Lilienthal im August 1895 in Berlin. Da standen sich dann zwei Forscher gegenüber, die ganz unterschiedliche Ansätze verfolgten. Langley soll sich Lilienthal gegenüber recht selbstgefällig verhalten haben, hatte dieser doch als Flugapparate ›nur‹ starre Flügelpaare vorzuweisen und lehnte darüber hinaus auch das Prinzip des Propellers ab, an dem Langley erfolgreich arbeitete. Lilienthal wollte den motorgetriebenen Flügelschlag vorziehen. In den Augen des US-amerikanischen Professors müssen auch die Flüge, die der Berliner Ingenieur ihm vorführte, zwar interessant, aber wenig Erfolg versprechend erschienen sein. *So* wollte er nicht an den willentlich gesteuerten Flug durch die Luft glauben, geschweige an den Motorflug, der den Piloten zum Startplatz zurückbrächte – ein Irrtum, der Langley später öffentlich zum Gespött machen sollte.

Doch hätte Lilienthal es zum ›wirklichen‹ Flug gebracht? Er hatte bald eine Meisterschaft in der Steuerung seiner Apparate entwickelt, die er immer ausgefeilter baute, so sehr, dass sie bei ruhigem Wind jedem das Fliegen ermöglichten.

Wie wiederum die ›bodenständigen‹ Menschen auf eben die Möglichkeit reagierten, selbst einmal durch die Luft zu gleiten, liest sich schön in dem Bericht eines gewissen Wilhelm Meyer-Foerster, der mit Lilienthal einmal hinaus in die Rhinower Berge fuhr, die sich bis zu 80 Metern über die Ebene erheben. Meyer-Foerster schrieb: »Es war Mittag geworden, als Lilienthal die Flügel zum ersten Male ergriff und vor meinen staunenden Blicken geradeaus davon schwebte. Der Wind kam mit angenehmer Brise von Ost, und ohne Eile, groß und majestätisch schwebte der Flieger ins Land hinaus. Erst weit unten am Fuße des Hügels landete er sanft und ich stolperte in großer Eile den Abhang hinunter, bis ich die Landungsstelle erreichte. Als Lilienthal mich so außer sich vor Freude sah, war er wohl glücklich. Er lachte über das ganze Gesicht und konnte, während wir den Hügel wieder langsam hinaufkletterten, das herrliche Gefühl des Hinabschwebens nicht genug preisen.

Hinter uns ging, immer mit der Zigarre im Munde, der Famulus [Beylich], der den Apparat trug, und wenige Minuten später – dann noch oft an diesem Nachmittage – flog Lilienthal bald näher, bald weiter, je nach Stärke des ihn tragenden Windes, in das Land hinaus.

Und nun kam der große Augenblick, da Lilienthal ganz unerwartet zu mir sagte: ›Wie wäre es, Sie wollen es doch einmal versuchen? Eine so gute, ganz gefahrlose Gelegenheit und einen so schönen Mittelwind bekommen Sie nicht leicht wieder.‹

›Ja‹, sagte ich und kaute an meiner Zigarre, ›offen gesagt und eigentlich – wahrhaftig ich glaube, das riskiere ich nicht.‹

›Ach‹, erwiderte er, ›da ist heute wirklich nicht viel zu fürchten. Der Wind geht ganz ruhig und gleichmäßig, und sehen Sie: Sie nehmen so den Apparat, und sehen Sie: laufen so gegen den Wind, und der ganze Witz ist der, daß Sie die Flügel richtig halten.‹

›Aha!‹

›Immer müssen die Flügel mit ihrer Vorderseite ein ganz klein wenig nach oben gerichtet sein, dann kann der Wind darunter fassen und trägt Sie sicher bergab. Das ist doch ganz klar!‹

›Ja, es ist ganz klar‹, sagte ich und gab meine Zigarre dem Famulus zum Aufbewahren, zog meinen Rock aus, packte mit beiden Armen den Verbindungsbalken der Flügel und trat vor.

Die Heide unter den Rhinower Bergen lag noch genau so friedlich und still und nahe wie vorhin, mir aber schien sie unendlich weit gerückt tief unten wie in einem Abgrunde zu liegen.

›Also, Gott befohlen‹, dachte ich, ›blamieren kannst du dich hier nicht, und vielleicht ist es auch sehr schön.‹

Ich hörte noch, wie jemand hinter mir sagte: ›Immer die Flügel hoch halten.‹

Und dann lief ich drei Schritt – und dann – ja dann *flog* ich. Ich hatte keinen Boden mehr unter den Füßen, stützte mich auf meinen Balken und ließ die Beine im freien Weltenraum hängen und stierte gradeaus in die Unendlichkeit des Äthers. Denn ich konnte ja nicht hinunter sehen, weil mir das verboten war. Sieht man hinunter, so hatte auch der schweigsame Famulus zu mir gesagt, dann bückt man sich auch vorwärts und hält die Flügel nicht mehr richtig – ›Sie dürfen das nicht tun.‹

Wie lange dieser Flug gedauert hat, wurde erst später durch Messungen festgestellt, mir schien es sehr lange, ich hatte aber in Wahrheit nur eine recht kurze Wegstrecke hinter mich gebracht. Denn zu meiner Schande muß ich es sagen, daß ich ›im blauen Raum verloren‹ es mit der Angst bekam. Ich hatte das lächerliche Gefühl [. . .], daß ich ins Grenzenlose, ins Unbekannte, in ungewisse Fernen, in ungeheure Höhen mich verliere. Ich hatte nur noch den einen Wunsch: Hinunter! Nur noch das eine Ziel: Die alte treue Mutter Erde!

Und ich beugte mich vor und blickte hinunter, meine Flügel kamen aus der Steilstellung, und im nächsten Moment sausten Flügel und ich mit lautem Krachen kopfüber in das Heidekraut der Rhinower Berge.«[18]

Lilienthal fühlte sich also so sicher in der Handhabung seiner Apparate, dass er bereit war, diese auch völlig Ungeübten anzuvertrauen. Und *so* sicher waren sie doch nicht, wie sich schließlich am 9. August 1896 in eben den Rhinower Bergen zeigte. Wie wäre das Leben Lilienthals weiter verlaufen, wenn es an jenem Tag vielleicht geregnet hätte? So aber waren die Bedingungen optimal, jedenfalls für ein Segelfluggerät nach heutiger Bauart: stabile Hochdrucklage und recht kräftiger Wind. Es heißt, Otto Lilienthal habe sich mit dem zitierten Robert William Wood verabredet, der später schrieb: »Der Apparat war so ausgezeichnet zusammengefügt, dass es unmöglich war, auch nur eine lose Schnur oder Strebe zu finden; das Tuch war überall unter solcher Spannung, dass der ganze Apparat wie eine Trommel klang, wenn man mit den Knöcheln dagegen klopfte. So wie er in dem strahlenden Sonnenschein mit seinen zwanzig Quadratmetern schneeweißen Tuchs vor einem ausgebreitet auf dem Gras lag, spürte man, dass das Zeitalter des Fliegens wirklich begonnen hatte. Hier war ein Flugapparat, der nicht von einem Kauz gebaut war, damit er auf einem Jahrmarkt für zehn Cents pro Kopf zu sehen gewesen wäre oder zur Materialsammlung für eine Enzyklopädie von Artikeln über die Luftfahrt gedient hätte, sondern von einem fähigen Ingenieur, und der dabei die Ergebnisse achtjähriger erfolgreicher Experimente verkörperte – ein Apparat nicht zum Anschauen, als vielmehr zum Fliegen gemacht.«[19]

Doch soll jener Wood verhindert gewesen sein. Eine andere Geschichte, die sich plausibler als die hergebrachte vernimmt, geht von Lilienthal als einem amourösen Menschen aus, der neben seiner Fliegerei auch eine Liaison pflegte, Grund für einige Geheimniskrämerei.[20] Jedenfalls traf Lilienthal einmal wieder am Sonntag in Rhinow ein, erwartet von seinem Helfer Beylich, der den Normalapparat vorbereitet hatte. Lilienthal machte einen Flug und noch einen. Dann, als es bis dahin bereits gegen Mittag ging und heiß wurde, trat er zum dritten an. Getragen von einem kräftigen Hang-

aufwind flog er hoch dahin, verlor einmal wieder an Geschwindigkeit und warf, um erneut Fahrt aufzunehmen und einen Strömungsabriss zu verhindern, die Beine nach vorn, wie er es oft genug getan
hatte. Nach über zweitausend Flügen kannte Lilienthal wahrlich das
Flugverhalten seiner Geräte. Doch plötzlich erhielt sein Apparat geradezu einen Schlag versetzt und ließ sich nicht mehr stabilisieren.
Lilienthal fiel aus einer Höhe von fünfzehn bis zwanzig Metern zu
Boden. Wie der gebrochene Flügel seines Apparats zeigt, muss er
unkontrolliert abgestürzt sein. Es ist bezeichnend, welches flug-
technische Unverständnis sich in der Beschreibung der Unfallur-
sache ausdrückt, wenn etwa die ›Berliner Zeitung‹ über Lilienthals
Absturz schrieb: »L. muß beim Herabflug wohl in eine Luftstelle
gerathen sein, in welcher absolute Windstille herrschte«.[21]

Doch in der Tat: Welche Stille muss nach dem Absturz plötzlich geherrscht haben! Lilienthal lag am Boden, spürte vielleicht die
Hitze der Sonne im Gesicht, hörte seltsam die Grillen neben sich
zirpen, nahm dann wie von Ferne Paul Beylich wahr, der sich über
ihn beugte und erschrocken nach seinem Zustand fragte. Ausruhen
wolle er sich ein wenig, habe Lilienthal geantwortet, und dann wie-

der weitermachen. Schmerzen spüre er keine. Er konnte auch keine spüren, hatte er sich doch die Wirbelsäule gebrochen. Vom dritten Halswirbel an war er gelähmt. Lilienthal wurde noch bis nach Berlin gebracht, auf holprigen Wegen, in kaum gefederten Wagen, in der Eisenbahn, hin zu einem bekannten Chirurgen in der Königlichen Klinik. Dort jedoch kam der erste fliegende Mensch nicht mehr zu Bewusstsein und starb am 10. August. »Opfer müssen gebracht werden«, sollen seine letzten Worte gewesen sein.

Weil es mit letzten Worten immer etwas Besonderes auf sich hat, vielleicht weil sich in ihnen das Wesen eines Menschen aphoristisch verkürzt auszudrücken scheint, stirbt kaum eine berühmte Person schweigend. Lilienthal hat seinen sprichwörtlich gewordenen Satz nach seinem Unfall gewiss nicht gesagt, doch ist immerhin anzunehmen, dass er sich zuvor entsprechend geäußert hatte. Allerdings passt dieser Ausspruch gut zu der damaligen Geisteshaltung der Deutschen, wobei doch Lilienthal sein Opfer für den *Frieden* gebracht hätte. (Es kann nicht überraschen, dass es zur Nazizeit war, im Kriegsjahr 1940, als man die vermeintlich letzten Worte Lilienthals im nun pompös gestalteten Grab auf einer Bronzeplatte verewigte.) Was Lilienthal wirklich noch gesagt haben soll und was angesichts seiner Verletzung in der Diktion glaubwürdig klingt, sind die Worte: »Ich lebe ja noch; ich bin Otto Lilienthal aus Lichterfelde!«[22]

Opfer war Lilienthal auch in anderer Hinsicht geworden. Obwohl er die dynamischen Prozesse sich erwärmender Luft praktisch immer wieder erfahren hatte, war er doch von falschen Schlüssen ausgegangen. Lilienthal meinte, dass es Turbulenzen nur in Bodennähe gebe, dass der Wind in der Höhe beständiger und ruhiger wehe. Das brachte ihn im Weiteren auch dazu, Fluggeräte mit einer zweiten Tragfläche zu bauen. Wenn auch dieses Doppeldeckerprinzip seine Vorteile hatte, weil bei gleicher Spannweite die Tragfähigkeit entscheidend erhöht war und trotzdem die Wendigkeit erhalten blieb, so lag diesem Prinzip doch die irrige Annahme zugrunde, dass zum erfolgreichen Segeln ein besonders starker Wind nötig sei. Lilienthal begründete dies so: »Angeregt durch die schönen Schwebeflüge der Störche lag mir viel daran, bei möglichst starkem Winde meine Übungen auszuführen. Wenn ich jedoch bei windigerem Wetter kleinere Tragflächen nehme, so wird an dem Effecte nicht viel gebessert. Es kam mir deshalb der Gedanke, zwei kleinere Tragflächen übereinander anzubringen, welche beim Durchsegeln der Luft beide hebend wirken.«[23]

Wer aber könnte heute, ohne Vorkenntnisse, begreifen, wie genau sich die thermischen Prozesse abspielen, die etwa ein Storch für seine schönen Schwebeflüge nutzt? Auch nach der Erfindung des Motorflugzeugs benötigte es geradezu eines Verbots desselben, damit der Segelflug und seine Prinzipien ergründet werden konnten: Das Londoner Ultimatum vom 5. Mai 1921 verbot Deutschland auch die Herstellung von Motorflugzeugen und den zivilen Flugverkehr.

Wiederum konnte Lilienthal bereits 1892 in der ›Zeitschrift für Luftschiffahrt und Physik der Atmosphäre‹ ausdrücklich lesen: »Aufsteigende Luftströmungen aber finden sich regelmäßig an großen, von der Sonne erwärmten Berglehnen, besonders an Felswänden (dies benutzen die Adler, die Condore der Anden), an der Windseite steilerer Hänge und Klippen, ferner über Terrainstrecken, die sich wegen Mangel an Bewachsung oder wegen guter Wärmeleitung des Bodens rascher erwärmen als die Umgebung. [...] Vorhanden sind sie überhaupt an jedem sonnigen Tag; denn die ganze Erwärmung der Atmosphäre geschieht von unten auf durch Emporsteigen der erwärmten Massen. Dieses Emporsteigen erfolgt in der Regel an einigen begrenzten Stellen mit relativ großen Geschwindigkeiten (bis über 3 m), indem die erwärmten Luftmassen wie in einem Kamin aufwärts ziehen. Das Niedersinken der kälteren Luftmassen geschieht in großem Umkreis und mit unmerklicher Geschwindigkeit. Ein Zeichen von aufsteigenden Luftbewegungen sind stets die Haufenwolken (Cumuli), welche sich an sonnigen Tagen oft plötzlich bilden.«[24]

Damit war das Phänomen, dessen sich alle Segelflugzeuge, Drachen und Gleitschirme zum Aufstieg bedienen, bereits damals genau beschrieben: Die Sonne erwärmt den Erdboden, von dem sich dann Thermik, das heißt, warme Luftmassen, entweder in ›Blasen‹ oder als ›Bart‹, ablöst – ›Sonnenböen‹ nannte Lilienthal selbst die thermischen Ablösungen, die er natürlich immer wieder gespürt hatte. Und eine solche Sonnenbö, in Verbindung mit relativ starkem Wind, dem sich Lilienthal bewusst aussetzte, kostete ihn schließlich das Leben. Er muss, kurz vor der sommerlichen Mittagszeit, bei langsamem Flug in eine hochschießende Thermikblase geraten sein, die seinen Gleiter abrupt traf.

Dabei hätte Lilienthal den Segelflug *findend* erfinden können. Man könnte wohl behaupten, dass er sich in dieser Hinsicht *zu* sehr an der Natur orientierte, wobei sein Bestreben dahin gerichtet war, »entweder durch noch stärkeren Wind oder durch Flügelschläge höher und vom Berge weiter ab zu kommen, so daß ich kreisend den stark hebenden Windpartien folgen kann«[25]. Sein Vorbild waren die Störche, die *kreisenden* Störche am Himmel. Sie waren seine Archetypen, ihre Bewegungen am Himmel hatte er schon als Kind stundenlang beobachtet, sie nahm er als seine Meister. In seinem Buch ›Der Vogelflug als Grundlage der Fliegekunst‹ findet sich von ihm ein Aquarell, das in feiner Manier von großer Beobachtungsgabe zeugt und das Störche zeigt, die am Himmel kreisen. Von diesem Bild konnte sich Lilienthal wohl nicht lösen. Dabei hätte er es ›nur‹ wagen müssen, in Schlaufen am Hang entlangzufliegen, neudeutsch *soaren* genannt, um den dynamischen Hangaufwind auszunutzen. Vielleicht hätte Lilienthal so die Handhabbarkeit seiner Flugapparate weiter verbessern können, und zwar entscheidend. Denn bei allem Verdienst, der dem ersten fliegenden Menschen zusteht, bleibt auch die Feststellung: Am Ende hatte sich die Steuerbarkeit seiner Gleiter schlichtweg als unzureichend erwiesen.

Zwei Monate vor Lilienthals tödlichem Absturz kamen in den USA unter der Leitung von Octave Chanute einige Pioniere der Luftfahrt zusammen, unter ihnen auch Augustus Moore Herring, mit dem noch die Wright-Brüder zu tun haben sollten. Herring baute Lilienthal-Gleiter nach und suchte sie zu verbessern. In einer Art

Fliegerlager experimentierten diese Männer mit verschiedenen Gleitfluggeräten, darunter auch dem Nachbau eines Apparats von Lilienthal. Darüber berichtete Chanute: »Wir machten ungefähr 100 Flüge mit dem Apparat, wovon der längste über etwa 35 m ging. Wir starteten in Höhen zwischen 6 und 9 m bei Windstärken von 5 bis 6 m/s. Aber von Anfang an stellten wir fest, daß der Apparat schwer zu handhaben und schwer im Wind im Gleichgewicht zu halten war.«[26] *Flugstabilität* und *Steuerbarkeit* – diese beiden Faktoren hatte Lilienthal zeit seiner Versuche nicht in den Griff bekommen. Die Flugstabilität konnte mit seinen Apparaten nur durch athletisch geschickte Bewegungen des Körpers hergestellt werden, ebenso wie die Steuerbarkeit. Die Hände, die hätten regulieren können, waren in ihrer Funktion gleichsam blockiert. Zwar experimentierte Lilienthal auch mit Möglichkeiten, das Leitwerk steuerbar zu machen, doch hätte er dazu seine Segelapparate, an denen er wahrlich hing, in ihrer Konzeption grundlegend ändern müssen.

Und natürlich fehlte ein Motor. Auch daran arbeitete Lilienthal. Nach einem Bonmot von Wilbur Wright könne man, einen genügend starken Motor vorausgesetzt, sogar ein Scheunentor zum Fliegen bringen.[27] Denn lange vor Lilienthal bestand längst kein Zweifel mehr daran, dass die menschliche Muskelkraft nicht ausreichen konnte um einem wie auch immer gearteten Flugzeug genug Auftrieb zu verschaffen, jedenfalls nicht mit den Mitteln der damaligen Zeit.

Erst in den 1970er Jahren, nach vielen Forschungsjahren, gelang dies mit dem Manöver einer geflogenen Acht. Ein Wissenschaftsteam unter der Leitung des US-Amerikaners Paul MacCready hatte ein Gerät konstruiert mit der Spannweite eines Großraumflugzeugs, dem Gewicht eines Mopeds und der Geschwindigkeit eines Läufers. Der Pilot trieb dabei wie ein Fahrradfahrer mit Beinkraft einen Propeller an. Mit dem Nachfolgemodell namens ›*Gossamer Albatross*‹ gelang zwei Jahre später sogar die Überquerung des Ärmelkanals, und 1988 konnten die Forscher unter MacCready auch die Sage von Dädalus und Ikarus verwirklichen, als der griechische Radrennfahrer Kanellopoulos mit dem nur 32 kg schweren Flugzeug ›*Daedalus* 88‹ die über 100 Kilometer lange Strecke von Kreta nach Santorin ausschließlich muskelgetrieben in der Luft zurücklegte.

Zwar machte die Motorenentwicklung am Ausgang des 19. Jahrhunderts stürmische Fortschritte, doch war man erst dabei, die neuen Technologien anstelle von Pferden einzusetzen. Das Problem des Gewichts, das heißt des so genannten Leistungsgewichts, war bei Automobilen zweitrangig. Ein möglicher Flugzeugmotor musste jedoch leicht sein. Das hatte schon Maxim erkannt, der für sein monströses Gerät einen eigenen Motor hatte entwickeln lassen, eine Dampfmaschine, die ein Leistungsgewicht von nur 3,6 kg pro PS aufwies. Das war jedoch nur erreicht worden, indem der Motor groß genug gebaut worden war – und damit insgesamt viel zu schwer war. Es galt, einen ganz eigenen, leichten Motor zu entwickeln – ein Problem, das auch den Wrights noch zu lösen bevorstand.

Lilienthal baute dazu einen Kohlensäuremotor, der überaus einfach funktionierte: Aus einer Flasche wurde mit Hilfe eines Ventils Kohlensäure abgelassen, die unter starkem Druck in einen Zylinder strömte, wo sie einen Kolben antrieb. Lilienthal konstruierte zwei verschiedene Versionen und testete sie wohl auch im Flug. An Leistung erbrachten sie knapp 2 PS. Selbst wenn man dies als Mindestmaß an Arbeit annähme um ein Flugzeug dynamisch durch die Luft zu bewegen, wollte Lilienthal seinen Motor aber an ein Schwingensystem koppeln. Dazu sollte der Kolben bewegliche Flügelenden auf und ab bewegen, besser noch die Flügel insgesamt.[28] Die Möglichkeit, einen Propeller einzusetzen, hat Lilienthal immer wieder verworfen. Sein Vorbild war die Natur. Noch 1895 schrieb er: »Alles Grübeln über leichte Motoren und Spekulieren über die Verminderung der zum Fliegen nötigen Kraft tritt in den Hintergrund angesichts der Tatsache, dass der Wind allein schon ausreicht, um jede Art eines freien Fluges zu bewerten.«[29] Der Vogelflug als Grundlage der Fliegekunst – dem war Lilienthal leider *absolut* verhaftet. Denn den flügelschlagenden Flug der Vögel nachzuahmen – das ist ebenfalls erst jenem Team von Wissenschaftlern um Paul MacCready gelungen, die den Menschen rein muskelgetrieben in die Luft brachten: Sie konstruierten die Nachbildung des Flugsauriers *Quetzalcoatlus*, der, gesteuert von viel Elektronik, 1986 tatsächlich ›wie ein Vogel‹ zu fliegen imstande war.

Trotz dieser entscheidenden Einwände, dass Lilienthals Flugapparate weder die nötige Flugstabilität und Steuerbarkeit noch ein praktikables Antriebssystem aufwiesen, wurde doch immer wieder die Überlegung verbreitet, dieser erste fliegende Mensch hätte am Ende das ›wirkliche‹ Flugzeug erfunden. Schon Octave Chanute schrieb dazu nach Lilienthals Tod: »Durch dieses beklagenswerte Unglück wurde der Mann von uns genommen, der bisher das meiste zum Beweis beigetragen hat, daß der Mensch wahrscheinlich fliegen kann; der als erster in unserer Zeit versucht hat, mit einem der Körpergröße des Menschen angepaßten Apparat den Flug der Vögel nachzuahmen, und der in jeder Hinsicht so begabt war, daß ihm, wäre er am Leben geblieben, der Erfolg wahrscheinlich nicht versagt gewesen wäre.«[30] Dazu sei jedoch auch einer derjenigen Männer zitiert, der sieben Jahre nach Lilienthals Tod die Menschen tatsächlich in die Luft brachte. Wilbur Wright äußerte sich 1912, als das Flugzeug am Himmel bereits zum Alltag gehörte, ausdrücklich zu der Annahme, Lilienthal hätte dieses, wäre er nicht frühzeitig verunglückt, ebenfalls entwickelt: Er führte aus, dass bei der Entwicklung des Flugzeugs Kosten, Gefahr und Zeit bestimmend gewesen seien. Diese drei Faktoren hätten jeweils auf ein Minimum reduziert werden müssen. Im 19. Jahrhundert sei jedoch die Geschwindigkeit des Fortschritts jeweils so gering gewesen, dass bei allen Wegbereitern einer dieser Faktoren früher oder später zum Abbruch geführt habe. Außerdem erklärte Wilbur Wright: »Lilienthal machte Fortschritte, aber nicht sehr schnell. Seine Tabellen zu Druck und Widerstand gewölbter Flügelflächen waren die Resultate jahrelanger Experimente, und sie waren die besten, die es gab; trotzdem waren sie nicht ausreichend genau, um jemandem den Bau eines Apparats mit solch vollständiger Sicherheit zu ermöglichen, damit dieser genau die erwarteten Resultate erbrächte. Unter solchen Bedingungen konnte der Fortschritt nur langsam sein. Sein System der Gleichgewichtskontrolle sowohl in Quer- als auch in Längsrichtung war äußerst grob und ziemlich untauglich. Obwohl er in sechs aufeinander folgenden Jahren von 1891 – 1896 mit Hängegleitern experimentierte, benutzte er am Ende noch dasselbe ungenügende Kontrollsystem wie am Anfang. Die Geschwindigkeit seiner Fortschritte während dieser Jahre lässt es zweifelhaft erscheinen, ob er in naher Zukunft vollen Erfolg gehabt hätte, wenn er am Leben geblieben wäre. Aber wo auch immer seine Grenzen lagen, so war er doch der größte der Vorläufer und die Welt schuldet ihm großen Dank.«[31]

Tatsächlich erwies ihm ›die Welt‹ großen Dank, als die Wrights schließlich das Flugzeug erfunden hatten und immer wieder darauf verwiesen, wie viel sie Lilienthal verdankten. Heute ehren ihn Museen, Denkmale, Wettbewerbe, auch ein ›Lilienthalpark‹ am Fliegeberg in Berlin-Lichterfelde. Seine Witwe Agnes hatte man nach dem Tod ihres Mannes allerdings im Stich gelassen. Sie musste 1902 sogar das Haus der Familie verkaufen. Erst mit der Entwicklung der Fliegerei sollte man in Deutschland ein entsprechendes Bild ihres Mannes propagieren, das, nationalistisch überhöht, dann auch der Witwe und ihren Kindern zu finanzieller Sicherheit verhalf.

Wie viele Menschen hatten Otto Lilienthal fliegen sehen! Tausende müssen es gewesen sein. Sein Fliegeberg erhob sich am Rand einer Stadt, die nach Millionen zählte. Die Aufnahmen von seinen Flügen waren immer wieder veröffentlicht worden. Der Traum vom Fliegen – vor den Toren Berlins war er zum Teil verwirklicht worden. Trotzdem herrschte nach dem Tod Lilienthals wahrlich große Stille, zumindest in Deutschland, zumindest, was die Entwicklung des Flugzeugs angeht. Vielleicht war Lilienthal für die bodenständigen Deutschen wirklich nur ein Kuriosum gewesen. Die Entwicklung des Flugzeugs wurde jedenfalls woanders verfolgt, vor allem in Frankreich.

3.

Die Versuche
Flugzeug-Erfinder, Legenden und das Luftschiff

Am Ende des 19. Jahrhunderts war die Luftfahrt in einer Richtung wahrlich erforscht. Mit Ballonen hatte man eine über hundertjährige ›Flug‹-Erfahrung. Immer neue Rekorde waren aufgestellt worden, wie bereits 1785 die glückliche Überquerung des Ärmelkanals durch Jean-Pierre Blanchard und John Jeffries, die am Ende zur Gewichtserleichterung noch Jacke und Hose über Bord werfen mussten[1], die Fahrt des Engländers Charles Green 1836 von London nach Nassau über eine Strecke von 722 Kilometern in nur 18 Stunden[2], die Überquerung der Alpen durch den Franzosen Francisque Arban 1849, der noch im selben Jahr an Bord eines Ballons über dem Mittelmeer spurlos verschwand[3]; immer neue Weiten- und auch unfreiwillige Höhenrekorde, wenn aus unterschiedlichen Gründen der Ballon in seinem Aufstieg nicht zu stoppen war wie im Fall der Engländer Henry Coxwell und James Glaisher, die 1862 nach dem Stand ihres Höhenmesser bis auf 11 km aufstiegen, wo Glaisher längst das Bewusstsein verloren hatte und Coxwell noch in den Korbring steigen konnte um mit den Zähnen an der Reißleine zu zerren, weil ihm die Finger vor Kälte erstarrt waren[4].

In dieser Art lassen sich viele tragische, katastrophale und anekdotenhafte Vorkommnisse beim Ballonfahren erzählen. Trotzdem war die Euphorie über dieses ›Fliegen‹, die damit verbundene Utopie von der Beherrschung des Luftraums, bald nach seinem sensationellen Beginn verflogen. Der Aufstieg eines Menschen in die Luft rührte das Publikum nicht mehr besonders. Damit war bald kein Geld mehr zu verdienen. Wollte man die Leute noch insofern rühren, als sie sich auf Spektakel freuten und dafür Eintritt zahlten, musste man auch Spektakuläres bieten. So fanden die ersten Aufstiege mit Frauen statt, auch allein von Frauen, mit Kindern, nächtliche Aufstiege, dazu mit Feuerwerkskörpern, dann der Einsatz von Fallschirmen, an denen am Anfang Tiere hingen, bald auch Menschen, schließlich der Aufstieg von Pferden, die dann sogar direkt an den Ballonseilen festgemacht wurden. Zwar führte man mit Ballonen auch etliche wissenschaftliche Untersuchungen über die Beschaffenheit der Lufthülle durch, doch diente die »Aeronautik« zuallererst der Unterhaltung beziehungsweise dem Sport. Ballonfahren war in bürgerlichen Kreisen ein Vergnügen ganz eigener Art, bei dem man am Morgen startete und vielleicht darauf wetten konnte, wo man am Abend landen würde. An Bord war dabei nicht viel zu tun und Platz für Champagnerflaschen war allemal.

Über hundert Jahre lang blieb dieses System im Grunde unverändert bestehen, einschließlich seines Hauptproblems: Man war den Launen des Windes ausgeliefert. Viel war da geforscht und getüftelt worden. Ruder, Segel und Propeller hatte man eingesetzt um aktiv steuern zu können. Nur hatte sich der Widerstand des ganzen Gefährts jedes Mal als unüberwindlich erwiesen.

So gab es immer wieder Versuche, es doch den Vögeln gleichzutun und sich aerodynamisch in die Luft zu erheben. Wer dabei mit am weitesten kam, zumindest dem eigenen Anspruch nach, war der Ingenieur Clément Ader, in Frankreich bis heute als *»père de l'aviation«*, als »Vater der Fliegerei« bezeichnet.[5] Nur weil Ader später in Beziehung zu den Brüdern Wright trat, erscheint er hier stellvertretend für andere, die auch alle den ersten Motorflug absolviert haben sollen und die sich doch unter der einen Feststellung versammeln lassen, dass nämlich ihre Taten allesamt folgenlos blieben. Denn einerlei, was man unter Fliegen versteht, über den Unterschied zwischen einem Flug, einem Luftsprung, einem Hüpfer, so lässt sich schlichtweg eines feststellen: Wäre ihr System auch nur halbwegs praktikabel gewesen, wäre es weiterentwickelt worden. Das lässt sich leicht an dem Deutschen Karl Jatho festmachen, dem tatsächlich mit einem selbstkonstruierten Apparat ›Flüge‹ bis zu 60 Metern Weite gelangen, wobei doch auch die Brüder Wright mit ihrem ersten Flug nicht weiter kamen und ihnen dies erst Monate nach Jathos erstem ›Luftsprung‹ gelang. Doch konnte der Hannoveraner Stadtinspektor sein System eben nicht weiterentwickeln. Erst 1909 sollte er wirklich fliegen, das heißt, kontrolliert steuerbar.

Ähnlich Gustav Weißkopf.[6] In Deutschland aufgewachsen war Weißkopf noch als junger Mann in die USA gekommen, wo er sich bald Whitehead nannte. Mit Unterstützung der ›*Aeronautical Society*‹ in Boston baute er sowohl einen Gleiter als auch einen Schlagflügelapparat, die beide nicht flogen. Als »großer Aufschneider«[7] bezeichnet, ging Weißkopf dann seinen eigenen Weg, und am 14. August 1901 soll er sein Ziel erreicht haben. Angeblich sei er an diesem Tag 800 Meter weit geflogen und dabei sogar um ein paar Kastanienbäume gesteuert. In dem großen Zeitungsbericht, der über diesen Vorgang in der lokalen Zeitung ›*Bridgeport Sunday Herald*‹ erschien, hieß es, das Flugzeug sei wie ein Drachen in die Luft geschossen und habe ausgesehen wie ein aus dem Käfig freigelassener Vogel. Nach eigener Aussage habe er im nächsten Jahr sogar einen Flug über 3½ und sogar über mehr als 11 Kilometer Länge absolviert. Aufgespürt wurde diese Geschichte erst über dreißig Jahre später, als eine Journalistin auf jenen zeitgenössischen Zeitungsbericht gestoßen und dem Fall und der Person Weißkopf/ Whitehead nachgegangen war. Was allerdings immer verwundern musste, war das Fehlen jeglicher Beweise für die Behauptungen, die besonders auch von Weißkopf selbst stammten. Vor allem fehlt der bedeutendste Beweis, den sich kein Erfinder hätte nehmen lassen: eine Fotografie. Zwar gibt es Bilder seines Flugzeugs Nr. 21, die einen durchaus aerodynamisch gestalteten Flugapparat zeigen, nur fehlen davon die Aufnahmen in der Luft.

Trotzdem klingt insbesondere jener Zeitungsbericht recht authentisch, obwohl etwa die Titelzeile von vier besenreitenden Hexen umrahmt ist. Man ist dem Fall Weißkopf jedoch auch aus einem besonderen Grund nachgegangen, der nur angesichts der wrightschen

Biografie zu verstehen ist. Die beiden Brüder sollten sich später so unbeliebt machen, an ihrem Wesen, ihren Ansprüchen und Forderungen sollten sich so sehr die Geister scheiden, dass sich einige regelrecht dem Kampf gegen sie verschrieben und alles versuchten um ihnen die Ehre des Erstflugs abzuschneiden. Vor diesem Hintergrund geisterte Gustav Weißkopf weiter durch viele Darstellungen über die Fliegerei, enzyklopädische eingeschlossen[8] – bis man sich ihm auch in seiner Heimat widmete. Im Hinblick auf seinen vermeintlichen 100-jährigen Erstflug nahm sich in seinem fränkischen Geburtsort Leutershausen ein obligatorischer Verein der Sache an, die ›Flughistorische Forschungsgemeinschaft Gustav Weißkopf‹, kurz ›FFGW‹, die endlich die entscheidenden Beweise erbringen wollte.[9] Tatsächlich gelang es ihnen im Jahr 2001, einen Nachbau des Flugapparats Nr. 21 eine gehörige Strecke weit fliegen zu lassen. Nur stehen diesem Beweis zwei gewichtige Argumente entgegen: Zum einen wurde ein moderner Motor als Antrieb verwendet. Dagegen hatte Weißkopf nach dem Dampfmaschinenprinzip arbeitende Acetylenmotoren konstruiert – und deren Wirksamkeit steht überhaupt in Frage. Zum anderen geht es einmal wieder um die Definition von Entdeckungen und Erfindungen, und die lässt sich eben nur über die Folgen bestimmen: Wenn auch die Wikinger fünfhundert Jahre vor Kolumbus auf Amerika gestoßen waren, so blieb diese ›Entdeckung‹ doch folgenlos, weil in Europa unbekannt – ganz im Gegensatz zu der eines Kolumbus, obwohl dieser nicht wahrhaben wollte, nicht das gefunden zu haben, was er gesucht hatte. Wenn man im Übrigen bedenkt, wie sehr die US-amerikanische Presse mit dem Beginn der Industriegesellschaft nach Maßgabe der Sensationslust funktionierte, wie das dann auch die Wright-Brüder lernten, erscheint es kaum glaubhaft, dass Weißkopfs sensationelle Taten unbeachtet hätten bleiben können.

Doch darüber hinaus geht es im Fall Weißkopf einmal mehr um die Bestimmung dessen, was Fliegen eigentlich ist. Denn man kann eben jeden flachen Gegenstand, den man in die Luft anstellt und mit einem starken Motor antreibt, zum ›Fliegen‹ bringen.

Und natürlich lässt sich in einem Fall wie dem des Gustav Weißkopf, den schon Orville Wright als »zu unglaublich und lächerlich für eine ernsthafte Widerlegung«[10] bezeichnet hatte, trefflich argumentieren, wie viel doch der Ruhm einer Erfindung oder Entdeckung *wert* ist.

Erst recht fungiert Clément Ader immer noch als derjenige, der wie Weißkopf und Jatho als erster Mensch geflogen sein soll. Er war das Paradebeispiel für einen Forscher, der zwar das Fliegen zu seinem Lebensinhalt gemacht hatte, der aber die Entwicklung eines Flugzeugs eher intuitiv anging. Ader orientierte sich ausgerechnet an den natürlichen Vorbildern, die für den menschlichen Flug am wenigsten geeignet waren: den Fledermäusen. Diese Luftartisten verfügen über keine Flügel, die an sich bereits für Stabilität sorgen würden, sondern diese stellen sie durch geschickte Flugbewegungen ständig neu her. So beschritt Ader von Anfang an einen Irrweg.

In jahrelanger Arbeit konstruierte er einen Flugapparat, den er nach dem griechischen Gott des Windes ›l'Éole‹ nannte. Er war bis in alle Einzelheiten durchdacht: Vorn war ein Propeller angebracht, eine Dampfmaschine mit immerhin 20 PS diente als Motor und die Flügel ließen sich nicht nur nach vorn und hinten schwenken und teilweise einklappen, sondern auch in ihrem Anstellwinkel und ihrer Wölbung verändern um so die Steuerbarkeit zu gewährleisten. Das Gerät wog 175 Kilogramm und es soll 1890 tatsächlich 50 Meter weit geflogen sein.[11]

Schon das Aussehen des Apparats, der in modifizierter Form als ›Avion II‹ bald öffentlich ausgestellt wurde, schien dann so überzeugend, dass sich davon mehr erhoffen ließ. Das Militär nahm sich der Sache an. Ader erhielt enorme Zuwendungen und konnte über Jahre hinweg an einem neuen Flugapparat bauen, der dann 1897 startbereit war. Die ›Avion III‹ war gewiss ein Meisterstück der Ingenieurskunst, so wie man sie auch heute noch im Pariser *Musée du Conservatoire des Arts et Métiers* bewundern kann. Die Spannweite betrug 15,8 Meter, das Leergewicht 257 Kilogramm, wobei gleich zwei Dampfmaschinen mit einer Leistung von jeweils 20 PS

für Vortrieb sorgen sollten. Doch leider stimmten die Voraussetzungen nicht.

Ader verspielte sich später alle Reputation, indem er behauptete,
seine ›Avion III‹ wäre sehr wohl geflogen, sogar über eine Strecke
von 330 Metern. Er tat dies gerade zu der Zeit, als Frankreich durch
die Ansprüche der Wright-Brüder in seiner nationalen Ehre getroffen war. Da konnte man plötzlich im Mutterland der Fliegerei vermeintlich jemanden ausweisen, der wirklich den ersten Motorflug
gemacht habe. Allerdings ging es dabei auch um finanzielle Angelegenheiten, um die Patentrechte . . .

Die Angelegenheit wurde ernsthaft vor Gericht ausgetragen, einschließlich einem Ortstermin vor der ›Avion III‹, in Anwesenheit
von Wilbur Wright und Clément Ader. Wie entschieden dabei gekämpft wurde, geht aus einem Vorschlag Wilbur Wrights hervor,
der für sich spricht: »Ich beabsichtige, in unserem Namen einen
Preis über 450 000 Franc zu stiften, unter der Bezeichnung ›Prix de
Satory‹ [nach dem Ort, wo Ader geflogen sein wollte], um an das
Experiment vom 9. Oktober 1897 zu erinnern. Der Preis soll dem-

jenigen erteilt werden, der den längsten Flug *über einhundert Meter* macht und das mit einem Apparat, der Flügel, Propeller und Anordnungen als exakte Nachbauten der *Avion* aufweist.«[12]

Erst später veröffentlichte das französische Kriegsministerium endlich den offiziellen Bericht über die geheim gehaltenen Flugversuche der ›Avion III‹ und es heißt darin: »Nach dem Anrollen lief das Flugzeug – mit dem Rücken im Wind – zügig mit konstanter Geschwindigkeit dahin; später war jedoch an den Radspuren leicht zu erkennen, daß das Heck des Flugzeugs sich mehrfach angehoben hatte und daß das hintere Rad des Fahrwerks, das gleichzeitig das Seitenruder darstellte, nicht ständig am Boden geblieben war.«[13] Selbst wenn man es wohlwollend meinte, hätte man höchstens von einem Hüpfer sprechen können.

Dabei sprach schon das Aussehen der ›Avion‹ jedem Anspruch auf einen glaubhaften Flug Hohn. Die empfindlichen Tragflügel, die schweren Dampfmaschinenmotoren oder die fehlende Steuerbarkeit machten den Flugapparat von Anfang an zu dem, was er heute noch ist: ein Museumsstück und Ausdruck einer imperialen Zeit, die im ›Großen‹ erstarrt war. Der erwähnte Charles H. Gibbs-Smith beschreibt das Verhalten eines Ader, das sich von dem eines Maxim ja nicht unterschied, als ›Chauffeur-Attitüde‹. Er versteht darunter »eine Einstellung, die von der Flugmaschine als einem geflügelten Motorwagen ausging, der sozusagen mit roher Gewalt in die Luft geflogen und gelassen im Himmel umhergesteuert würde, als handelte es sich um ein Land- oder sogar Seefahrzeug, das einfach von einer Schicht Land in eine Schicht Luft überführt würde.«[14]

Wer wollte, könnte sogar leicht behaupten, dass Aders Versuche, die sich auf der anderen Seite des Atlantiks zu der Zeit ähnlich wiederholten, dazu führten, der Fliegerei einen Bärendienst zu erweisen. Denn mit seinem Scheitern musste von der Seite, die am üppigsten über Gelder verfügte und am eifrigsten neue Tötungsmaschinen erforschte, dem Militär, jede weitere Unterstützung ausbleiben. Als später die Wrights über den Verkauf ihres Flugzeugs verhandelten, hatten sie es mit einem französischen Kommandanten zu tun, der Aders Versuche im Jahr 1897 selbst gesehen hatte und der nach Orville Wrights Worten davon sprach, dass jene Versuche ihn davon überzeugt hätten, dass der menschliche Flug unmöglich sei. Deswegen habe sich dieser Soldat sogar geweigert, zu den Verhandlungen mit den Wrights nach Amerika zu fahren, »angesichts einer Angelegenheit, die als so töricht gelten würde, dass sie seiner Reputation schaden könnte«.[15]

Was als Verdienst Aders für die Fliegerei blieb, ist seine Wortschöpfung »*Avion*« für ›Flugzeug‹, die bewusst gewählt und geschickt getroffen war. *Avion* erschien so passend, dass der Dichter Guillaume Apollinaire von »diesem süßen Wort« schwärmte, »das Villon entzückt hätte«[16]. Trotzdem musste das Flugzeug erst erfunden sein, ehe dieser Begriff das schwerfällige »*Aéroplane*« ersetzte, über das sich Apollinaire im Übrigen lustig machte, weil damit Akademiker ein rein gelehrtes Wort geschmiedet hätten, das zudem noch nach Esel [*âne*] klinge.[17]

Übrigens ist auch das wie ›natürlich‹ klingende deutsche Wort ›Flugzeug‹ eine Wortschöpfung, die sich erst durchsetzen musste. Wie in so vielen anderen Ländern bestand mit dem Aufkommen dieses neuen Luftfahrzeugs noch eine große terminologische Unsicherheit, wobei im Allgemeinen meist der Begriff »Flugapparat« vorherrschte, begleitet allerdings von »Flugmaschinen«, »Flieger« oder »Luftfahrzeugen«. Erst als der einflussreiche Herausgeber der ›Illustrierten Aeronautischen Mitteilungen‹ Hermann Moedebeck 1909 die Einführung des Begriffs »Flugzeug« forderte, setzte sich dieses schon von Lilienthal verwendete Wort bald durch.[18] Dabei muss auch bedacht werden, wie man sich gerade zu jener Zeit mühte, insbesondere die französischen Fremdwörter durch deutsche Begriffe zu ersetzen.

Wer auf dem alten Kontinent beinahe als Einziger engagiert die Verwirklichung des Traums vom Fliegen anstrebte, war Ferdinand Ferber, der sich in der Nachfolge Lilienthals sah und von dem der damals oft zitierte Ausspruch stammt: »Eine Flugmaschine zu ent-

werfen, bedeutet nichts, sie zu bauen, wenig, sie zu erproben, alles.«
Bezeichnenderweise wurde dieser Satz oft auf Lilienthal bezogen,
obwohl sie auf den deutschen Ingenieur kaum zutrifft, der doch
seine Flugapparate sorgfältig entwarf und auch die Funktion ihrer
Bauteile experimentell zu überprüfen versuchte. Allerdings charak-
terisiert dieser Ausspruch treffend das Vorgehen der Europäer, insbesondere der Franzosen. Man ging impulsiv vor, war bereit, viel zu
wagen, Fehler in der Praxis zu begehen, sie so zu erkennen und
erst dann zu beheben – jedoch waren die Probleme für eine solche
›Methodik‹ zu komplex und wurden oft als solche erst gar nicht erkannt. Es kann nicht verwundern, wie Ferber, dessen Stunde erst
mit der Erfindung des Flugzeugs kommen sollte, noch im Jahr 1908
den Versuch seines vermeintlichen Vorgängers Ader einschätzte, als
er schrieb:»Das letzte seiner Flugzeuge, für das das Verteidigungs-
ministerium 500 000 Francs zur Verfügung stellte, ist ein Wunder an
technischer Vollkommenheit. Unserer Meinung nach würde es genügen, ein Heck mit gleicher Länge der Spannweite anzufügen, um
dieses Gerät stabilisieren zu können.«[19]

Das Fliegen nach dem Prinzip Schwerer-als-Luft erschien noch
immer als Hirngespinst, zumal sich in den 1880er Jahren eine Renais-
sance des Ballons anbahnte. Mit der Weiterentwicklung des Elek-
tromotors stand bald eine Antriebsquelle zur Verfügung, die ein wesentlich besseres Leistungsgewicht hatte als die Dampfmaschine,
bald noch übertroffen durch die Erfindung des Verbrennungsmotors
durch Nikolaus August Otto und dessen Vervollkommnung durch
Gottlieb Wilhelm Daimler Anfang der 1880er Jahre. Der Verbrennungsmotor sollte fortan fast alles antreiben.

Es ist bezeichnend für die Eindimensionalität des Denkens, dass
nun die neuen Kraftmaschinen demjenigen Fluggerät zur entscheidenden Weiterentwicklung dienten, das eigentlich immer statisch
sein und überdimensional ausfallen musste. Mit Hilfe eines genügend starken Motors würde es möglich sein, den Luftwiderstand des
Ballons zu überwinden und ihn endlich steuerbar zu machen. In der
Konsequenz musste seine Form aerodynamisch gestaltet werden.

Als Resultat entstanden die Luftschiffe. Endlich hatte die Eroberung des Luftraums einen Sinn bekommen.

Nach etlichen Versuchen in dieser Richtung war es im August 1884 so weit: Zum ersten Mal sollte ein Fluggerät tatsächlich steuerbar sein. Gleich als ›La France‹ getauft hatte es wie ein Schiff eine stromlinienförmige Gestalt von fast 50 Metern Länge, wobei die tragende Hülle nichts anderes als ein Gasbehälter wie bei den Freiballonen war. Auch der Kiel war wie bei den Ballonen an Seilen aufgehängt. Außerdem verfügte ›La France‹ über ein so genanntes Ballonett, also einen kleineren Ballon innerhalb der eigentlichen Hülle. Ballonetts konnten von außen mit Luft gefüllt werden und dienten so dem Druckausgleich. Entscheidend war der Antrieb, nämlich ein Elektromotor, der bei einem Gewicht von knapp 100 Kilogramm 8 PS leistete, mit Strom aus einer Batterie versorgt, die 400 Kilogramm wog.[20] Das Militär hatte dieses Luftschiff finanziert, das nun in Chalais-Meudon bei Paris, wo sogar eine Militärluftschifferschule gegründet worden war, seine Fertigungshalle verließ. Man wartete bis vier Uhr nachmittags, als es völlig windstill war. Auf Kommando ließ die Haltemannschaft los und langsam stieg das Luftschiff auf, ein bekannter Vorgang. Dann aber ließen die beiden Piloten den Motor an und der gemächlich drehende Propeller trieb das Gefährt tatsächlich vorwärts, und nicht nur das: Nach vier Kilometern legten sie das Steuerruder um und das Luftschiff gehorchte. Es kehrte sogar zum Ausgangspunkt zurück – ein neues Zeitalter hatte begonnen. Nachdem man schon zuvor immer wieder mit Luftschiffen experimentiert hatte, zeigte sich nun die Praktikabilität dieses Systems.

Trotzdem war der Fortschritt langsam. Noch immer wogen die Motoren relativ zu viel – relativ angesichts der Kraft des Auftriebs von Wasserstoff, relativ auch im Vergleich zu den Dampfmaschinen, die noch 1895 das günstigste Leistungsgewicht hatten[21]; das aber verbesserte sich zunehmend zugunsten des Verbrennungsmotors. Der Luftschiffbau kam geradezu parallel zu dieser Entwicklung voran. Nicht umsonst stiftete im Jahr 1900 Henry Deutsch de la Meurthe, einer der führenden französischen Industriellen, einen Preis mit der unglaublichen Summe von 100 000 Francs, nach heutigem Geld ein Millionenbetrag, für denjenigen, der als Erster vom Gelände des ›Aéro-Club de France‹ in Saint-Cloud starten, den Eiffelturm umrunden und nach spätestens dreißig Minuten wieder am Startplatz landen würde. Das war dann die große Zeit eines auffällig kleinen Mannes, des in Paris lebenden Brasilianers Alberto Santos-Dumont, eines Flugenthusiasten.

Als Sohn eines Kaffeeplantagenbesitzers gab sich Santos-Dumont ganz dem modernen Rausch der französischen Metropole hin, wo die Mächtigen, Reichen und Schönen der Welt ihr Leben inszenierten. Charakterlich zeichnete den jungen Brasilianer neben einiger Selbstgefälligkeit und Exzentrik vor allem Wagemut, wenn nicht Kaltblütigkeit, aus. Alberto Santos-Dumont experimentierte drauflos. Gegen alle Warnung montierte er einen der neuen Verbrennungsmotoren inklusive Propeller an den Korb eines ›Luftschiffs‹, das im Grunde nur ein lang gestreckter Ballon war, brachte so einmal wieder Feuer und Wasserstoff zusammen – und ›flog‹. Er konnte mit seinen Apparaten tatsächlich ein wenig steuern und machte flugs weiter.

Luftschiff folgte auf Luftschiff und Santos-Dumont lernte aus den Fehlern in der Praxis. Ziel war der Deutsch-Preis, und den sollte er im Oktober 1901, nur drei Jahre nach dem Bau seines ersten Apparats, spektakulär gewinnen. Nachdem seine ersten Versuche grandios gescheitert waren und er etwa mit dem Luftschiff Nr. 5 zwar schon den Eiffelturm umrundet hatte, dann jedoch wegen Gasverlusts auf dem Dach eines Hotels niederging, wo die Ballonhülle aufriss und der Pilot in der Folge hoch oben an einer Wand hängen blieb, war diesmal alles noch genauer geprüft und vorbereitet worden. Die Nr. 6 hatte eine Länge von 33 Metern und einen Motor mit stolzen 20 PS. Auf dem Kiel waren vorn der Propeller, der Motor in der Mitte und am Ende der Pilotensitz angebracht – auch dem Aussehen nach bereits ein ›richtiges‹ Luftschiff, halbstarr, wie man es genau bezeichnen müsste.

Santos-Dumont startete in Saint-Cloud um 14.42 Uhr und umkreiste bereits neun Minuten später den Eiffelturm. Unter ihm kam
dabei jegliches geschäftliche Leben zum Stillstand, weil alle Menschen zu ihm hoch stierten. Ihnen muss der Atem gestockt haben,
als sie plötzlich erkannten, wie das Luftschiff nicht nur langsamer
wurde, sondern sich auch kopfüber zu neigen begann und der Pilot
dabei auf dem Kiel herumturnte. Santos-Dumont hatte gemerkt,
dass der Motor auszufallen drohte. Daher hatte er kurz entschlossen
seinen Sitz verlassen und sich nach vorn gehangelt. Der Brasilianer
konnte den Motor tatsächlich vor dem Absterben bewahren, das
Luftschiff wieder stabilisieren und um 15.11 Uhr und 30 Sekunden
die Ziellinie überfliegen. Weil er jedoch noch landen musste, vergin-
gen noch einmal fast zwei Minuten. Das sollte dann der Grund dafür
sein, dass man ihm den Preis nicht zuerkennen wollte, weil er die
Zeitbeschränkung von 30 Minuten überschritten hätte. Erst nach
zwei Wochen und vielen Protesten gab die Kommission nach, wobei
es sich der längst weltberühmte Santos-Dumont leisten konnte, den
größeren Teil des Geldes den Armen von Paris und den anderen Teil
seinen Mitarbeitern zu schenken. Leider erinnert ausgerechnet diese Geste daran, in welchem Zustand sich nicht nur die französische
Gesellschaft zu jener Zeit befand, wo Hunderttausende Proletarier
in den Fabriken für einen kümmerlichen Lohn schufteten, während
andere es sich zu ihrer Aufgabe machen konnten, möglichst lange
über den Dächern von Paris zu schweben.

Jedenfalls hatte Santos-Dumont bewiesen, wie man den Verbrennungsmotor scheinbar am besten einsetzen konnte. Mit weiteren seiner Luftschiffe brachte er es schließlich sogar dahin, die Boulevards
von Paris entlangzufahren. Die vermeintliche Selbstverständlichkeit
seines Handelns betonte er noch, als er einmal sogar zum Frühstück
zu seiner Wohnung ›flog‹, wobei er sein Luftschiff Nr. 9, ›Balladeuse‹
genannt, auf der Straße festmachte wie ein Reiter sein Pferd.

Santos-Dumont half gewiss entscheidend, das Luftschiff populär
zu machen. Denn zeigte es nicht, dass damit das ›Fliegen‹, die ge-
lenkte Fortbewegung in der Luft, doch möglich war? Man musste

Mit der ›Balladeuse‹, *einem Luftschiff von nur 11 Metern Länge, unternimmt Alberto Santos-Dumont mehrmals wie selbstverständlich Spazierfahrten über Paris.*

nur immer größer bauen um mehr Menschen zu befördern, weitere Strecken zurückzulegen und insbesondere über eine nützliche Waffe im Krieg zu verfügen. Das war auch die Idee eines Deutschen, eines Militärs, der dann die ganze Richtung benannte: Zeppelin.

In Deutschland gab es keine allgemeine Flugbegeisterung wie in Frankreich, kaum staatliche Förderung, und im Grunde hatten die Versuche Lilienthals im eigenen Land nichts bewirkt. In Deutschland blieb man bodenständig. Selbst die viel versprechende Entwicklung der Luftschiffe kam nur schleppend voran, zumal bereits eines der ersten Projekte wie zu einer Alarmfackel geworden war. Hermann Wölfert hatte ein immerhin 28 Meter langes Luftschiff bauen lassen, ›Deutschland‹ genannt, und daran ebenfalls einen Verbrennungsmotor befestigt. Im Juni 1897, nach erfolgreichen Probefahrten, sollte das Militär für das Luftschiff begeistert werden. Es fuhr ruhig dahin, bis plötzlich eine Stichflamme aufschoss und Augenblicke später ein riesiger Flammenball zu Boden fiel. Wölfert und sein Mechaniker Robert Knabe wurden tot geborgen.[22]

Einer ließ sich von diesem Unglück jedoch gewiss nicht in seiner Meinung über die Fähigkeiten von Luftschiffen umstimmen: Ferdinand Graf von Zeppelin. Diesen Herrn zeichnete in seinem Lebensweg, der ein militärischer war, zunächst nichts besonderes aus, außer ein gewisser Patriotismus für seine württembergische Heimat, der ihn 1890 dazu verleitete, in einer Denkschrift die absolute Befehlsmacht des preußischen Kommandierenden Generals zu hinterfragen. Das führte prompt zu seiner Verabschiedung aus dem Militär.[23] So war Zeppelin ›frei‹ geworden um seine Energie in ein Projekt zu setzen, das zu einem steuerbaren Luftschiff und damit zu einer überlegenen Kriegswaffe führen sollte. Nur dachte Zeppelin von Anfang an in riesigen Dimensionen. Um mit einem Luftschiff weite Strecken ins Hinterland des Feindes zurücklegen und vielleicht auch Bomben transportieren zu können musste es viel Auftrieb, also ein großes Volumen, und genügend Stabilität besitzen. Ein Luftschiff wie ›*La France*‹ konnte allerdings eine bestimmte Größe nicht überschreiten, schon weil es wegen der Größe der Hülle nicht mehr formstabil gewesen wäre. Auch hätte ein einzelner Gasbehälter ein enormes Sicherheitsrisiko bedeutet, und das nicht nur wegen der Größe. Bei einem unstarren und auch einem halbstarren Luftschiff, das zusätzlich einen stabilen Kiel aufweist, wird die Form nur durch den Gasdruck in der Hülle bestimmt, die deswegen ständig, mit Hilfe von Ballonetts, prall gehalten werden muss. Ein starres Luftschiff verfügt dagegen über ein Gerüst, in das die Gaszellen einzeln eingehängt sind und das überdies bespannt wird. So ist die Stabilität, Sicherheit und Aerodynamik ungleich besser. Außerdem müssen die Gaszellen eines Starrluftschiffs nicht prall gefüllt sein. Sie können sich mit dem Aufstieg weiter ausdehnen, was bei den anderen Luftschifftypen nur begrenzt möglich ist, bei denen daher kostbares Traggas abgelassen werden muss.

Zeppelin ging am Anfang schlicht von einem »Luftfahrzug« aus, wie er es bezeichnete, nämlich der Vorstellung, einzelne Ballone in starren Körpern aneinanderzukoppeln und diese Zugeinheit mit Motoren anzutreiben.[24] Aber einmal mehr hing alles am Motor, am Verbrennungsmotor, der zu Beginn von Zeppelins Plänen immer noch zu schwer und zu schwach war. Wiederum stand am Ende des 19. Jahrhunderts ein Metall recht billig zur Verfügung, das den äußerst leichten Bau eines stabilen Gerüsts überhaupt erst möglich erscheinen ließ: Aluminium.

Auch rückblickend erscheint es immer noch unglaublich, was Graf von Zeppelin zu bauen beabsichtigte. Zu einer Zeit, als man eine Art Ballon mit Motor halbwegs durch die Luft dirigieren konnte, schlug ein Armeepensionär ohne Ingenieursausbildung vor, ein über 100 Meter langes ›Luftschiff‹ zu konstruieren. Polemiken gegen ihn gab es daher genug. Trotzdem verfolgte Zeppelin sein Projekt weiter und ließ technische Pläne davon machen. Diese wurden dann sogar hochrangigen Wissenschaftskommissionen vorgelegt und dort auch eingehend geprüft, sogar zweimal – und eben auch zweimal abgelehnt. Die Hauptbedenken waren durchaus berechtigt: Wie sollte ein solches Monstrum in sich stabil gebaut werden, wie sollte es überhaupt ausreichend Geschwindigkeit entwickeln angesichts eines Antriebs von zwei 8-PS-Motoren, wie vorgeschlagen?[25] Mit der letzten ablehnenden Entscheidung von 1895 hätte Graf von Zeppelins Projekt eigentlich zu den Akten gelegt werden müssen. Doch der alte Mann, der zu der Zeit immerhin schon 57 Jahre alt war, kämpfte weiter. Mit Unterstützung einiger süddeutscher Industrieller und mit Hilfe einer ›Aktiengesellschaft zur Förderung der Luftschiffahrt‹, dazu reichlich eigenem Geld, konnte er 1899 tatsächlich mit dem Bau beginnen.

Als Ergebnis zog am 2. Juli 1900 ein kleiner Schleppdampfer auf dem Bodensee aus einer riesigen schwimmenden Halle ein riesiges Floß, auf dem ein gigantischer Apparat festgezurrt war. LZ 1, Luftschiff Zeppelin 1, wie dieser erste ›Zeppelin‹ rückblickend genannt wurde, hatte eine Länge von 128 Metern. Sein Bau war eine technische Meisterleistung. In einem durch Drähte verspannten Aluminiumgerüst waren 17 Gaszellen untergebracht, die zu befüllen schon

*Die Haltemannschaft hat den LZ 1, den zuvor ein Dampfer auf einem Floß
aus der schwimmenden Halle geschleppt hat, zum Aufstieg losgelassen.*

eine besondere Herausforderung war. Zur Steuerung dienten relativ viel zu kleine Ruder an Bug und Heck, für die horizontale
Ausrichtung außerdem ein Bleigewicht, das zwischen den zwei vorn
und hinten angebrachten Gondeln auf einer Schiene verschoben
werden konnte. Diese beiden Gondeln trugen außer der Mannschaft auch die beiden Motoren, die immerhin bereits je fast 15 PS
Leistung erbrachten.

Die Aufmerksamkeit für den ersten Start war enorm. Am Boden-
seeufer bei Manzell drängten sich die Menschen. Doch erst am
Abend war es endlich so weit, als der Wind nur noch schwach wehte
und man eine erste Probefahrt wagen wollte. Begleitet von unzäh-
ligen Hurra-Rufen stieg das riesige Gefährt nach 20 Uhr in den
Himmel über dem Bodensee. Nachdem erste Steuermanöver ge-
glückt waren, beschrieb der erwähnte Hermann Moedebeck den
weiteren Verlauf so: »Das Luftschiff trieb mit dem Winde mit leichten Schwankungen der Längsachse, indem es sich bis zum sanften
Niederlassen auf dem Bodensee in der Nähe der Dampferlandungs-

63

brücke bei Immenstaad zweimal um seine vertikale Achse drehte, wobei seine Motoren bald vorwärts, bald rückwärts, aber stets in Richtung in den See hinein, in Bewegung waren.«[26]

Was hier noch so widersprüchlich wie wohlmeinend beschrieben wurde, muss für die Luftschiffer selbst bedeutet haben, dass es für sie schon bald nach dem Start nur noch darum ging, ihr außer Kontrolle geratenes Gefährt irgendwie wieder zu landen. Wesentliche Ursache für die missglückte Premiere war, dass die Kurbel gebrochen war, die das Laufgewicht bewegen sollte. Deswegen hatte man versucht, mit Hilfe der Motoren das Gleichgewicht um die Querachse zu halten.

Es folgten umfangreiche Reparaturen und Umbauten. Erst über dreieinhalb Monate später konnte der zweite Aufstieg erfolgen. Diesmal blieb LZ 1 immerhin fast eineinhalb Stunden in der Luft, beobachtet vom König von Württemberg und vielen Fachleuten. Ein dritter Aufstieg einige Tage später dauerte dann aber wieder nur 23 Minuten, wobei das Luftschiff nicht gegen einen plötzlich aufgekommenen, lebhaften Wind ankam.[27]

Damit war das ganze Spektakel beendet. Die einflussreichen Persönlichkeiten insbesondere des Militärs hatte man für dieses potentielle Kriegsmittel nicht begeistern können. Graf von Zeppelin hätte auf eigene Kosten weiterforschen müssen, doch war alles Geld aufgebraucht. So endete das Kapitel ›Zeppelin‹, ehe es recht begonnen hatte. Die ›Gesellschaft zur Förderung der Luftschiffahrt‹ wurde aufgelöst, alle Arbeiter entlassen, die Montagehalle auf dem Bodensee abgebrochen und LZ 1 abgewrackt. Im Fall der Zeppeline brauchte es anscheinend der emotionalen Entscheidung des Volkes und die stand erst 1908 an. Obwohl auch andere Persönlichkeiten wie insbesondere August von Parseval weiter an der Luftschiff-Idee forschten, blieb man in Deutschland diesem Unternehmen gegenüber von offizieller Seite kalt. Man blieb auf dem Boden.

Da sich also die Luftschiffe mehr schlecht als recht in der Luft halten konnten, wie sollte man da erst von jemandem denken, der auch noch ein ›Flugzeug‹ konstruieren wollte? Was sollte ein klappriger Flugapparat bewirken, der, wenn er je einmal abheben würde, nach Ausfall des Motors wie ein Stein zu Boden fiele? Und wie sollte der überhaupt durch die Luft zu steuern sein? Angesichts solcher Fragen gab doch eher das Luftschiff, trotz aller Rückschläge, die Richtung an.

An der Wende zum 20. Jahrhundert, als die technische Entwicklung scheinbar keine Grenzen mehr kannte, schienen die Schwierigkeiten zu komplex, als dass ein Mensch mit einem wirklichen ›Flugzeug‹ hätte aufsteigen können. Vielleicht hatte zu dessen Erfindung tatsächlich ein neuer Kontinent entdeckt werden müssen, von neuen Menschen besiedelt, die alles in erster Linie praktisch angingen. Jenseits des Atlantiks machten sich jedenfalls zwei Brüder daran, nicht etwa den Traum vom Fliegen zu verwirklichen, als vielmehr das Problem darum zu lösen. Es ist die einzigartige Geschichte der Brüder Wright, wie Lilienthal Nichtakademiker, ›Kleinunternehmer‹ und aus der Provinz – dazu noch aus den USA, wo doch in Europa, namentlich in Frankreich, das Flugzeug gewissermaßen zuhause war! Die »lügenden Brüder« – so wurden sie noch tituliert, als sie schon vollständige Kreise flogen!

4.

Die Herkunft
Familie und Erziehung

»*In God we trust*« – dieser oft sarkastisch zitierte Spruch auf den
Dollar-Noten der USA erscheint wie das Motto für dieses neue
Land in der Neuen Welt. Gott und Geld stehen für die Legitimation
und Moral des Staates, der sich wie stellvertretend nach dem ganzen
Kontinent benannt hat. Max Weber hat die asketische Ethik des
Protestantismus als eine der wesentlichen Ursachen für das Entstehen des Kapitalismus beschrieben, den die Bürger der USA so
durch und durch ›leben‹. Nach Weber »ist das ›summum bonum‹
dieser ›Ethik‹: der Erwerb von Geld und immer mehr Geld, unter
strengster Vermeidung alles unbefangenen Genießens, so gänzlich
aller eudämonistischen oder gar hedonistischen Gesichtspunkte
entkleidet, so rein als Selbstzweck gedacht, daß es als etwas gegenüber dem ›Glück‹ oder dem ›Nutzen‹ des einzelnen Individuums
jedenfalls gänzlich Transzendentes und schlechthin Irrationales erscheint. Der Mensch ist auf das Erwerben als Zweck seines Lebens,
nicht mehr das Erwerben auf den Menschen als Mittel zum Zweck
der Befriedigung seiner materiellen Lebensbedürfnisse bezogen.«[1]
Wie Archetypen der weberschen Thesen erscheinen da die Lebensläufe des Orville und Wilbur Wright.

Die beiden Brüder entstammten einem jener Elternhäuser, wie
sie für die USA ›typisch‹ waren: Susan Wright konvertierte unter
dem Einfluss ihrer Familie mit vierzehn Jahren vom presbyteria-
nischen Glauben zur *Church of the United Brethren in Christ,* der
Kirche der Vereinigten Brüder in Christo. Milton Wright hatte sein
religiöses Erweckungserlebnis mit fünfzehn, trat jedoch nach lan-

gem Suchen erst fünf Jahre später ebenfalls den Vereinigten Brüdern bei. Die beiden lernten sich mit Anfang zwanzig kennen, überprüften aber ihre Bestimmung füreinander noch viele weitere Jahre. Erst als Milton von einer langen Missionsreise für seine Kirche zurückkehrte, heirateten sie. Milton konnte zu der Zeit für seine Kirche eine Stelle als Schullehrer annehmen und Lehrer blieb er auch für die nächsten Jahre. 1877 wurde er dann Bischof seiner Kirche. Damit erstreckten sich seine administrativen Aufgaben auf ein Gebiet, das vom Mississippi bis zu den Rocky Mountains reichte. Er musste für das Seelenheil seiner Gemeindemitglieder jedes Jahr Tausende von Kilometern zurücklegen und Frau und Kinder sich selbst überlassen. Erst vom Jahr 1884 an verfügte die Familie über einen permanenten Wohnsitz, in der Hawthorne Street 7 in Dayton. In dem einfachen Haus auf kleinem Grundstück, das Milton Wright schon einige Jahre zuvor für 1800 Dollar gekauft hatte, sollten dann seine Söhne Wilbur und Orville die wichtigste Zeit ihres Lebens verbringen.

Das Haus besteht noch, ist es doch eines der nationalen Erinnerungsstücke der US-Geschichte, und so kurios wie typisch ist dessen eigene Historie: Heute steht es zusammen mit dem wrightschen Fahrradgeschäft in Greenfield Village in Michigan. Henry Ford hatte es in seinem Bestreben, die industrielle Entwicklung der USA an einem einzigen Ort vorzeigen zu können, 1936 in all seine Einzelteile zerlegen und auf die grüne Wiese stellen lassen. In diesem Museumsort ist es seither neben anderen Objekten zu sehen, in seiner nichts sagenden Schlichtheit original wiedererrichtet, mit Orvilles Geburts- und Wilbur Wrights Sterbezimmer, ohne Bezug zur einstigen und heutigen Lebenswirklichkeit.

Die *United Brethren* waren eine streng pietistische Gemeinde, wie sie in den USA vielfach von individuell Erweckten gegründet wurden, in diesem Fall von deutschen, evangelisch dominierten Auswanderern. Kennzeichnend für die Brüderkirche war, dass rituelle Handlungen wenig zählten, ebenso wie die Prädestination, umso mehr das Wort Gottes, das individuelle Erweckungserlebnis, das

›persönliche Verhältnis‹ zu Gott und über allem ein moralisch ein-
wandfreier Lebenswandel. Noch die Brüder Wright lebten konsequent abstinent, woran sie sich auch hielten, als sie in Frankreich
permanent in größter Versuchung waren, ebenso wie an das Gebot,
sonntags nicht zu arbeiten, was sie auch dann noch befolgten, als
ihnen später deswegen sogar Einnahmen entgingen, nämlich auf
den Flugschauen, wo die Massen besonders an Sonntagen zusammenströmten.

Trotzdem schien die moderne Entwicklung auch von dieser
kirchlichen Gruppierung ihren Tribut zu fordern. Es gab ›liberal‹
Genannte, die sich allzu doktrinärer Einstellungen entledigen wollten um ihre Kirche nicht völlig veralten zu lassen. In dieser Hinsicht
wäre anzumerken, dass diese Kirche 1946 mit der Evangelischen
Gemeinschaft zur Evangelisch Vereinigten Brüderkirche vereinigt
wurde und diese wiederum 1968 mit der Bischöflichen Methodistenkirche zur Vereinigten Methodistenkirche – dass also mit der
Zeit verschiedene Glaubensvorstellungen zusammengebracht wurden, ein Vorgang, gegen den sich Milton Wright entschieden ge-
wehrt hätte. Denn gegen die Einführung neuer Werte erhoben sich
die ›Konservativen‹, und unter ihnen besonders Milton Wright, der
als Kämpfer für die traditionelle Sache in der Kirchenhierarchie
immer weiter aufstieg, zum Bischof, zum Professor und schließlich
auch zum Herausgeber der Wochenzeitung der Vereinigten Brüder,
womit er dann wahrlich das Sagen in seiner Kirche hatte. Der
Kampf gegen die Liberalen bestimmte das kirchliche Wirken und
den weiteren Lebensweg des Vaters. Insbesondere ging es ihm darum, gegen die Mitgliedschaft in Freimaurerlogen vorzugehen, also
gegen Vereinigungen, die gewissermaßen elitär im Dunkeln wirkten. Darin blieb er rigoros standhaft, ein Wesenszug, der auch die
Haltung seiner beiden Kinder Wilbur und Orville charakterisierte:
Es war ein Kampf um Prinzipien, darum, Recht zu behalten, sich
nicht den Ansichten ›der Welt‹ zu beugen, ein Kampf, der am Ende
nicht zu gewinnen war. Milton Wright blieb sich treu, doch sein
Einfluss schwand. Angesichts der Öffnung der US-amerikanischen

Gesellschaft nach innen wie nach außen überholten sich all die gepriesenen alten Werte. Für eine besondere Öffnung der Welt sollten dann seine Kinder Wilbur und Orville sorgen – obwohl auch sie selbst sich verbissen an das bewährte Alte klammerten.

Strikt in seiner religiösen Vorstellung, streng im Lebenswandel, war der Vater in der Erziehung durchaus gelassen. Die Kinder genossen relativ viel Freiheit und es wurden ihnen früh eigene Entscheidungen abverlangt, was aber immer vor dem Hintergrund gesehen werden muss, dass Milton Wright oft wochenlang außer Haus war. Bezeichnend ist trotzdem, wie eine ehemalige Lehrerin der Wright-Kinder über deren Vater berichtete: »Bischof Wright glaubte nicht an zehn Monate Schule und sagte seinen Jungen, sie sollten hin und wieder einen halben Tag frei nehmen. Der Bischof und ich stießen deswegen oft zusammen, aber seine Ansichten standen fest und er war durch kein einziges Argument zu gewinnen. Er hatte großes Vertrauen in seine Kinder und glaubte, dass sie in ihrer Klasse mithalten und auch ein paar Tage fehlen könnten.«[2]

Derart erzogen wuchsen Orville und Wilbur Wright in dem Glauben auf, sich im Leben und besonders in der Arbeit bewähren zu müssen. Im puritanischen Sinn durfte der Mensch auf Erden nicht faul sein. Bei Max Weber heißt es entsprechend: »Nicht Muße und Genuß, sondern *nur Handeln* dient nach dem unzweideutig geoffenbarten Willen Gottes zur Mehrung seines Ruhms. *Zeitvergeudung* ist also die erste und prinzipiell schwerste aller Sünden. Die Zeitspanne des Lebens ist unendlich kurz und kostbar, um die eigene Berufung ›festzumachen‹. Zeitverlust durch Geselligkeit, ›faules Gerede‹, Luxus, selbst durch mehr als der Gesundheit nötigen Schlaf – 6 bis höchstens 8 Stunden – ist sittlich absolut verwerflich. […] Wertlos und eventuell direkt verwerflich ist daher auch untätige Kontemplation, mindestens wenn sie auf Kosten der Berufsarbeit erfolgt. Denn sie ist Gott *minder* wohlgefällig als das aktive Tun seines Willens im Beruf. Ueberdies ist für sie der Sonntag da.«[3]

Angesichts einer solchen Lebenseinstellung erhielten Orville und Wilbur Wright in ihrem ganz besonderen Handeln von ihren Eltern jegliche Unterstützung. Während die beiden ältesten Brüder Reuchlin und Lorin in später Jugend bald das Haus verließen, klammerten sich die drei übrigen Kinder, Wilbur, Orville und Katharine, um so mehr an die Familie. Insbesondere für den ältesten der drei, Wilbur, wurde der enge Familienkreis bestimmend. Dabei muss Wilbur Wright als Heranwachsender noch auf die Welt zugegangen sein, war Mitglied einer Jugendgruppe, sang gern, bestach durch sportliche Leistungen. Doch ein Eishockeyspiel änderte für den erst 19-Jährigen alles. Ein Spieler traf ihn mit dem Schläger so unglücklich am Kopf, dass er alle oberen Vorderzähne verlor und in der Folge, wohl wegen fieberhafter Entzündungen, jahrelang herzkrank war. Er wurde zum Stubenhocker. Dann erkrankte die Mutter Susan an Tuberkulose, wurde zum Pflegefall und ausgerechnet der kranke Wilbur Wright nahm sich ihrer an. Er entwickelte ein inniges Verhältnis zu seiner Mutter, trug sie jede Nacht die Treppe hoch ins Schlafzimmer und wurde zu einem »Koch und Zimmermädchen«, wie sein Bruder Reuchlin zu der Zeit sarkastisch bemerkte.[4] Die Mutter starb 1889. Wie sehr sich Wilbur Wright für sie eingesetzt hatte, spricht aus den Worten des Vaters: »Durch sein Geschick und seinen Eifer hat sich ihr Leben wahrscheinlich verlängert, wenigstens um zwei Jahre.«[5]

Wie würde so jemand auf seine Mitmenschen zugehen? »Der stärkste Eindruck, den man von Wilbur Wright bekommt, ist der eines Mannes, der größtenteils in seiner eigenen Welt lebt«[6], schrieb ein alter Schulfreund über ihn, der ihn auf einem Ausflug erlebt hatte. Wilbur Wright hatte die Schaukeln für die Kinder aufgebaut und stand dann für den Rest des Tages abseits und allein. Angesichts eines solchen Verhaltens muss man schließlich auch bedenken, dass Wilbur Wright sehr früh die Haare ausgingen. Schon 1894, mit 27 Jahren, hatte er eine Glatze. Wie er selbst sein Erscheinen einschätzte, zeigt eine nette Anekdote von ihm. Als er auf dem Höhepunkt seines Ruhms einmal in London zu einem Festessen geladen war, wurde ihm ein Herr wie folgt beschrieben: »Sie werden ihn leicht erkennen, denn er ist der häßlichste Mann in der ganzen Luftfahrtgesellschaft.« Wilbur Wright erwiderte: »Er wird bei dieser Gelegenheit seinen Ruhm verlieren, weil jetzt zwei von uns da sind.«[7]

Der ältere der beiden jüngsten Wright-Brüder war also zurückhaltend, schüchtern, sehr auf sich bezogen. Rückhalt und Sicherheit gab ihm allein die Familie. Weil der Vater immer wieder auf Reisen zu seinen Kirchengemeinden war, übernahm Wilbur Wright dessen Rolle im Haus. Dort fand er lange Zeit seine Bestätigung, besonders in seiner dominierenden Rolle gegenüber dem jüngsten Bruder Orville.

Orville Wright war zunächst derjenige, der sich in der Welt betätigte. Er fand zu einer Arbeit, die damals von den Handwerkern große Akribie erforderte: dem Drucken. Anfangs mit einer Schülerzeitung, dann mit kleinen Pressestücken konnte er im Laufe der Jahre immer mehr Erfahrung, Gewinn und Ausrüstung anhäufen. Mit nicht einmal siebzehn Jahren ging er daran, selbst eine Druckmaschine zu bauen, die tatsächlich so gut funktionierte, dass er damit eine eigene Zeitung herstellen konnte. Bezeichnend daran ist die Episode, wie Orville Wright die Vorrichtung für den Druckhebel schuf, nämlich aus dem Klappverdeck eines verrotteten Einspänners.

Es muss eine eigene Charakteristik derjenigen Menschen gegeben haben, die sich dem Druckgeschäft widmeten. Angesichts der Vielzahl der einzeln zu setzenden Lettern, der verschiedenen Schrifttypen und -größen, verlangte dieser Beruf einen stark ausgeprägten Ordnungssinn, eine Eigenschaft, die insbesondere Orville Wright bestimmte. Dazu lässt sich aus seinem Leben ebenfalls eine Art Anekdote anführen, die jedoch eher von der Tragik eines solchen Menschen spricht: Sein letztes überliefertes Schreiben stammt vom 24. Januar 1948, als der jüngste der Wright-Brüder nur noch eine Woche leben sollte. Es ist an den Stromkonzern ›General Electric‹ gerichtet und lautet: »Ich besitze einen 10-PS-General-Electric-Motor, den ich gern verkaufen würde. Dieser Motor wurde 1917 zur Verwendung an einem Windkanal für mein Labor gekauft.

Auf der Rückfahrt von Europa 1909, auf dem Höhepunkt ihres Ruhms,
posieren Orville (links) und Wilbur Wright mit ihrer Schwester Katharine
für den Fotografen.

Ich würde schätzen, dass er ungefähr 200 Betriebsstunden hat. Auf der Rechnung der General Electric Company von Schenectady vom 10. Februar 1917 heißt es: 1 KT-322-10-10-720/685-220 V 60 cyc ›B‹ motor 1186788 DRL-1891926 amps 28. Hätten Sie Interesse diesen zu kaufen oder kennen Sie einen interessierten Käufer?«[8]

Welche Mentalität drückte sich da aus? Da bot jemand einem der größten Konzerne der USA einen 30 Jahre alten Motor zum Rückkauf an, und das nicht mit der Vorstellung, dass dieser vielleicht im Firmenmuseum ausgestellt werden könnte! Und derjenige, der dieses Angebot machte, der auch nach 30 Jahren noch über die Kaufrechnung verfügte, war Multimillionär! Vielleicht mag es auf Anhieb seltsam erscheinen, dass ein solch buchhalterischer, geschäftsversessener Mensch den Traum vom Fliegen in die Tat umsetzen sollte. Doch wird noch zu sehen sein, dass es für eine solche Tat wohl eines ebensolchen Charakters bedurfte!

Wilbur Wright wirkte zu jener Zeit am Ende der 1880er Jahre noch im Hintergrund, nahm sich allerdings der geschäftlichen Tätigkeit seines jüngeren Bruders immer mehr an. Nach dem Tod der Mutter war es für ihn dann höchste Zeit, sich im Leben zu bewähren. So kamen die beiden Brüder zusammen ins Geschäft. Während Orville Wright ein Tüftler war (und es zeitlebens blieb), war Wilbur Wright derjenige, der analysierte. In dieser Hinsicht sollten die zwei Brüder dann ihre Fähigkeiten vereinen, beide aufeinander angewiesen, beide sich ideal ergänzend, und wie nach den Anweisungen eines pietistischen Lehrbuchs gestalteten sie dabei ihr Leben, immer auf der Grundlage des ›Handelns‹. So machten sie zusammen den nächsten Schritt in ein neues Geschäft, das dem des Fliegens geradezu konsequent vorausgehen sollte – dem des Fahrradhandels.

5.

Das Fahrrad
Grundstein des Fluggeschäfts

Wer es pathetisch möchte, kann leicht behaupten, dass Lilienthals Tod nicht umsonst gewesen sei. Wie sehr die Berichte, besonders die Fotos von diesem fliegenden Menschen beeindruckten, zeigt sich daran, dass man selbst im fernen Amerika immer wieder über Lilienthal lesen konnte. So blieben auch die Brüder Wright, zumal als Zeitungsmacher, über dessen Fortschritte auf dem Laufenden. Wilbur Wright machte später die Aussage: »Mein eigenes aktives Interesse für aeronautische Probleme reicht zurück bis zum Tod von Lilienthal 1896. Die kurze Nachricht von seinem Tod, die zu jener Zeit in den telegrafischen Nachrichten erschien, weckte ein passives Interesse, das ich seit meiner Kindheit gehabt hatte.«[1]

Ein *passives* Interesse – noch war das Thema Fliegen für die Wrights zu groß, zu komplex, wahrlich zu abgehoben. Und noch hätten sie nicht die Mittel gehabt, vor allem zeitliche, um sich dem Problem ernsthaft zu widmen. Noch reüssierten sie als Fahrradhändler.

Dabei rang eben zu der Zeit, als Lilienthal starb, selbst einer der beiden, die sein Werk dann so großartig vollenden sollten, mit dem Tod. Im August 1896 war Orville Wright an Typhus erkrankt, dieser noch so weit verbreiteten Infektionskrankheit, die man nach Wochen zwar überleben konnte, jedoch nur mit guter Konstitution. Seine Schwester Katharine und sein älterer Bruder Wilbur wachten die ganze Zeit an seinem Bett, und vielleicht war dieses Erlebnis entscheidend für den späteren Zusammenhalt der drei Geschwister. In diesem Sinn hätte erst der Typhus sie sich so nahe kommen lassen, wie es fortan für sie so bestimmend war – nur um diese Einheit am Ende jedoch wieder aufzusprengen . . .

Das Zeitalter der Mobilität – wann begann es? Mit der Eisenbahn sicherlich für die Bessergestellten, für die allgemeine Bevölkerung aber mit dem Fahrrad. Zunächst war das Radfahren eher ein Sport, nicht ungefährlich, da es in technischer Hinsicht zur Form des Hochrades geführt hatte. Mit der Einführung der Kette zur Kraftübertragung auf das Hinterrad und dann des Luftreifens änderte sich dies schlagartig. 1887 kam auch in den USA das so genannte Sicherheitsrad auf: Es hatte zwei gleich große, das heißt kleine Räder. Damit war die Mobilität geschaffen. Mit dem gleichen Kraftaufwand wie beim Gehen konnten viel weitere Strecken zurückgelegt werden, weiter und leichter sogar als mit dem Pferd. 1895 wurden in den USA über 1 000 000 neue Fahrräder verkauft.[2] Von den Brüdern Wright ist überliefert, dass sie zu den ersten Käufern der neuen Räder gehörten und damit bald ausgedehnte Reisen unternahmen. Und sie erkannten die Gelegenheit, die sich aus dem Fahrradgeschäft ergab. Da war ein neuer Markt für ein Produkt, das für jeden mehr Freiheit bedeutete.

Während die Wrights die neuen Räder zu verkaufen begannen, mussten die nächsten Schritte geradezu von selbst erfolgen. Als analytische Tüftler wurden sie dahin gedrängt, die Räder auch zu reparieren. Bald hatten sie ein Fahrradgeschäft, das sich so gut anließ, dass sie weitere Verkaufsräume anmieteten. Als Einnahmequelle trat das Druckgeschäft in den Hintergrund. Wiederum druckten sie sogar eine eigene Zeitschrift für Fahrradfahrer, ›Snap-Shots of Current Events‹ [Tagesereignisse in Schnappschüssen]. In der letzten Ausgabe dieser Zeitschrift veröffentlichten sie 1896 folgende Anzeige: »Seit einigen Monaten hat die *Wright Cycle Co.* die Herstellung von Fahrrädern vorbereitet. Nach einer länger als erwarteten Verzögerung können wir nun endlich anzeigen, dass wir in einer Woche oder zehn Tagen in der Lage sein werden, mehrere Muster anzubieten und vor Monatsmitte Aufträge anzunehmen. Das *Wright Special* wird ausschließlich aus hochwertigem Material bestehen, obwohl wir es zu dem außerordentlich niedrigen Preis

Orville Wright (mit einem Mitarbeiter im Vordergrund) ist auch bei der Arbeit in der Fahrradwerkstatt stets wie ein Bankangestellter gekleidet.

von 60 $ auf den Markt bringen werden. Es wird große Rohre haben, einen hohen Rahmen, Lager aus Werkzeugstahl, Nadeldrahtspeichen, einen engen Pedalabstand und alle Merkmale eines zeitgemäßen Fahrrads. Es wird etwa 22 Pfund wiegen. Wir sind sehr sicher, dass kein Rad auf dem Markt leichter laufen und länger halten wird als dieses und wir werden es in der uneingeschränktesten Weise garantieren.«[3]

Die Wrights waren bis dahin also durch und durch Mechaniker, mit allen Kenntnissen nicht nur über die Auswahl und Verarbeitung der verschiedenen Materialien, sondern auch über die genaue Funktionsweise des Produkts, das sie fortan erfolgreich verkauften. Und nach dem Anzeigentext in ihrer Zeitschrift zu urteilen, verstanden sie sich auch gut darauf, als Kaufleute für ihr Produkt zu werben. Bis zum Jahr 1900 produzierten sie an die 300 verschiedene Fahrräder, wobei sie fast alle Bestandteile wie Räder, Kurbeln und Naben selbst herstellten. Im Sommer waren sie Geschäftsleute, im Winter, wenn die Nachfrage geradezu einfror, stellten sie ihre Räder her. Ihr Einkommen muss jährlich etwa 2 000 – 3 000 Dollar betragen haben, angesichts des Jahreslohns eines Arbeiters von etwa 440 Dollar umgerechnet also mehr als 100 000 Euro.[4]

Doch dass nun das Radfahren irgendwie mit dem Fliegen zu tun haben könnte, dass es ausgerechnet Fahrradhändler schaffen sollten, den Menschen in die Luft zu bringen? Diese Frage bewegte auch später die Zeitgenossen, führte zu großem Unglauben, als die beiden Brüder mit ihrem neuen Produkt sozusagen hausieren gingen. Dabei lässt sich leicht postulieren, wie konsequent es war, dass die Wrights vom Fahrrad zum Flugzeug kamen.

Das Fahrrad fordert die Gleichgewichtserhaltung – so wie das Fliegen. Welche Erkenntnisse sich allein durch die Beobachtung und Analyse des Radfahrens ergeben können, zeigt eine Aussage von Wilbur Wright: »Ich habe Dutzende von Radfahrern gefragt, wie sie ein Fahrrad nach links steuern. Kein einziger konnte alle Vorgänge auf die erste Frage hin genau aufzählen. Fast alle sagten ohne Unterschied aus: ›Um nach links abzubiegen, muß man die Lenkstange nach links drehen, und das Ergebnis ist eine Linkskurve.‹ Fragte man aber weiter, so gaben die meisten zu, daß sie erst die Lenkstange ein wenig nach rechts drehen, und erst, wenn das Rad sich nach links neigt, drehen sie die Lenkstange nach links und beschreiben die Kurve, wobei sie sich nach innen lehnen. Für einen wissenschaftlich Denkenden ist es vollkommen klar, daß bei einer Linksbewegung der Lenkstange ohne vorherige Rechtsbewegung das Fahrrad unter dem Fahrer, der sich in seiner ursprünglichen Richtung weiterbewegt, weggleiten würde. Ich habe jedoch Leute gefunden, die bestritten, die erste Bewegung der Lenkstange je gemacht zu haben.«[5]

Deutlich zeigt dieses Zitat, wie die beiden Brüder schwierige dynamische Vorgänge in ihrem Ablauf erkennen konnten, eine Eigenschaft, die ihnen bald dabei helfen sollte, die relativ komplexen Prozesse zu verstehen, die dem Fliegen zugrunde liegen. Das Fahrradfahren nahm *im Prinzip* das wrightsche System voraus, nämlich ein Flugzeug in seiner Bewegung zu kontrollieren, indem man es *instabil* baute. Denn nichts anderes als ein instabiles Fahrzeug ist ein Fahrrad.

Mit ihren Erkenntnissen über das Radfahren war für die Wrights ein Weg vorgezeichnet, der sie in eine scheinbar viel zu gefährliche Richtung führte. Denn musste nicht die Hauptsorge bei der Entwicklung eines Flugzeugs darin bestehen, es stabil zu bauen, damit es sicher zu steuern wäre? Das war jedenfalls die allgemeine Vorstellung: Ein Flugzeug sollte am besten von selbst fliegen und der Pilot täte nichts anderes, als in die gewünschte Richtung zu steuern. Das Prinzip des Fahrradfahrens lehrte jedoch das Gegenteil. Ein Fahrrad erreicht seine Stabilität nur, indem der Fahrer diese ständig von neuem herstellt. Übertragen auf das Prinzip des Flugzeugs rollt und giert das Fahrrad beim Fahren; es bewegt sich um seine Längs- und um seine Hochachse. Um diese Bewegungen zu steuern wird für das Gieren der Lenker bewegt, für, das heißt, gegen das Rollen allerdings der Körper des Fahrers, der mit kaum merklichen Bewegungen das Gleichgewicht hält. Nach den Worten von James Means, einem US-amerikanischen Fabrikanten, der sich wie Octave Chanute der Entwicklung des Flugzeugs verschrieben hatte, muss man zum Fahrradfahren Balancieren lernen und man muss Balancieren lernen um Fliegen zu lernen.[6]

6.

Die Umsetzung
Prinzip und Kalkül des Fliegens

Der 30. Mai 1899 ist wohl das Datum, mit dem alles wirklich begann. Bis dahin hatten Orville und Wilbur Wright erst den Boden bereitet. Bis dahin war das Fliegen noch Traum geblieben. Bis dahin waren sie aus diesem Traum aber erwacht und so datiert von diesem Tag ein Brief, den Wilbur Wright an die *Smithsonian Institution* schrieb und den er mit den Worten begann: »Ich interessiere mich für das Problem des mechanischen und menschlichen Fluges, seit ich als Junge eine Anzahl von Flugmodellen verschiedener Größe nach der Art der Apparate von Cayley und Pénaud konstruierte. Seitdem haben mich meine Beobachtungen verstärkt davon überzeugt, dass der menschliche Flug möglich und praktikabel ist. Wie bei allen akrobatischen Leistungen ist es nur eine Frage von Wissen und Geschicklichkeit.« Wilbur Wright fragte nach den wichtigsten Veröffentlichungen zum Problem des Fliegens und fügte zum Schluss noch an: »Ich bin ein Enthusiast, aber kein Kauz in dem Sinne, dass ich ein paar Lieblingstheorien über die richtige Konstruktion eines Flugapparats hätte.«[1]

Er erhielt umgehend vier Artikel, die von der *Smithsonian Institution* selbst veröffentlicht worden waren, darunter auch Lilienthals Beschreibungen seiner Gleitflüge, und außerdem eine Liste von Büchern: Samuel P. Langleys ›*Experiments in Aerodynamics*‹ von 1891, Chanutes ›*Progress in Flying Machines*‹ von 1894 und James Means ›*Aeronautical Annuals*‹ von 1895 bis 1897. Damit waren die Wrights tatsächlich mit den seinerzeit wichtigsten theoretischen Werken zum Problem des Fliegens ausgestattet.

Und vor allem theoretisch gingen sie es zunächst an. Abende lang diskutierten sie. Orville Wright saß gerade auf einem Stuhl; Wilbur Wright, der ältere Bruder, lehnte sich an, hielt die Beine ausgestreckt und die Hände hinter dem Kopf verschränkt. Sie begannen meist ruhig zu reden, wurden aber bald laut. Dann schwiegen sie, bis einer sagte: »Das ist es auch nicht!«, und der andere: »Ist es doch!«, was eine Weile hin und her ging, ehe beide wieder zu diskutieren anfingen.[2]

Worum muss es dabei gegangen sein? Warum mussten sie sich stundenlang den Kopf über ein Thema zerbrechen, das doch nicht in der Anschauung, als vielmehr in der Praxis zu lösen wäre, wie sie selbst später bewiesen? Sie wollten das, was jahrhundertelang die Forscher beschäftigt hatte, theoretisch ergründen: das *Prinzip* des Fliegens. Dabei müssen sie sich immer wieder mit der Frage beschäftigt haben, warum jemand wie Lilienthal abgestürzt war. Obendrein müssen sie eben zu der Zeit, nach dem 30. September 1899, von einem weiteren tödlichen Flugunfall erfahren haben – dem von Percy Pilcher.

Der Engländer Pilcher war ein direkter Schüler Lilienthals. Er hatte ihn sogar in Berlin aufgesucht und etliche Flugversuche mit dessen Gleitapparaten gemacht, die er dann in seinem Modell ›Hawk‹ mehr oder weniger nachbaute. Pilcher verwendete allerdings schon ein Fahrgestell zum besseren Starten und Landen und er entwickelte vor allem den Windenschlepp, da er sehr wohl erkannt hatte, dass er Höhe brauchte um für das Fliegen geeignete Aufwinde zu finden. So gelangen ihm bereits Flüge in mehr als 50 Metern Höhe, ja er konnte sogar einmal von einem Hügel zu einem anderen fliegen. Trotzdem fehlte es auch Pilchers ›Hawk‹ an einem verlässlichen System der Steuerung: Auch er nutzte dazu lediglich die Pendelbewegung seines Körpers. Gleichwohl stand nach seinen Erfolgen notwendig die Entscheidung an, seinen Flugapparat mit einem Motor zu versehen. Doch bevor es zu den Tests kommen konnte, stürzte er mit der ›Hawk‹ tödlich ab. In einer Bö riss ein Spanndraht und das bereits regendurchweichte Fluggerät

Mit einer heftigen Bewegung der Beine stabilisiert Pilcher gerade die ›Hawk‹, seinen letzten und erfolgreichsten Gleiter.

klappte zusammen. Es geschah dies ausgerechnet vor den Augen derjenigen, die doch an das Fliegen glaubten, nämlich vor Mitgliedern der ›*Aeronautical Society*‹. Die Anwesenheit dieser Männer muss es wohl gewesen sein, die Pilcher erst dazu getrieben hatte, trotz schlechter Bedingungen seine Flugapparate und seine Fortschritte im Fliegen vorzuführen.[3]

Auch über Pilchers Versuche und über seinen Tod müssen Orville und Wilbur Wright diskutiert haben, immer wieder unter der Fragestellung: Wie lässt sich ein Flugzeug am besten im Gleichgewicht halten? Wie kann es sicher gesteuert werden? Denn die beiden

Brüder waren eben in keiner Weise Haudraufs, geschweige denn Abenteurer, und sie waren auch nicht bereit, der Menschheit zu dienen und dafür ihr Leben zu lassen. Sie gingen kein Risiko ein, in keinerlei Hinsicht. Auch sie hatte der Traum vom Fliegen ergriffen, aber nicht im Sinn von Freiheit, von Loslassen, von Abheben, wie dies noch Lilienthal so anschaulich beschrieben hatte. Unter diesem Aspekt ließen sich keine Aussprüche von ihnen versammeln. Für sie war der Traum eine Aufgabe, die es zu lösen galt. Und die Lösung versprach großen Ertrag.

Ein Flugzeug musste steuerbar sein und zwar anders als durch das Mittel der Gleichgewichtsverlagerung mit Hilfe des eigenen Körpers. Nur ein steuerbares Flugzeug wäre in der Luft beherrschbar. Der Nutzen von Höhen- und Seitensteuerung war schon erwiesen, nur waren damit nicht alle Bewegungen erfasst. Ein Flugzeug nickt nicht nur und giert, wie es in der Fliegersprache heißt, sondern es rollt auch, und macht mithin drei verschiedene Bewegungen. Nachdem die Wrights das erkannt hatten, blieb die große Frage: Wie wäre das Rollen zu beherrschen, das seitliche Wegkippen? Wie sollte ein Flugzeug in der Längsachse steuerbar sein? Beim Fahrradfahren dient dazu das Balancieren mit dem Körper und eben diese Methode wollten sie nicht übernehmen.

Nach einer Darstellung Wilbur Wrights entdeckten die beiden das Geheimnis der nötigen Quersteuerung, als auch sie eines Tages wieder einmal Vögel beobachteten.[4] Plötzlich sahen sie eine Taube wilde Flugmanöver vollführen, wobei deren einer Flügel hochging, der andere hinunter – und da erkannten sie, wie das geschah: indem die Taube die Flügel gegeneinander dreht. So hat der eine Flügel einen positiven Anstellwinkel, der andere einen negativen. Wie eine lebende Windmühle, dachten sie, und hatten den ›Trick‹ heraus. *Wing warping*, Flügelverwindung – das war ihre Entdeckung, auf der sie später ihre Patente gründeten. Es war die Grundlage für all ihre weiteren Fortschritte. Die Frage musste nun sein, wie dieses Prinzip, nämlich die Flügel zu verwinden um auch die Querstabilität zu erhalten, auf ein Flugzeug zu übertragen wäre.

Auch zu den Brüdern Wright, denen man nachsagte, dass sie nie lachten, gehören Anekdoten, ohne die sich keine große Entdeckung oder Erfindung denken ließe. Hier geht sie so:[5] Eines Tages verkaufte Wilbur Wright einem Kunden einen Fahrradschlauch, den er aus der zugehörigen Pappschachtel gezogen hatte. Während er dem Kunden noch einiges erklärte, drehte er in den Händen zerstreut die Schachtel hin und her, das heißt: er *ver*drehte sie. Da hatte er dann die Erkenntnis: Wenn eine Pappschachtel es aushielt, dass man ihre Enden in gegenläufige Richtungen drehte, warum sollte man dieses Prinzip nicht auf Flugzeugflügel anwenden können? So wäre der Anstellwinkel je nachdem zu verändern. Wenn im Flug ein Flügel sich nach links neigte, könnte man dort den Anstellwinkel vergrößern und am anderen Flügel verringern. Entsprechend würde man unterschiedlichen Auftrieb erzeugen und das Gleichgewicht wiederherstellen. Ob man dieses Ereignis wirklich als Wendemarke der Geschichte anzusehen hat, vergleichbar sogar mit Newtons fallendem Apfel[6], sei dahingestellt – jedenfalls war das Prinzip der Flügelverwindung für die wrightsche Entwicklung des Flugzeugs entscheidend. Fortan bestand die Hoffnung, dass ein Flugzeug stabil in der Luft zu halten wäre, indem man es *instabil* sein ließ.

Die Wrights bauten sogleich ein großes Flugmodell, einen Doppeldeckerdrachen, den sie mit Schnüren in der Luft steuerten. Diese Schnüre hatten sie jeweils an den Enden der Tragflächen angebracht. Tatsächlich trat ein, was sie sich versprochen hatten: Drehten sie die Tragflächen auf einer Seite steiler in den Wind, hob sich diese Seite, wobei dies auch umgekehrt galt: Bei negativem Anstellwinkel senkte sich die entsprechende Seite. Das wesentliche Geheimnis des Fliegens, die Kontrolle der Rollbewegung, schien entdeckt. Die praktische Erprobung konnte im großen Maßstab beginnen.

Allerdings hatten die Wrights bald auch herausgefunden, dass sie für ihre anstehenden Flugversuche einen Antrieb brauchten, und dieser Antrieb konnte zunächst nur ein kräftiger, möglichst gleich-

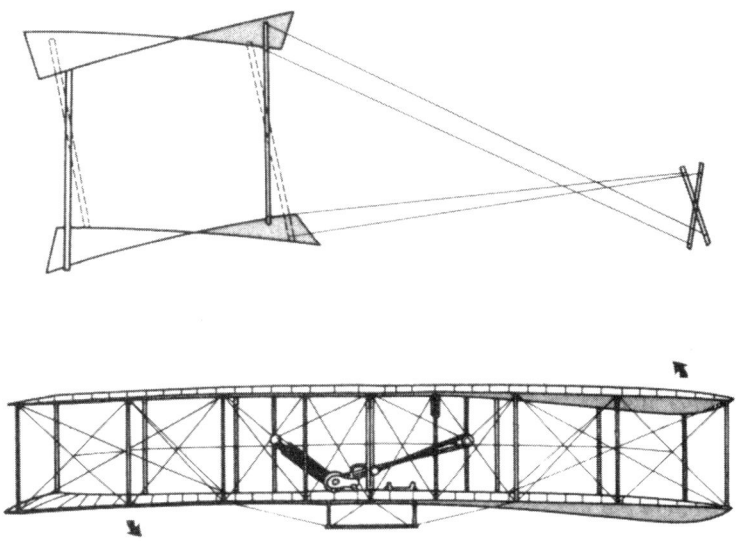

mäßig wehender Wind sein. Den Grund dafür erklärte Wilbur Wright in einem Brief an den Vater in typischer, nüchterner Diktion: »Um von der Luft Unterstützung zu erlangen ist es nötig, sich durch sie mit Flügeln in angemessener Größe bei einer Geschwindigkeit von 15 bis 20 Meilen pro Stunde hindurchzubewegen. Falls es keine Windbewegung gibt, muss die Geschwindigkeit in Bezug auf den Boden die gleiche sein. Falls der Wind mit angemessener Geschwindigkeit weht, kann Unterstützung ohne Bewegung in Bezug auf den Boden erlangt werden.«[7]

Auf der Suche nach geeigneten Wetterdaten wandten sie sich auch an Octave Chanute, dessen Flugforschungen sie genau studiert hatten.

Chanute war zu jener Zeit wohl *der* Vater der Fliegerei. Er hatte sich großes Ansehen als Ingenieur erworben, der die Infrastruktur des mittleren Westens der USA entscheidend weiterentwickelt hatte, vor allem in Form von Eisenbahnprojekten, aber auch Brücken, Gas- und Wasserleitungen, und nicht zuletzt der riesigen

Schlachthöfe von Chicago. In Anerkennung seiner Verdienste wurde sogar eine Stadt, Chanute in Kansas, nach ihm benannt. Der 1832 Geborene gestaltete seinen Lebensabend nun damit, das menschliche Fliegen voranzubringen. Er pflegte deswegen Kontakte mit nahezu allen Persönlichkeiten auf der Welt, die sich für diese größte menschliche Herausforderung interessierten, und sein Buch, ›Progress in Flying Machines‹, galt als Standardwerk der Aeronautik.

Wilbur Wright schrieb ihm am 13. Mai 1900 und geizte nicht mit seinen Erkenntnissen. »Schon seit einigen Jahren werde ich von der Überzeugung geplagt, dass es dem Menschen möglich ist zu fliegen. Mein Leiden hat an Stärke noch zugenommen und ich spüre, dass es mich bald viel mehr Geld kosten wird, wenn nicht mein Leben. Ich habe versucht meine Geschäfte so zu arrangieren, dass ich den Experimenten auf diesem Feld einige Monate lang meine ganze Zeit widmen kann. [. . .] Unter der Annahme, dass Lilienthal mit seinen Vorstellungen richtig lag, wie der Mensch weiter fortschreiten sollte, gehe ich davon aus, dass sein Misserfolg hauptsächlich der Unzulänglichkeit seiner Methode und seines Apparats geschuldet war. Was seine Methode angeht: Die Tatsache, dass er in fünf Jahren insgesamt nur ungefähr fünf Stunden mit wirklichem Fliegen verbrachte, reicht aus um zu zeigen, dass seine Methode unzulänglich war. Auch die einfachsten intellektuellen oder akrobatischen Leistungen könnten nie mit so kurzer Praxis erlernt werden; und selbst Methusalem, mit nur einer Stunde Praxis im Jahr, hätte nie ein erfahrener Stenograf werden können. Meine Beobachtung beim Flug von Bussarden führen mich zu dem Glauben, dass sie dann, wenn sie von einer Bö teilweise umgestoßen werden, ihre seitliche Balance zurückgewinnen, indem sie die Enden ihrer Flügel verdrehen. Wenn das Ende des rechten Flügels nach oben verdreht wird und des linken nach unten, wird der Vogel eine lebende Windmühle und beginnt sich sofort zu drehen, wobei die Achse eine Linie vom Kopf bis zum Schwanz ist. [. . .] Mein Geschäft erfordert es, dass ich meine experimentellen Arbeiten auf die Monate von September bis Januar beschränke, und ich wäre besonders dankbar für einen Ratschlag über eine passende Gegend, wo ich mich auf Winde von etwa 15 Meilen pro Stunde ohne Regen oder zu rauhes Wetter verlassen könnte.«[8]

Chanute beantwortete Wilbur Wrights Schreiben großherzig und schlug für die Flugversuche vor allem Gegenden in Kalifornien und Florida vor. Doch die Wrights zogen weitere Informationen ein, auch vom ›Wetterbüro‹ in Washington, das sie mit umfangreichen Messdaten versorgte. So entschieden sie sich dann für eine Gegend, die ideal für ihre Versuche erschien: Kitty Hawk in North Carolina. Dort wehten angeblich nicht nur konstant kräftige Winde, sondern in der abgelegenen Gegend gab es auch Sanddünen und keine Hindernisse in Form von Bäumen.

Wie die beiden Brüder dabei das Problem des Fliegens angehen wollten, erklärte Wilbur Wright deutlich in seinem Antwortschreiben an Chanute: »Es ist sehr wichtig, dass sich mehr Leute intellektuell für dieses Thema interessieren. Lilienthals enthusiastische Bemühungen, andere dafür zu begeistern, mag sich noch als sein wertvollster Beitrag zur Lösung des Problems erweisen. Was ein einzelner Mensch selbst tun kann, ist nur wenig. Aber wenn er zehn andere dazu bewegen kann sich dieser Aufgabe anzunehmen, hat er viel erreicht. Ich weiß von keinem Menschen in Amerika, der so gut wie Sie dafür geeignet wäre, diese missionarische Arbeit zu tun.«[9] Was für Worte, wenn man sieht, wie die Wrights weiter fortschreiten sollten, nämlich nicht nur allein, sondern auch zurückgezogen und versteckt!

Und lag nicht dem Traum der Brüder Wright von Anfang an ein nüchternes Kalkül zugrunde? Was reizte sie an der Aufgabe, das Fliegen zu erfinden? Am 3. September 1900 schrieb Wilbur Wright seinem Vater, der einmal wieder im Kirchendienst unterwegs war: »Ich beabsichtige, in einigen Tagen zu einer Reise an die Küste von North Carolina in die Nähe der Roanoke Insel aufzubrechen um einige Experimente mit einem Flugapparat zu machen. Es ist meine Überzeugung, dass Fliegen möglich ist; und obwohl ich die Forschung eher wegen des Vergnügens als des Profits aufnehme, denke ich, es gibt die geringe Möglichkeit, dadurch Ruhm und Vermögen zu erlangen. Es ist fast das einzige große Problem, das noch nicht von einer Vielzahl von Forschern angegangen wurde und daher an einem Punkt angelangt ist, wo weiterer Fortschritt schwierig wäre.«[10] Der Traum vom Fliegen? Wie wurde er hier verfolgt? Man muss kein Psychologe sein um zu erkennen, was Wilbur Wright sich insgeheim erhoffte, eben indem er es nur andeutete: eher wegen des Vergnügens als des Profits … die Möglichkeit, dadurch Ruhm und Vermögen zu erlangen! Dabei steht für den Begriff ›Vermögen‹ das Wort ›*fortune*‹, das im Englischen zwar auch ›Glück‹ bedeuten kann, aber sonst eindeutig verwendet wird: *to make a fortune.*

Bemerkenswert ist bei all diesen ersten Schreiben auch, dass Wilbur Wright die Lösung des Flugproblems stets nur auf sich bezog, wo doch sonst davon ausgegangen wird, dass sich von Anfang an beide Brüder damit befassten. Als Erklärung muss man sich immer wieder vor Augen führen, als welch fixe Idee die Absicht erscheinen musste, den Menschen zum Fliegen zu bringen, und dass es dabei tatsächlich Wilbur Wright war, der diese Idee immer weiter verfolgte, bis sie schließlich so weit entwickelt war, dass auch Orville Wright nicht mehr daran vorbei konnte. Nach den finanziellen Erfolgen im Druck- und Fahrradgeschäft, die in der Initiative auf Orville Wright zurückgingen, muss es Wilbur Wright nur recht gekommen sein, dass *er* sich endlich einer großen Sache annehmen konnte. So war das ›Flugzeuggeschäft‹ zunächst seine Angelegenheit.

Unter seiner Dominanz ging er also mit dem jüngsten Bruder daran, ihre bis dahin gewonnenen Erkenntnisse zusammenzuführen und in der Folge einen Flugapparat zu bauen, der einen Menschen tragen sollte und den es nun zu erproben galt. Dabei erstaunt kaum noch, wenn es in der Überlieferung immer wieder heißt, der Bau dieses ersten Fluggeräts habe nicht mehr als 15 Dollar gekostet.[11] So rechneten die Wright-Brüder; und so wie sie in jeglicher Hinsicht kalkulierten, passte auch der Stolz zu ihnen, mit geringsten

Mitteln Großes geleistet zu haben. Und Geiz gehörte nur einmal mehr zu ihrer asketischen Lebenseinstellung.

Außer der Flügelverwindung führten sie auch eine zweite Neuerung ein: ein vorn liegendes, bewegliches Höhenruder. Ein wesentlicher Grund, das Höhenruder nicht, wie bei allen heutigen Flugzeugen, am Heck anzubringen, lag in ihrer Annahme, dass auf diese Weise ein Sturzflug verhindert würde. Sie glaubten fälschlicherweise, Lilienthal sei deswegen abgestürzt.[12] Somit war von Beginn an das spätere Aussehen ihrer Flugzeuge festgelegt, nämlich, wie die Franzosen es nennen sollten, in Entenbauweise. Auch heute noch wäre einem unbefangenen Betrachter durchaus nicht klar, in welche Richtung ein solches Fluggerät fliegen müsste – und zwar mit dem Höhenruder vorweg, sozusagen mit dem Schwanz voran.

So war im September 1900 alles bereit, als Wilbur Wright nach Kitty Hawk aufbrach. Nach einer ereignisreichen Fahrt, die mit Pferdekutsche, Eisenbahn und Segelboot eine ganze Woche dauerte, langte er am 11. September in einer Gegend an, die in ihrer Abgeschiedenheit wie passend für das weitere Vorgehen der Wrights erscheint: All ihre Versuche fanden fortan im Grunde unter Ausschluss der Öffentlichkeit statt. Kitty Hawk war ein Ort mit ein paar Fischerhäusern, einer Seenotrettungs- und einer Wetterstation in einer Landschaft, die vor allem eines im Überfluss hatte: Sand. Orville Wright kam sich vor wie in der Sahara, oder, so schrieb er, »wie ich mir die Sahara vorstelle«[13].

In ständigen Winden verschiebt sich dort das Land, wird im Laufe der Zeit an einer Stelle aufgetürmt und an einer anderen wieder abgetragen. Der Platz, wo Wilbur Wright sein Lager errichtete, war umgeben von Stümpfen abgestorbener Bäume, Abbild einer Zeit, als es dort einmal ein kleines Tal mit Wäldern gegeben hatte, das längst vom Sand zugeweht war. Weltabgeschieden, spartanisch, ja asketisch, so sollten die Wrights in Kitty Hawk leben, wo die einzige Abwechslung aus dem Gespräch mit den wenigen Einheimischen und der Jagd auf Vögel und Fische bestand. Verging den Wrights dort wahrlich das Lachen? Man könnte es annehmen, würden nicht bestimmte Aussagen etwa ihrer Schwester Katharine davon zeugen, wie gut ihnen der Aufenthalt in Kitty Hawk bekam. So schrieb sie ihrem Vater vor der dritten Reise ihrer Brüder dorthin: »Sie glauben, dass das Leben in Kitty Hawk alle Übel kuriert.«[14] Es muss wohl so gewesen sein, dass die Abgeschiedenheit die beiden auf das Wesentliche beschränkte, dass diese sie erst recht herausforderte. In Kitty Hawk waren die Wrights in Klausur.

Immerhin hatten sie Kontakt zu den Einheimischen, die in der Hauptsache vom Fischen und Jagen lebten. Da war vor allem die Familie Tate, die sich ihrer rührend annahm. Wilbur Wright, in seiner Angst vor Typhus, der ihn verschont hatte, erhielt von Addie Tate jeden Morgen einen Kessel aufgekochtes Wasser. Ihr Mann, William Tate, gewissermaßen das Oberhaupt von Kitty Hawk, interessierte sich für alles, was die beiden Brüder unternahmen, vor allem für das Fliegen. »Er würde gern den Rest seiner Tage – es könnten nur noch wenige sein – damit verbringen, mit Flugapparaten zu experimentieren«, schrieb Orville Wright.[15] Welcher Kontrast! Die Tates gehörten noch zu den Bessergestellten in Kitty Hawk und lebten doch beinahe von der Hand in den Mund. Sie hatten kein einziges Buch im Haus. Diesen Menschen muss es erschienen sein, als wären da zwei Zauberer zu ihnen gekommen, die ausgerechnet ihre fast zivilisationsfreie Gegend als Punkt wählen wollten um die Welt aus den Angeln zu heben. Tate selbst schrieb später über die Bewohner von Kitty Hawk und damit über sich selbst, dass sie ein praktischer, dickköpfiger Haufen gewesen seien, der an einen guten Gott glaubte, an eine heiße Hölle und dass, »mehr als alles andere, eben dieser gute Gott nicht wollte, dass die Menschen jemals fliegen sollten«.[16]

Doch hätten die Wrights bessere Helfer haben können als diese einfachen Leute, die Gut von Böse scheiden konnten und deren Herzen so leicht zu erobern waren, deren Neugier noch nicht hinter Gewinnsucht und Geltungsdrang versteckt war? Beide beschrieben immer wieder, wie sehr die Bewohner von Kitty Hawk an ihren Ver-

Für die Männer der Seenotrettungsstation von Kitty Hawk gehört es bald zum Alltag, Zeugen der ersten kontrolliert gesteuerten Flüge in der Menschheitsgeschichte zu sein.

suchen nicht nur Anteil nahmen, sondern ihnen auch zur Hand gingen, zumindest am Anfang.

Wie verliefen nun diese Versuche? Alles hing vom Wind ab, leider von der Stärke, mit der er wehte. Es war nicht so, wie die Wright-Brüder es sich versprochen hatten, dass sie sich auf eine möglichst konstante Windgeschwindigkeit verlassen konnten. Auch bei ihren weiteren Aufenthalten mussten sie ihre Flugversuche oft tagelang unterbrechen und auf besseres Wetter und besseren Wind warten.

Orville Wright traf am 28. September in Kitty Hawk ein und brachte noch zusätzliche Ausrüstung mit. Es muss bereits wenige Tage später gewesen sein, als sie ihren Flugapparat zum ersten Mal erprobten. Dazu hielten sie ihn schlichtweg an Leinen in den Wind. Das erschien ihnen so einfach und sicher, dass es Wilbur Wright schnell dazu trieb, mit dem Gleiter aufzusteigen. Was konnte geschehen, muss er sich gefragt haben. Wie zuvor würde der

Der erste wrightsche Gleiter steht an Leinen gehalten im Wind, der in diesem Fall von links kommt.

Apparat vom Boden aus mit Leinen gehalten, von Orville Wright auf der einen Seite und William Tate auf der anderen.

Irgendwann in den ersten Oktobertagen im Jahr 1900 war es so weit: Wieder würde ein Mensch fliegen. Während Wilbur Wright die Mitte des Gleiters hielt, nahmen die anderen beiden die Leinen in die Hand und hielten die Flügelenden. Dann drehten sie den Apparat gemeinsam gegen den Wind. Als er abhob, kletterte Wilbur Wright rasch auf das Gestell, wo er sich bäuchlings hinlegte und die Steuerung für das Höhenruder fasste. Nach und nach ließen William Tate und Orville Wright die Leinen nach. Der Gleiter stieg höher und höher. Doch als nicht einmal fünf Meter über Grund erreicht waren, sprang der Apparat plötzlich auf und ab – und Wilbur Wright fing an zu schreien: »Lasst mich runter!« Eine solche Reaktion wäre wohl jedem verständlich, auch wenn das Gerät über Sand flog und an Leinen ›gesichert‹ war. Trotzdem ist es bezeichnend, wie diese Episode zu Ende ging. Wilbur Wright wurde wieder zu Boden gelassen und es war nun sein jüngerer Bruder, der sich angesichts ihres Erfolgs kaum beruhigen konnte. Warum sollten sie abbrechen, wollte er wissen, wenn es doch gerade interessant wurde. Der ältere antwortete darauf: »Ich habe Papa [*Pop*] versprochen, dass ich auf mich aufpassen werde.«[17] – Die Wrights würden nicht zu Tode kommen wie Lilienthal. Der eigentliche Vorgang des Fliegens sollte ihnen nur als Mittel zum Zweck dienen, nämlich der Erfindung des Flugzeugs.

So beschäftigten sie sich in den nächsten Wochen vor allem damit, die Flugeigenschaften ihres Gleiters *unbemannt* zu erproben. Was sie dabei erlebten, beschrieb Orville Wright aufschlussreich in einem Brief an seine Schwester: »Gestern verbrachten wir den halben Morgen damit, den Apparat aus dem Sand zu bekommen. Als wir ihn schließlich freigemacht hatten, trugen wir ihn den Hügel hoch und machten eine Anzahl Experimente in einem 25-Meilen-Wind. Wir sind nicht auf dem Ding gewesen, seit wir es zum ersten Mal draußen hatten, vielmehr experimentieren wir nur mit dem Apparat selbst, der manchmal mit 75 Pfund Ketten beladen ist. Wir haben es versucht mit dem Schwanz vorn, hinten und auf jede andere Art. Als wir damit fertig waren, war Will so durcheinander, dass er nicht mal mehr theoretisieren konnte. Nur mit ziemlicher Anstrengung habe ich es geschafft, ihn überhaupt im Fluggeschäft zu halten.«[18]

Man stelle sich vor, wie sich die beiden mühen mussten! Manchmal verbrachten sie Nächte, wo der Wind ihr Zelt fortzuwehen drohte oder sie wegen der Kälte unter vier bis fünf Decken schliefen; sie mussten selbst backen, Wasser schleppen, Fische fangen, die es im Meer allerdings reichlich gab, und immer waren sie den Stichen von Mücken und Sandfliegen ausgesetzt – und dazu dann die Mühsal, ihr Fluggerät, das zwar nur etwa 20 Kilogramm wog, aber über 5 Meter Spannweite hatte, sogar aus dem Sand zu graben und einen Hügel hochzuschleppen! Da muss Orville Wright derjenige gewesen sein, der seinem Bruder Mut machte, der ihn antrieb.

Und sie kamen doch voran. Bald waren ihre Flüge wieder bemannt, nur nicht von ihnen selbst. Tom Tate, der Sohn von William Tates Halbbruder Dan, war derjenige, der sich in die Luft heben ließ. Der Grund dafür ist wohl besonders darin zu suchen, dass der Gleiter bei leichtem Wind nicht genug Auftrieb erzeugte. So lernten sie mehr über die Steuerbarkeit ihres Apparats – und kamen in den letzten Tagen selbst noch zu dem, was sie eigentlich vorgehabt hatten. Wieder gingen sie vor wie beim ersten Mal, nur dass diesmal zwei Männer mit der Hand die Flügelenden des Apparats hielten und so, mit Wilbur Wright ›fliegend‹, den Hang hinabbrannten. Wurde der Gleiter zu schnell, ließen sie los und Wilbur Wright setzte von sich aus zur Landung an. Auf diese Weise gewannen sie während der letzten Tage in Kitty Hawk doch noch einige Flugerfahrung.

Als sie am 23. Oktober die Heimreise antraten, ›flogen‹ sie ihren Gleiter zum allerletzten Mal. Sie schleppten ihn noch einmal eine Düne hinauf und ließen ihn selbst hinabgleiten. Das Gerät blieb im Sand stecken. Es hatte für sie keinen Wert mehr. Vielleicht hätten später Reliquienjäger danach gesucht um diesen ersten wrightschen Flugapparat in kleinsten Teilen für zehn Dollar das Stück zu verkaufen. Der Gleiter war auch wirklich noch einige Zeit im Sand zu sehen, ehe schon im nächsten Jahr ein Sturm die Reste hinwegtrug. Dazu geht die Geschichte, dass Addie Tate den Satin der Bespannung genutzt hatte um daraus Kleider für ihre Töchter zu nähen. Der Stoff sei ihr besser erschienen als der, den sie aus dem Laden kannte[19] – immerhin ein passender Ausdruck dafür, in welchen Verhältnissen die Bewohner von Kitty Hawk lebten.

Obwohl Wind und Wetter nicht so günstig gewesen waren, wie es sich die Wrights erhofft hatten, müssen sie sich in der Gegend, wo sie längst allen bekannt waren, mit der Zusicherung verabschiedet haben, dass man sich wiedersehe. Sie hatten viel Neues erfahren, wohl auch über sich selbst. Die gemeinsame Zeit in Kitty Hawk, die Mühen, die sie auf sich genommen hatten, müssen sie unzertrennlich gemacht haben. Seit Herbst 1900 hatten sich beide dem Fliegen verschrieben. Denn hatten sie nicht Erfolg gehabt? Es waren gar nicht *so* viele neue Erkenntnisse, die sie mit nach Hause brachten. Ihr System der Flügelverwindung hatte sich auf Anhieb als erfolgreich erwiesen. Bestätigt hatte sich die scheinbare Erkenntnis, dass es am effektivsten und sichersten wäre, das Höhenruder vor dem Piloten anzubringen. So blieb zunächst nur die Frage, warum ihr Flugapparat nicht so viel Auftrieb erzeugt hatte, wie sie berechnet hatten. Die Antwort schien leicht: Entweder musste das Flügelprofil verändert werden oder die Spannweite erhöht, oder beides. Man kann sich denken, mit welchem Enthusiasmus sie sich in Dayton an den Bau eines neuen Flugapparats machten.

7.

Die Ernüchterung
Erforschung der Fluggeheimisse

Zurück in Dayton schrieb Wilbur Wright wieder an Octave Chanute, der Ton ganz Understatement, doch in der Beschreibung recht präzise: »Mein Bruder und ich haben mehrere Wochen Ferien in Kitty Hawk, North Carolina, verbracht und mit einem Gleitflugapparat experimentiert. [. . .] Die Kontrolle und Steuerung in der Längsrichtung wurde durch ein waagerechtes Ruder bewirkt, das vor den Tragflächen angebracht ist. Die Kontrolle in der Querrichtung und die Steuerung nach rechts und links wurde dadurch erlangt, dass die Neigung der Flügel an einem Ende erhöht und ihre Neigung am anderen Ende vermindert wurde. [. . .] die ermittelten Resultate waren sehr vielversprechend und die Experimente werden nächstes Jahr in derselben Richtung fortgeführt.«[1] Chanute muss dieser Brief einigermaßen überrascht haben, da sich Wilbur Wright all die Zeit nicht mehr bei ihm gemeldet hatte. Noch einer von diesen Eigenbrötlern, die sich ausgerechnet mit dem Thema des Fliegens hervortun wollten! – hätte er leicht denken können. Und nun zeigte sich Wilbur Wright als jemand, der tatsächlich einen Flugapparat in der Praxis erprobt hatte. Chanute ermunterte ihn daraufhin, die gewonnenen Erkenntnisse zu publizieren.

Als Ergebnis erschienen zwei Aufsätze in einem britischen und einem deutschen Magazin. Während der Artikel für die ›Aeronautical Society of Great Britain‹ im Grunde nur das Problem des besten Anstellwinkels behandelte, befasste sich der Artikel in den ›Illustrierten aeronautischen Mitteilungen‹ mit der ›Waagerechten Lage während des Gleitflugs‹ und gab eindeutig Auskunft darüber, dass da wieder Menschen ein Fluggerät kontrolliert durch die Luft steuerten. Doch trotz Lilienthal und Pilcher blieb man in Deutschland und Großbritannien abermals bodenständig, sodass solche Informationen verwehten.

Chanutes Ziel war es, möglichst all diejenigen auf der Welt zusammenzuführen, die sich der Herausforderung angenommen hatten, dem Menschen das Fliegen zu erlauben. So forderte er die Wrights auch auf, mit den ihnen unbekannten Personen Edward C. Huffaker und George A. Spratt zusammenzuarbeiten, wobei er bereitwillig nicht nur seine eigenen Erkenntnisse, sondern auch seine Fluggeräte zur Verfügung stellte – die Wrights sollten sie in Kitty Hawk testen.

Huffaker hatte bereits über das Problem des Fliegens publiziert – es war eines jener Bücher gewesen, das die Wrights von der *Smithsonian Institution* zugeschickt bekommen hatten. Der in seinen Umgangsformen ungehobelte Mann war zeitweise auch Mitarbeiter von Professor Langley gewesen, der in großem Maßstab an einem Fluggerät arbeitete. Inzwischen stand Huffaker sozusagen in Diensten Chanutes und baute nach dessen Entwürfen Gleitapparate. George A. Spratt sollte als Arzt anwesend sein, obwohl er kaum mehr als ein paar medizinische Grundkenntnisse besaß. Aber er interessierte sich für aeronautische Fragen, sodass sich Chanute auch durch dessen Präsenz vor allem Anregungen beim Fliegen versprach. Chanute erklärte sich sogar bereit, die Kosten für Spratts und Huffakers Aufenthalt in Kitty Hawk zu tragen. Am Ende konnten die Wrights schlecht ablehnen und so kam unausgesprochen und nicht wirklich beabsichtigt ein Wettkampf auf sie zu. Allerdings bestanden sie von Anfang an darauf, dass sie für sich arbeiteten und keine Hilfe benötigten.

Längst waren sie dem Fliegen verfallen, nicht dem Traum davon, als vielmehr der darum zu lösenden Aufgabe. Im Juni 1901 stellten sie Charles Taylor bei sich an, der in ihrer Abwesenheit den Fahrradladen führen sollte. Taylor, ein Maschinist, wurde das Herz dieses Geschäfts und durch seine technischen Fertigkeiten bald sehr wichtig für die Wrights. Angesichts ihrer Fortschritte mussten sie eigentlich schon zu jener Zeit davon ausgehen, dass sie später einen Motor bräuchten. Sie bezahlten Taylor 30 Cent pro Stunde[2], bei einem angenommenen Zehn-Stunden-Arbeitstag also 3 Dollar pro Tag – interessant ist diese Zahl in Anbetracht der Summen, die sie später für ihr Flugzeug forderten.

Schon am 10. Juli trafen die beiden Brüder abermals in Kitty Hawk ein, wo sie diesmal vier Meilen südlich ihr Lager errichteten – an den Kill Devil Hills.

Kill Devil Hills – könnte ein Name bezeichnender sein? ›Töte-den-Teufel-Hügel‹! Trotzdem hat sich als Begriff für den Ort, wo der Mensch zum ersten Mal motorgetrieben fliegen sollte, *Kitty Hawk* durchgesetzt, manifestiert etwa im Namen eines der größten US-amerikanischen Flugzeugträger, der in seinem Bauch gleich Dutzendweise todbringende Flugzeuge führt. *Kill Devil Hills* – ein Programm! Drei Dünen waren es; die höchste stieg gerade 30 Meter auf.

Allein auf sich gestellt machten sich die Wrights in den nächsten Tagen daran, einen Schuppen zusammenzuzimmern, der als ›Hangar‹ für ihren Flugapparat diente. Er maß nur 5 mal 7½ Meter und musste doch ein solides Gebäude sein, das vor allem Wind und Wetter trotzen konnte.

Wem die Wrights diesmal ganz anders trotzen mussten, waren sogar vermeintliche Vorbilder im Fliegen: den Mücken. Sie schienen ausgerechnet mit Edward C. Huffaker einzutreffen. »Mit ihm kam ein Schwarm von Mücken«, schrieb Orville Wright, und sie kamen »als eine solche Wolke, dass sie fast die Sonne verdunkelten.«

Vielleicht liegt auch ein Stück Verständnis für die Art, wie die Wrights später entlohnt sein wollten, darin, wenn man liest, wie sie zeitweise zu leiden hatten. Die Ankunft der Mücken, schrieb Orville Wright weiter, »war der Anfang der schlimmsten Existenz, die ich jemals durchzustehen hatte. Die Typhus-Qualen mit dem einhergehenden Hunger sind nichts im Vergleich. Aber es gab keine Flucht. Der Sand und das Gras und die Bäume und die Hügel und alles krabbelte vor ihnen. Sie saugten uns durch unsere Unterwäsche und

97

Socken hindurch aus. An meinem ganzen Körper begannen Beulen groß wie Hühnereier anzuschwellen.«[3] Tatsächlich müssen sie in manchen nächtlichen Stunden kurz davor gestanden haben am nächsten Tag abzureisen.

Doch gab es zu viel Aufregendes zu entdecken. Auch traf bald George A. Spratt ein, den sie als umgänglichen Zeitgenossen schätzen lernten.

Ende Juli war es so weit: Im Kampf gegen Sand, Hitze und Mücken hatten die Wrights ihren neuen Flugapparat zusammengebaut. Er war riesig im Vergleich. Bis dahin war Pilchers ›Hawk‹ das größte Fluggerät gewesen, mit einer Tragfläche von über 15 Quadratmetern noch etwas größer als Lilienthals größter Apparat. Nun hatten sich die Wrights bis zu einer Größe von fast 28 Quadratmetern vorgewagt, bei einer Flügelspannweite von fast 7 Metern.[4] Immerhin sollte die Tragfläche diesmal groß genug sein um so viel Auftrieb zu erzeugen, dass über 120 Kilogramm in die Luft steigen würden, nämlich das Gewicht des Fluggeräts und eines erwachsenen Mannes.

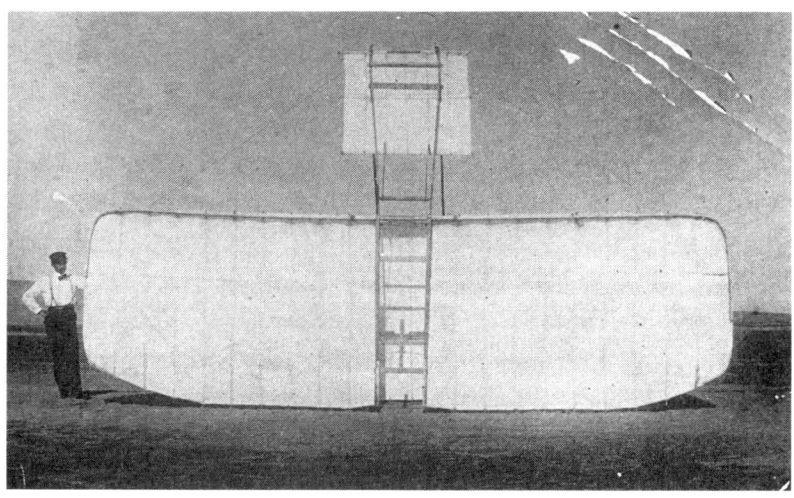

Orville Wright hält seinem fotografierenden Bruder den ›Bauch‹ ihres neuen Gleiters entgegen.

98

Mit Spratt und Huffaker gingen sie daran, ihren neuen Apparat zu testen. Wie groß muss die Erwartung gewesen sein – und wie groß dann die Enttäuschung! Denn das Gerät flog nicht einmal so gut wie ihr erster Gleiter und hatte vor allem die Tendenz gefährlich zu nicken. Als Ursache konnte nur die Flügelwölbung gelten und die Wrights änderten das Profil, dessen scheinbar bestes Verhältnis sie den Angaben von Lilienthal und Chanute entnommen hatten. Da muss bei den beiden wohl zum ersten Mal grundsätzlicher Zweifel an den so glaubwürdigen Berechnungen insbesondere Lilienthals aufgekommen sein.

Am 4. August traf Octave Chanute selbst ein. Auch wenn der Besuch aller drei Männer von den Wrights nicht wirklich erwünscht war, muss man sich gerade die folgenden Tage als beste Möglichkeit zum Gedankenaustausch vorstellen. Da waren die Apparate, da war das Gelände, da war der Wind, da waren die Probleme. Es ging ausschließlich ums Fliegen, in der Praxis wie im Gespräch.

Als die Wrights ihren Flugapparat wieder erprobten, zeigte er doch recht gute Ergebnisse, und Wilbur Wright konnte in einigen Versuchen gegen einen kräftigen Wind über 100 Meter Strecke zurücklegen, wobei er sich bis zu einer halben Minute in der Luft halten konnte.

Die Gäste waren begeistert, die Wrights weniger. Denn dass ihr Gleiter gut fliegen würde, stand eigentlich außer Frage. Ihnen ging es längst um mehr: Der Flugapparat musste steuerbar sein. Und das war er auch insofern, als er meist problemlos geradeaus flog. Doch immer wieder gehorchte das System der Flügelverwindung nicht, zumal wenn es zum Kurvenfliegen kam. Wilbur Wright als Pilot flog oft sogar nach rechts, wenn er nach links ›steuerte‹, wenn er also den rechten Flügel nach oben, den linken nach unten verwand. Einige Male kam er in gefährliche Situationen, als sich der Apparat sogar in den Sand bohrte, etwas, was den vorsichtigen Wrights sehr zu denken gab.

Dass sie den Grund dafür bald fanden, zeigt einmal wieder von der analytischen Auffassungsgabe Wilbur Wrights, der eben alles

Wilbur Wright soart im Hangaufwind.

›systematisierte‹: Wurde nämlich der Anstellwinkel des betreffen-
den Flügels vergrößert, erzeugte dieser zwar mehr Auftrieb; doch
bedeutete die Vergrößerung des Anstellwinkels auch eine Zunahme
des Widerstands. Folglich blieb der Flügel zurück und das Flugzeug
drehte, entwickelte also ein negatives Wendemoment. Das Flügelverwindungssystem erzeugte also doch nicht die gewünschte Stabilität. Wie sollte es *da* eine Lösung geben?

So blieben Hunderte Fragen, wobei auch schon an Ort und Stelle
Antworten kamen. Eine davon war bitter, ging sie doch dahin, dass
Chanutes eigener Flugapparat, ja sein ganzes Flugsystem, wahrhaft
ein Schlag ins Wasser war. Chanute war davon überzeugt, dass ein
Fluggerät insbesondere die unvermutet auftretenden Windstöße
auffangen müsste. So hatte er von Huffaker das Gerüst seines neu
konstruierten Gleitapparats aus Papprohren bauen lassen, die über
Gelenke zusammenhielten. Auf diese Weise hoffte er, gegenüber
den Turbulenzen flexibel zu sein. Doch das Ergebnis war ein Flug-

gerät, das zum Fliegen viel zu gebrechlich war und schon dem Regen nicht standhielt. Wilbur Wright fotografierte den zerfetzten Gleiter, mit dem auch Chanutes eigene Hoffnungen auf Fortschritte in der Fliegerei zerbrochen sein mussten, und zu den entwickelten Aufnahmen schrieb er Spratt später: »Ich machte sie als Spaß gegenüber Huffaker, aber hinterher fiel mir auf, dass sich der Spaß eher gegen Herrn Chanute richtete, da er doch den ganzen Verlust hatte.« Und reichlich sarkastisch fügte er hinzu: »Falls Sie jemals das Gefühl haben, dass Sie für Ihre Arbeit und Ihren Kostenaufwand nicht viel herzuzeigen haben, nehmen Sie diese Aufnahme heraus und Sie werden sich bestärkt fühlen.«[5] Da zeigte sie sich eben doch, die Konkurrenz, die um die Entwicklung des Flugzeugs auch die Wrights antrieb. Und es sollte ihnen da noch eine ganz andere Konkurrenz erwachsen, wo jemand ebenfalls das Flugzeug zu entwickeln gedachte, im Vergleich aber ausgestattet mit geradezu unbeschränkten Geldsummen ...

Nach einigen Tagen reisten Chanute, Spratt und Huffaker ab. Ein erster Wettkampf hatte zwar angestanden, aber nicht stattgefunden. Chanute war mit seinen Fortschritten kaum über Lilienthal hinausgekommen. Die Stimmung muss ernüchternd gewesen sein, allerdings je unterschiedlich. Was die Wrights anging, so hatten sie in den Augen ihrer Besucher sensationelle Fortschritte in der Fliegerei erzielt. Sie besaßen einen Flugapparat, der mit den Händen steuerbar war, der weite Strecken flog, dem auch starker Wind nichts anzuhaben schien. Man muss sich bildlich vorstellen, was es überhaupt bedeutete, als Huffaker, Spratt und ihr Mentor Chanute ihren kleinen gebrechlichen Gleiter aufbauten – es war wahrlich ein Papierflieger gegen das, was die berechnenden Daytoner Brüder bis dahin geschaffen hatten, nämlich ein Flugzeug!

Doch wie mussten die Wrights denken? Wo lagen ihre Fortschritte im Vergleich zum vergangenen Jahr? Was hatte sich wesentlich verbessert? Für jedes Problem, das sie lösten, schienen zwei neue zu entstehen. Als sie selbst ein paar Tage später, am 20. August, die Rückreise antraten, ist für diesen Zeitpunkt ausgerechnet von

Wilbur Wright, der doch das ›Unternehmen Fliegen‹ in Gang gebracht hatte, der Ausspruch überliefert, dass der Mensch auch in tausend Jahren nicht fliegen würde.[6] Man muss sich die Probleme vor Augen führen, auf die sie gestoßen waren: Zwar hatte sich bis dahin nie ein Mensch in einem Flugapparat, der schwerer war als Luft, länger als sie über dem Erdboden halten können, aber die Schwierigkeiten schienen kaum lösbar. Vor allem das Flügelverwindungssystem hatte sich als nicht so sicher erwiesen, wie sie von Beginn an gehofft hatten. Ihr Gleiter zeigte nach wie vor eine gefährliche Instabilität um die Querachse, die mit dem Höhenruder schlecht ausgeglichen werden konnte. Er hielt sich zwar in der Luft, schmierte aber schon bei jedem Ansatz zu einer Kurve ab. Was für Kräfte wirkten da? Warum nutzte da ihr Prinzip der Flügelverwindung nichts? Die Steuerbarkeit schien wahrlich ein Buch mit sieben Siegeln und vielleicht hatten sie erst eins davon gebrochen. Außerdem hatten sie nicht den Auftrieb erlangt, den sie sich errechnet hatten. Wilbur Wright äußerte sich später noch einmal zu seinem Ausspruch. »Wir bezweifelten«, schrieb er auf dem Höhepunkt ihrer Berühmtheit, »ob wir unsere Experimente je wieder aufnehmen würden. Obwohl wir den Weitenrekord im Gleiten gebrochen hatten und obwohl Herr Chanute uns versicherte, dass unsere Ergebnisse besser seien als alles zuvor Erreichte, sahen wir angesichts des Aufwands an Zeit und Geld und in Anbetracht des gemachten Fortschritts und der noch zurückzulegenden Strecke unsere Experimente als Fehlschlag an. Zu dieser Zeit machte ich die Voraussage, dass der Mensch zwar irgendwann fliegen würde, aber dass es nicht zu unseren Lebzeiten wäre.«[7]

Trotzdem hatten sie Fortschritte gemacht und zurück in Dayton blieb viel Zeit, alles noch einmal zu überdenken. Der Winter stand vor der Tür und das Fahrradgeschäft würde wieder auf Eis gelegt sein. Vor allem Wilbur Wright muss sich doch ungemein herausgefordert gefühlt haben die Probleme zu lösen. Und auf eine Lösung kam er bis zum 18. September.

An diesem Tag sollte er eine Rede in Chicago halten und es war Octave Chanute, der ihn dazu gedrängt hatte. Chanute erkannte sowohl den Fortschritt in den Bemühungen der Wrights als auch ihr Zaudern, nach ihren enttäuschten Hoffnungen in Kitty Hawk mit den Versuchen fortzufahren. Immer wieder ermutigte er sie zu dieser Zeit nicht aufzugeben, und da er Präsident der ›Western Society of Engineers‹ war, gewann er Wilbur Wright dazu, vor dieser Ingenieursgesellschaft eine Rede über ihre Erkenntnisse im Fliegen zu halten. Was dieser Auftritt für Wilbur Wright bedeuten sollte, lässt sich kaum unterschätzen. Er, der so viele Jahre zurückgezogen in Haus und Werkstatt verbracht hatte, spräche vor Publikum – auch vor weiblichem. Doch zu Chanutes Anfrage, was die Anwesenheit von Damen anging, äußerte sich Wilbur Wright so: »Ich werde schon so schlimm wie nur menschenmöglich verängstigt sein, sodass die Anwesenheit von Damen für mich nur einen kleinen Unterschied machen wird, vorausgesetzt allerdings, ich muss nicht im Gesellschaftsanzug erscheinen.«[8]

Wilbur Wright musste in jedem Fall seine Rede sorgfältig ausarbeiten um schon auf diese Weise für sein Auftreten ein wenig Sicherheit zu gewinnen. Außerdem mussten seine Ausführungen bestehen können, nämlich vor einem Fachpublikum von Ingenieuren, das versammelt sein würde.

Sein Ehrgeiz war also ungemein angestachelt. Die Schwester Katharine schrieb dazu dem Vater: »Durch Herrn Chanute hat Will die Einladung zu einer Rede vor der *Western Society of Engineers*, die in zwei Wochen ein Treffen in Chicago abhält. [. . .] Sein Thema ist Experimente im Gleiten. Will wollte ablehnen, aber ich habe ihn dazu getrieben. Er wird ein paar Wissenschaftler treffen und es könnte ihm sehr gut tun. Wir hören nichts anderes als Flugapparat und Flugmotor vom Morgen bis in die Nacht. Ich bin froh, wenn die Schule wieder anfängt, damit ich dem entkommen kann.«[9]

Wilbur Wright hatte zwar eine Ahnung davon, warum ihr Gleiter nicht wie gewünscht geflogen war, hatte aber vor den Konsequenzen noch zurückgeschreckt: Die von Lilienthal errechneten Werte über Luftwiderstand und Auftrieb gewölbter Flächen schienen nicht zu stimmen, wobei doch die aufgeführten Zahlen, Tabellen und Kurven des Deutschen geradezu als sakrosankt galten. Sie schienen so gut erarbeitet, so wissenschaftlich abgesichert, dass sie nie jemand überprüft hatte. Aber in der Konsequenz bedeutete es eben dies: Diese Werte mussten überprüfen werden. Als die Wrights das ansatzweise taten, mit einem einfachen Gerät, das man sich wohl scheuen würde, bereits Windkanal zu nennen, und als sie damit den Staudruck bei einigen gewölbten Flächen maßen, erhielten sie andere Werte, als Lilienthal sie in seinen Tabellen verzeichnet hatte. So ging Wilbur Wright dann tatsächlich in die Offensive: Auf seiner Rede in Chicago, die für ihn, als einem gewissermaßen nicht-öffentlichen Menschen, wohl eine wesentlich größere Herausforderung war als Flugapparate zu erproben, erklärte er alle bekannten Werte über den Staudruck bei Profilen für fehlerhaft. Nebenher wandte er sich auch öffentlich gegen Chanute, der als größtes Hindernis auf dem Weg zum Fliegen einen geeigneten Motor nannte. Wilbur Wright hielt ihm entgegen, dass es im Grunde nur um das Problem der Gleichgewichtserhaltung und Lenkung gehe.[10]

Da seine Rede auch noch im Mitteilungsblatt der Ingenieursgesellschaft erschien, war er gezwungen, seine Erkenntnisse erst recht hieb- und stichfest zu machen. Man kann gar nicht genug würdigen, was in dieser Zeit Chanutes Antrieb und Unterstützung bedeuteten. So war der nächste Schritt konsequent. Zurück in Dayton baute Wilbur Wright mit seinem Bruder das, was vielleicht das Fliegen erst ermöglichte: einen wirklichen Windkanal.

Vor allem zwei Probleme galt es für die Tragfläche zu lösen: Wie musste deren Form und Profil beschaffen sein um optimalen Auftrieb zu erzielen, und wie verhielt es sich mit der Wanderung des so genannten Druckpunkts?

Für ihre Versuche bauten die Wright-Brüder wieder einmal alles selbst, nicht nur den zwei Meter langen Windkanal und die Messinstrumente, sondern auch den Motor, der den Ventilator antreiben musste. Zwei Monate lang testeten sie und gingen alle Möglichkeiten durch: Flügelmodelle mit dickem oder dünnem Profil, mit starker oder schwacher Wölbung, mit langer oder kurzer Tiefe;

außerdem die Verdickung an der Flügelkante, und obendrein Flügel als Eindecker, Zweidecker und Mehrdecker, das alles unter je verschiedenen Anstellwinkeln, dazu das beste Streckungsverhältnis, also das Verhältnis von Spannweite zu Profiltiefe. Damit nicht genug, testeten sie den besten Abstand zwischen Doppeldeckerflügeln, deren Größe zueinander, ob diese unterschiedlich sein musste, auch die Möglichkeit, die Flügel versetzt anzubringen. Am Ende dieses langen systematischen Prozesses stand diejenige Flügelform, die den stärksten Auftrieb erzeugen würde: Es war nicht, wie bis dahin angenommen, eine Tragfläche mit stark gewölbtem Profil, auch nicht mit scharfer vorderer Profilkante, wie sie Samuel P. Langley in der Annahme propagierte, der Flügel würde so besser die Luft ›durchschneiden‹. In dieser Hinsicht konnten sie ganz Lilienthals Erkenntnis bestätigen, der sich, in Analogie zur Natur, nämlich zu den Störchen, für verdickte Profilkanten ausgesprochen hatte. Weiter fanden sie heraus, dass die gängige Meinung nicht stimmte, wonach eine große Flügeltiefe notwendig großen Auftrieb erzeugen müsse.

Wie müssen sich die beiden Wright-Brüder während ihrer Experimente gefühlt haben? Noch als Orville Wright sich später in einem Brief daran erinnerte, klingt die Stimmung jener Wochen heraus: »Wilbur und ich konnten es kaum bis zum nächsten Morgen abwarten um wieder auf etwas für uns Interessantes zu stoßen. *Das* ist Glück!«[11] Euphorisch müssen sie gewesen sein! Analytisch und systematisch erarbeiteten sie sich Erkenntnisse, die wie offen dalagen, wenn sie nur mit dem richtigen Instrumentarium aufgedeckt würden. Nicht von ungefähr gehörte dann der Artikel, den Wilbur Wright in der Folge seiner Rede veröffentlichte, zu den am meisten kopierten und zitierten der Fliegerei.

Im Verlauf ihrer Experimente konnten die Wrights auch das zweite Problem lösen. Dabei ging es darum, dass der Schwerpunkt eines Flugzeugs feststeht, ein anderes Moment sich während des Fluges aber ständig ändert: der Druckpunkt. Bei diesem handelt es sich um den Mittelpunkt aller Kräfte, die an einem bewegten Flügel angreifen.

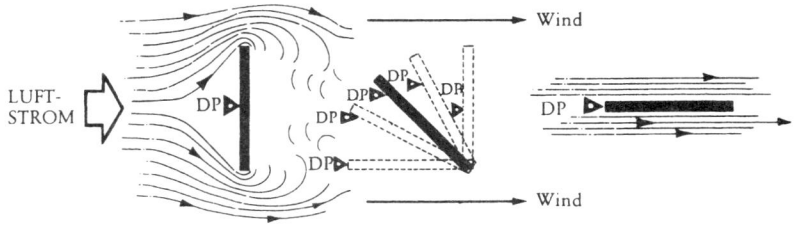

Beim Fliegen geht es darum, den feststehenden Schwerpunkt des Flugzeugs und dessen wandernden Druckpunkt einander anzugleichen. Wilbur Wright beschrieb dies lebhaft mit den Worten: »Ein Gleit- oder Flugapparat im Gleichgewicht zu halten ist in der Theorie sehr einfach. Dazu muss man nur den Druckpunkt mit dem Schwerpunkt in Übereinstimmung bringen. Aber in der Praxis scheint es eine grenzenlose Unverträglichkeit in ihrem Wesen zu geben, sodass sie daran gehindert sind, auch nur einen Augenblick lang friedlich zusammen zu bleiben. Daher wird der Flugzeugführer, der in diesem Fall als Friedensstifter wirkt und versucht, die beiden zusammen zu bringen, oft selbst verletzt.«[12]

Aber wie bewegt sich der Druckpunkt genau? Ausgerechnet die beiden Besucher, die in Kitty Hawk kaum erwünscht waren, Huffaker und Spratt, hatten die Wright-Brüder wohl auf die Lösung gebracht: Während man bis dahin davon ausgegangen war, dass der Druckpunkt auf einer angeströmten Fläche nach vorn wandert, je geringer man den Einstellwinkel wählt, entstand nun ein ganz anderes Bild: Bei gewölbten Flächen wie der eines Flügels kehrt sich ab einem bestimmten, immer kleiner gewählten Einstellwinkel der Druckpunkt um und wandert nach hinten statt weiter nach vorn.

Von sich aus neigt ein Flügel also dazu, im Sinkflug, wenn der Druckpunkt nach hinten wandert, seinen Anstellwinkel noch zu verkleinern und umgekehrt. In der Konsequenz hieß das für die Wrights, dass sie das Höhensteuer, um der Wanderung des Druckpunktes entgegenzuwirken, in einen positiven Winkel setzen muss-

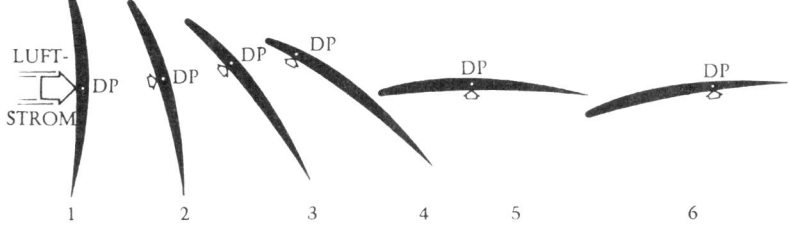

ten, nicht in einen negativen, wie sie ursprünglich dachten. Ihre Erkenntnisse über die Wanderung des Druckpunkts waren eine der wichtigsten Voraussetzungen um ein Fluggerät in seiner Querachse kontrolliert steuerbar zu machen. Die Ursache für das heftige Nicken, das sie an ihrem Gleiter festgestellt hatten, lag eben darin, dass sich der Druckpunkt anders als angenommen verschoben hatte.

Katharine Wright hatte Recht: Bei ihren Brüdern Wilbur und Orville ging es nur noch ums Fliegen. Denn galt es nun für die beiden nicht erst recht? Nun hatten sie das theoretische Rüstzeug, das nach Bewährung in der Praxis verlangte. Sie konnten darangehen, einen neuen Gleiter zu bauen, der diesmal nicht einmal größer sein musste als der letzte. Denn dank ihrer Untersuchungen konnten sie Form und Profil der Flügel entscheidend verbessern. Doch auch wenn man annehmen muss, dass beide Brüder fortan nur noch ein Ziel kannten, nämlich ein neues optimiertes Flugzeug zu konstruieren, so waren immer noch zwei Geschäfte zu betreiben, das des Fahrradhandels und im übrigen – das der Familie. Denn der Vater Milton Wright stritt einmal wieder mit ›der Welt‹.

Bei den Vereinigten Brüdern war intern bekannt geworden, dass ein Laie Gelder aus dem kirchlichen Verlagsgeschäft in die eigene Tasche verschwinden ließ. Er wurde daraufhin zwar seines Amtes enthoben, konnte jedoch bald einige Kirchenvorsitzende davon überzeugen, dass er zu Unrecht verdächtigt worden sei. Das Gegenteil nachzuweisen machte sich nun Wilbur Wright an die Arbeit und überprüfte systematisch die Rechnungsbücher. Tatsächlich fand er hinreichend Beweise für die Schuld des Mannes. Erzürnt über dessen Unredlichkeit wollte ihn Milton Wright nicht nur seines Amtes entheben, sondern ihn auch vor Gericht bringen. Das wiederum ging den meisten Kirchenmitgliedern zu weit, die doch in ihren Statuten festgelegt hatten, Konflikte unter sich zu regeln. Außerdem wollten sie ihre Kirche nicht öffentlich in Misskredit bringen. Milton Wright aber ging es um Gerechtigkeit, um Prinzipien seiner kirchlichen Gemeinschaft, um Ehrlichkeit, um Aufrichtigkeit. Dafür kämpfte er, und sein Sohn Wilbur machte diesen Kampf auch zu seinem. Der Vater eckte jedoch durch sein rigoroses Verhalten in seiner eigenen Kirche schließlich so an, dass man ihn sogar suspendierte. Das wiederum nahm er nicht an. So sollte sich diese Auseinandersetzung über Jahre hinziehen. Es ging dabei kompromisslos um Recht und Unrecht, um einen Blick auf die Welt, die anscheinend kein Korn an Redlichkeit und Anstand herzugeben bereit war – welch eine Erfahrung für die Wrights!

Die kirchliche Auseinandersetzung des Vaters zeigt, dass sich Wilbur und Orville Wright doch Zeit für anderes nahmen, wohl auch ein Ausdruck dafür, dass sie sehr wohl wussten, welche Fortschritte sie in der Entwicklung des Flugzeugs erlangt hatten – und welcher Weg noch vor ihnen läge! Allein die Systematik ihres Vorgehens, das beharrliche, stetige Voranschreiten, verbot ihnen geradezu jegliche Eile, geschweige Hetze. Diese Eigenschaft erwies sich auch später als lebenswichtig, als man sie unter *allen* Umständen fliegen sehen wollte.

Als lebenswichtig erwies sich überhaupt ihre Art voranzuschreiten. Denn hatten sie sich nicht zu entscheiden, zwischen dem Geschäft des Fahrrads, das Geld einbrachte, und dem des Fliegens, das Geld verlangte und Einkünfte nur dann versprach, wenn tatsächlich das Flugzeug erfunden wäre? Auf dem Weg zu dem beinahe utopischen Ziel des Menschenflugs waren die Wrights mit einer Geschwindigkeit vorangekommen wie nie jemand zuvor. Wer dies erkannte, war Octave Chanute, und dieser weltenüberspannende Ingenieur erkannte auch, dass die beiden Brüder vielleicht noch schneller wären, wenn sie den Rücken von allen übrigen Geschäften frei hätten. Nachdem Chanute ihnen bereits zuvor eine gewisse finanzielle Unterstützung angeboten hatte, machte er den Wrights am 19. Dezember 1901, als sie ihm ihre grundsätzlichen Zweifel an dem Fortgang dieses Geschäfts mitgeteilt hatten, folgenden Vorschlag: »Ich bedauere sehr, im Interesse der Wissenschaft, dass Sie an einem Halt angelangt sind, da doch weitere Experimente von Ihrer Seite wichtige Resultate versprechen. Trotzdem kann ich meinem Verständnis nach Ihrer Entscheidung nur zustimmen, da ich bis jetzt für die Weiterführung kein Geld als Gegenleistung sehe, mögliche Ausstellungen ausgenommen. Falls jedoch irgendein reicher Mann, um seinen Namen mit dem Fortschritt zu verbinden, Ihnen 10 000 $ im Jahr geben sollte, damit Sie weitermachen könnten, würden Sie das tun? Ich kenne zufällig Carnegie; würden Sie gern, dass ich ihm schreibe?«[13]

Wie müssen sich die Brüder da, als sie diesen Brief lasen, angesehen haben! Was für ein Vorschlag, welche Summe, welche Dimensionen! 10 000 Dollar im Jahr war etwa das Vierfache dessen, was sie im Jahr als Einkommen vorweisen konnten. Und eine Beziehung zu Carnegie! Nicht umsonst kannte Chanute als Ingenieur diesen Großindustriellen persönlich, der die Stahlproduktion der USA entscheidend bestimmte und seinen Reichtum auch darauf baute, sich fremde Erfindungen anzueignen und zu verwerten. Wie gingen die Wrights darauf ein? Andrew Carnegie war gerade in den Ruhestand getreten und musste nicht mehr im Verdacht stehen, seine Mitmenschen nur unter dem Aspekt zu betrachten, seine Profite steigern zu helfen, im Gegenteil: Carnegie tat sich nun besonders durch Stiftungen für Kultur und Bildung hervor.

Wilbur Wright antwortete so: »Ich glaube nicht, dass es weise für mich wäre Hilfe anzunehmen, um unsere gegenwärtigen Untersuchungen weiter zu führen, außer es geschähe in der Absicht, sich vollständig vom Geschäft abzuschneiden und beim Lebenswerk eine andere Richtung einzuschlagen. Es gibt Grenzen der Vernachlässigung, die ein Geschäft aushalten kann, und eine kleine Zahlung für die Zeit der Vernachlässigung würde diese nur vergrößern, ohne jedoch genug einzubringen, um den aus dem zerstörten Geschäft entstandenen Schaden auszugleichen.« Welche Ausdrucksweise, die so viel meint und so wenig sagt! Die Wrights wollten also ihr Fahrradgeschäft nicht vernachlässigen um nicht eines Tages, wenn das andere Geschäft, das des Fliegens, erfolglos wäre, mit leeren Händen dazustehen. Wer aber konnte so kalkulieren angesichts eines Angebots von Einkommen, das über viele Jahre hinweg nicht nur finanzielle Sicherheit bedeutet hätte, sondern auch ein Forscherleben auf großem Fuße? Wilbur Wright entwand sich auch hier einmal wieder wortreich jeglicher Abhängigkeit. Die Wrights machten ihr eigenes Geschäft. Sie machten es mit Fahrrädern und sie würden es auch mit demjenigen Apparat machen, von dem die Menschheit träumte – ohne dabei irgendjemandem etwas schuldig zu sein! So waren sie erzogen, so handelten und lebten sie. Die Warnung vor jedem Vertrauen auf Menschenhilfe und Menschenfreundschaft – das machte einmal mehr ihren strengen puritanischen Glauben aus.[14]

Die Wrights gingen auch angesichts eines möglichen Erfolgs ganz planmäßig vor, wie ein weiterer Vorgang eindrucksvoll zeigt. Bis zum Jahresanfang 1902 hatten sie von einem Preis erfahren, der in der Stadt St. Louis anlässlich der nächsten Weltausstellung für die beste Vorstellung eines Flugapparats vergeben werden sollte. Es sollte derjenige gewinnen, der nach dreimaligem Durchfliegen einer 15-Meilen-Strecke die höchste Durchschnittsgeschwindigkeit erlangt hätte, wobei die Mindestgeschwindigkeit 20 Meilen pro Stunde betragen musste. Die Bedingungen mussten zu jener Zeit wie Fantastik erscheinen und fantastisch erschien auch die Höhe des Preisgeldes, nämlich 100 000 Dollar zuzüglich weiterer Preisgelder.[15] Natürlich verfolgten die Wrights aufmerksam die Bedingungen über Ausschreibung, Teilnahme, Anforderungen. Doch ließen sie sich davon anspornen? Wilbur Wright schrieb Chanute dazu:»Die Zeitungen sind voller Berichte über Flugapparate, die in Kellern, Dachkammern, Ställen und anderen geheimen Orten gebaut werden; jeder davon wird zweifellos die 200 000 $ von St. Louis gewinnen. Sie haben alle das Problem ›vollständig gelöst‹, doch ist da normalerweise noch über ein unbedeutendes Detail zu entscheiden wie etwa den Gebrauch eines Dampf-, Strom- oder Wassermotors für den Antrieb. Die Energie von Maultieren könnte bei richtiger Anwendung eine noch größere Auftriebskraft ergeben, wäre aber wohl zu gefährlich, außer das Maultier trüge pneumatische Eisen. Einige dieser Berichte würden einen anwidern, wären sie nicht so unwiderstehlich lächerlich.«[16] Eindrucksvoll zeigt der sarkastische Ton dieses Schreibens, wie weit die Wrights schon Anfang 1902 waren – und dass sie das ganz genau wussten. In ihren Experimenten hatten sie die Geheimnisse des Fliegens gelüftet und brauchten daher keine Maultiere mit pneumatischen Eisen mehr. Sie mussten zu der Zeit auch schon ernsthaft an einem Motorantrieb gearbeitet haben. Welche gute Voraussetzungen also um sich auf jenen Wettbewerb in St. Louis vorzubereiten! Doch auch dazu schrieb Wilbur Wright: »Ob wir teilnehmen, wird sehr von den Bedingungen der Preisvergabe abhängen. Ich habe wenig Spielerinstinkt und wenn es nicht berechtigte Hoffnung gibt, wenigstens den für die Teilnahme eingesetzten Betrag zu gewinnen, würde ich nur nach sehr sorgfältiger Überlegung teilnehmen. Mathematisch wäre es dumm, zwei- oder dreitausend Dollar für einen Hunderttausend-Dollar-Preis auszugeben, wenn die Gewinnchance nur bei *eins* zu hundert läge.«[17] Welche Systematik also, welche mathematisch kalkulierten Überlegungen! Einerlei, wie man eine solche Vorgehensweise beurteilen mag, sie musste wohl denjenigen zugehörig sein, die sich daran machten das Flugzeug zu erfinden. Denn das Fliegen erforderte vor allem eins: Kalkül. Das wiederum zeigten die Wrights auch in der Weise, wie sie sich mit dem Hinweis auf den zu gewinnenden Preis Chanute gegenüber weigerten, ihm und damit der Welt ihre neuen Erkenntnisse vollständig offenzulegen. Spätestens da war offensichtlich, dass sie noch ganz anders kalkulierten.

Bis zum Sommer hatten sie wieder alles vorbereitet. Die nächste Fahrt nach Kitty Hawk stand an, mit einem Flugapparat, der in

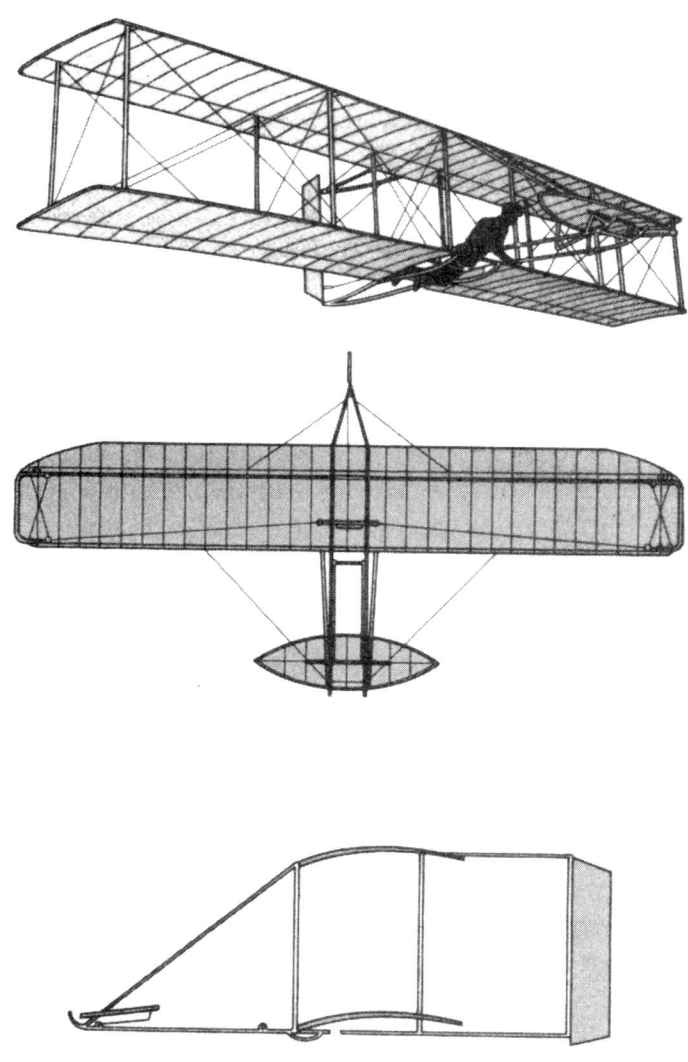

seinem Aussehen im Vergleich zum Vorgängermodell nicht wesentlich verändert schien und doch entscheidend verbessert war. Eigentlich war dieser dritte Gleiter nicht viel größer als der zweite, jedenfalls nicht in Hinsicht auf Gewicht und Tragflächeninhalt. Doch die Form sah mittlerweile schon viel eher so aus, wie man sich gemeinhin ein Fluggerät vorstellt. Dies zeigte sich an der veränderten Flügelstreckung, deren Verhältnis nun 6 zu 1 anstatt 3 zu 1 betrug. So waren die Tragflächen viel schmaler, aber die Spannweite 3 Meter größer als beim Vorgängermodell. Außerdem war das Profil der Flügel verbessert worden, auch die Form des vorn gelegenen Höhenruders, und obendrein war die Flügelverwindung nicht mehr mit den Füßen zu bedienen, sondern mit Hilfe einer Art Wiege durch Bewegungen der Hüfte. Und insbesondere hatten sie den neuen Flugapparat mit einem ›Schwanz‹ ausgestattet, mit zwei fest montierten Seitenrudern. Damit wollten sie jener unheimlichen Bewegung des Flugzeugs entgegenwirken, dem negativen Wendemoment, wenn also der bei der Verwindung angestellte Flügel zurückblieb, damit den Gleiter tendenziell kippen ließ und in eine Kurve zwang. Die Luftströmung am Seitenruder sollte dieser Kraft entgegenwirken.

Katharine Wright gab einen sprechenden Bericht an den Vater, wie es im Sommer zuhause zuging. »Der Flugapparat ist jetzt im Herstellungsprozess. Will lässt die Nähmaschine stundenweise laufen, während Orv. herumkriecht und die Nahtstellen markiert. Es gibt im Haus keinen Platz zum Wohnen [...] Will und Orv. [...] sollten wirklich eine Weile fortgehen. Will ist dünn und nervös und so auch Orv. Es wird ihnen gut gehen, wenn sie in den Sand kommen, wo die Salzbriesen wehen etc.«[18]

Ende August waren sie endlich wieder am Meer, in der fruchtbaren Abgeschiedenheit von Kitty Hawk.

8.

Die Steuerbarkeit
Arbeiten zur Lösung des Flugproblems

Wenn sich die Wrights umsahen, nicht nur in ihrem aufstrebenden riesigen Land, sondern auch auf der Welt, wo es für sie Konkurrenz gäbe, wo vielleicht jemand vor ihnen ein Flugzeug durch die Luft steuern würde, konnten sie beruhigt sein. Soweit sie es überblicken konnten, war keiner auf ihrem Stand, hatte keiner solche Fortschritte gemacht wie sie. Wer ihnen das Sehen erleichterte, war Octave Chanute, der im Grunde mit allen kommunizierte, die das Flugzeug entwickeln wollten. In Europa, das heißt in Frankreich und Deutschland, den einzigen Ländern, wo man ernsthaft daran arbeitete, irgendein Gerät zum Fliegen zu entwickeln, setzte man auf das Luftschiff, im eigenen Land war da Chanute mit seinen ›Schülern‹ und sonst nur Samuel P. Langley, von dessen vermeintlichen Fortschritten die Wrights zwar nicht viel wussten, aber ahnten, dass auch dieser Professor ein Problem wohl nicht lösen würde: das der Steuerbarkeit eines Flugzeugs.

Gerade Chanute drängte die Wright-Brüder jedoch immer wieder, ihre Erkenntnisse öffentlich zu machen, damit andere daraus lernen konnten. Hatten nicht alle Denker und Tüftler auf der Welt an diesem nobelsten menschlichen Unterfangen teilzuhaben? Wer eine solche Frage mit Sicherheit bejaht hätte, war jemand, von dem die Wrights bis dahin nicht wussten: Ferdinand Ferber. Dieser Franzose gab seit langem alles daran, das Flugzeug zu erfinden. Doch zeigt sich an ihm vielleicht exemplarisch, was das unterschiedliche Wesen Frankreichs und der USA ausmachte, was die Neue Welt von der Alten schied. Ferber hatte einen Vater, der ein so genannter Rentier war, musste also kein eigenes Geld verdienen. Er entstammte einer reichen Bürgerfamilie und hatte es nie wirklich nötig, technische Entwicklungen zuerst vor dem Hintergrund ihres Marktwertes zu betrachten. Nichts erscheint in diesem Zusammenhang so bezeichnend, wie Ferber als verwöhnter Junge überhaupt zur Technik kam, nämlich über ein Buch von Jules Verne, das er begeistert gelesen hatte.[1] Anders als die Wrights, auch anders als Lilienthal, der ebenfalls die geschäftliche Seite bei der Entwicklung des Flugzeugs nicht vergaß, *träumte* Ferber vom Fliegen. Trotzdem war er der Einzige in Frankreich, der dabei konsequent die Richtung einschlug, die Lilienthal vorgeben hatte, und als dessen Schüler sah er sich auch. Leider besaß er keine überaus reichen technischen und analytischen Fähigkeiten. In lilienthalscher Manier gelangen ihm all die Jahre kaum mehr als Luftsprünge. Dann aber hörte er, einmal wieder vermittelt von Chanute, von den Erfolgen jener beiden amerikanischen Brüder – und er sah Fotografien ihres Gleiters. Ferber war dann der Erste, der den Apparat der Wrights nachbaute, ohne freilich eine Ahnung von dem von ihnen verwendeten Flügelverwindungssystem zu haben. Bald suchte er auch Kontakt zu ihnen und es entspann sich ein jahrelanger Briefwechsel. So erhob sich jenseits des Atlantiks eine gewisse Konkurrenz für die Wrights, die allein durch die Nachrichten über ihre Erfolge sozusagen von selbst angestachelt wurde – und die für sie doch nie erheblich war. Für das Vorgehen Ferbers steht etwa exemplarisch folgender Ausspruch, gemünzt auf das Doppeldeckersystem, das die Brüder Wright einsetzten: »Es steht außer Zweifel, daß etwas, das das Auge durch die Klarheit seiner Linien befriedigt, besser als andere Dinge ist. Die Fluggeräte mit zwei Tragflächen sind häßlich und nur von weitem gesehen schön, wenn die Entfernung die Tragflächen ineinander verschwimmen läßt.«[2] Was für ein Unterschied also: Während Ferber die Form eines Flugzeugs auch unter ästhetischen Gesichtspunkten entwickelte, gingen die Wrights ganz praktisch vor. Bei ihnen folgte alles dem Zweck und kein Teil ihrer Flugapparate hätte einen anderen

Sinn haben können als den der Erfüllung seiner besonderen Aufgabe.

Es zählte auf Seiten der Wrights, dass sie eigentlich keine finanziellen Reserven hatten um an einem Projekt wie ausgerechnet dem der Erfindung des Flugzeugs Jahre, gar ein halbes Leben, zu arbeiten. Trotzdem sollte bei ihnen eben noch jener von Max Weber beschriebene Aspekt der Ethik hinzukommen, der ihr Land bestimmte und ›groß‹ machte, nämlich der nicht nur auf Ehrlichkeit, Pünktlichkeit, Fleiß und Mäßigkeit, sondern vor allem auch auf der Höhe des Einkommens beruhenden Lebensbestimmung.

Chanute muss in dieser Hinsicht bald Befürchtungen gehabt haben, empfahl er doch den Wrights schon zu jener Zeit, »diejenigen Prinzipien Ihrer Maschine, die wichtig sind, für ein Patent oder eine Patentanmeldung zu nehmen, nicht um Geld damit zu machen, aber um sich unerfreuliche Dispute in Hinsicht auf die Priorität zu ersparen«[3].

Chanute wusste wohl selbst nicht, *wie* weit die beiden Brüder mit ihren Fortschritten wirklich waren, oder er konnte sich schlicht nicht vorstellen, dass sie drauf und dran waren, ganz allein, ohne Unterstützung und Hilfe, das Flugzeug zu erfinden. Noch am Ende des Jahres 1903, als die Wrights kurz davor waren, als erste Menschen motorgetrieben zu fliegen, machte er ihnen den Vorschlag, in Frankreich für 100 000 Dollar den riesigen Apparat von Ader zu kaufen, damit *sie* ihn verbessern und dann fliegen könnten. Er unterstellte ihnen schlichtweg nur großes Geschick als Mechaniker und Piloten. Aber dass sie mit ihren eigenen Apparaten einmal wirklich fliegen würden? Wilbur Wright schrieb dazu: »Er scheint unsere Apparate für nicht so überlegen zu halten wie unsere Art mit ihnen umzugehen. Wir sind genau der gegenteiligen Meinung.«[4]

Immerhin mag Chanute geahnt haben, wie sie in *anderer* Hinsicht weiter fortschreiten würden. Nicht um Geld damit zu machen, schrieb er zwar nur in einem Nebensatz, doch muss er in genau dieser Hinsicht Befürchtungen gehegt haben. Fortan ging es jedenfalls den Wrights vor allem darum, ihre Erkenntnisse und Fort-

schritte zu verstecken. Chanute machte schließlich in diesem Versteckspiel sogar mit und versicherte ihnen immer wieder einmal,
dass er die von ihnen entdeckten Prinzipien, so er sie wirklich verstand, nicht im Detail öffentlich bekannt machen würde. Allerdings
hätte er sich wohl nie vorstellen können, wie weit die Wrights ihr
›Spiel‹ treiben würden.

Anfang September 1902 waren sie abermals an den Kill Devil Hills.
Doch diesmal würden sie ihr Leben einigermaßen komfortabel
gestalten. Sie verbrachten eine ganze Woche damit, den arg rampo-
nierten Schuppen vom letzten Jahr auszubessern, gegen Wind und
Regen abzudichten und ihn noch zu erweitern. Sie bauten sich zusätzlich ein ›Wohnzimmer‹, wie sie es nannten, was aber vor allem
eine Küche mit Sitzgelegenheit war. Die Aufnahme, die es von der
Wand dieser Küche gibt, spricht Bände über das Wesen der Wrights:
Wie hatten sie sich ›ihre‹ Zivilisation an das Ende der Welt geholt,
und in welcher Ordnung! Da stand alles an seinem Platz, Pfannen,

Töpfe und Becher in Reih und Glied aufgehängt, die Konservendosen exakt in einer Linie aufgestellt, mit den Etiketten nach vorn. Auch liegen da fünf Eier auf zwei Leisten, und man könnte sich vorstellen, dass auch diese Eier irgendwie ›geordnet‹ waren, weiß man doch, dass sie das Legedatum von Eiern eigener Hühner, die sie jedenfalls später in Kitty Hawk hielten, mit Bleistift auf die Schale schrieben.[5]

Nachdem sie sich derart eingerichtet hatten, begannen sie ihren neuen Gleiter zusammenzubauen. Fast drei Wochen lang blieben die zwei allein. Nur Dan Tate, der Halbbruder von William Tate, der diesmal unabkömmlich war, half ihnen bei den Arbeiten aus. Brauchten die Wrights nicht noch weitere Helfer? Drei Mann waren dann auf jeden Fall nötig um den fertig montierten Flugapparat in die Luft zu bekommen, nämlich zwei Mann, um ihn hoch in den Wind zu stemmen, und natürlich ein Mann als Pilot. Überhaupt musste das Gerät immer wieder die Hügel hochgetragen werden. Es war also durchaus nicht so, dass die Wrights ganz für sich sein konnten. Am 16. September schrieb Wilbur Wright in diesem Sinn an George A. Spratt, wobei der ganze Brief so klingt, als ersuche er ihn diplomatisch verzweifelt um Unterstützung. Wilbur Wright pries den Komfort, über den sie diesmal verfügen würden, dass sie sogar ein Fahrrad mitgebracht hätten, mit dem man nun in einer anstatt drei Stunden nach Kitty Hawk gelange, auch dass sie fast ohne Mücken seien, und er schloss: »Zur Zeit sind Orville und ich allein im Lager. Ehe wir hierher kamen, hatten wir dafür gesorgt, dass wir, sobald wir zum Experimentieren fertig wären, Dan Tate bei uns haben. Das ist die einzige Kraft, die wir unbedingt brauchen, da wir solange wenig messen und fotografieren werden, bis wir später mehr Männer haben. Wir brauchen nicht unbedingt einen vierten Mann, jedoch wäre er keineswegs eine Belastung, besonders wenn er ein so guter Gesellschafter wäre, wie ich das von Ihnen weiß.«[6]

Jedenfalls begannen sie am 19. September wieder mit Testflügen, unterstützt nur von Dan Tate. Zuerst trugen sie das Gerät auf den kleinsten der drei Kill Devil-Hügel, der auch die geringste

Neigung hatte. Wie müssen sie dort wieder mit klopfendem Herzen gestanden haben! Denn von ihrem alten Gleiter wussten sie, dass er zum Fliegen eine weit stärkere Hangneigung benötigte als die jenes kleinen Hügels. Doch der Apparat flog. Da war der Praxisbeweis, dass ihre Berechnungen stimmten! Man könnte sich vorstellen, dass die Brüder sich deswegen vor Freude in den Armen lagen, wenn man nicht annehmen müsste, dass solche Gefühlsausbrüche nicht zu ihrem Wesen gehörten.

In den nächsten Tagen machten sie gleich Dutzende von Flügen, wobei sich ihr neues Gerät als so zuverlässig erwies, als so gut steuerbar – dass dann auch Orville Wright zum ersten Mal flog. Obwohl es keine verlässlichen Aussagen dazu gibt, muss man davon ausgehen, dass der jüngere Bruder bis dahin tatsächlich nie geflogen war, dass also das Fliegen immer noch ausschließlich Wilbur Wrights Angelegenheit gewesen war. Nicht nur in diesem Fall ist dabei zu bedenken, dass Orville Wright seinen Bruder um viele Jahre überleben sollte, dass er selbst sein Leben in einem ganz bestimmten Licht gesehen haben wollte, dass er später gar die Niederschrift seiner Biografie absolut autorisierte. Das verbreitete Bild von den zwei Brüdern, die von Anfang an das Fluggeschäft zusammen betrieben, kann so nicht stimmen. Wilbur Wright war und blieb der dominante der beiden, der richtungsweisende, der analytische. Volle ›Gleichberechtigung‹ erhielt Orville Wright wohl erst in jenen Tagen Ende September 1902, die zu einem weiteren revolutionären Fortschritt führen sollten. Der Auslöser dazu war, dass es beinahe zur Katastrophe gekommen wäre.

Orville Wright machte einmal wieder einen Flug, glitt ruhig dahin und bemerkte dann, dass der Gleiter sich langsam immer mehr zur Seite neigte. Er betätigte die Flügelverwindung. Doch anstatt wieder ins Gleichgewicht zu kommen, kippte der Gleiter noch stärker zur Seite. Nun meinte Orville Wright, er hätte den Flügelverwindungsmechanismus verkehrt herum bedient und legte sich mit Gewissheit in die andere Richtung. Bei all dem merkte er aber gar nicht, dass sich der Apparat insgesamt aufrichtete, weil er völlig vergessen hatte, das Höhenruder zu bedienen. Wilbur Wright und Dan Tate müssen sich längst die Lunge aus dem Leib geschrien haben. Doch hörte Orville Wright sie in seiner Aufregung und bei dem starken Wind nicht.»Das Resultat war ein Haufen aus Stoff und Stangen des Flugapparats, mit mir in der Mitte ohne einen blauen Fleck oder eine Schramme«,[7] schrieb er danach lakonisch in sein Tagebuch.

Es versteht sich, dass dieser glücklich überstandene Absturz absolut zu denken gab, schon angesichts der Tatsache, dass es Tage dauerte den Gleiter wieder herzurichten. Abgesehen von Orville Wrights Fehler, das Höhenruder außer Acht gelassen zu haben, bestand nach wie vor schlicht das Problem, dass der Gleiter in einer Kurve tendenziell abzukippen drohte. Auch das starre Seitenleitwerk hatte anscheinend keine Verbesserung gebracht.

Erst am Ende des Monats konnte Wilbur Wright die Testflüge wieder aufnehmen. Bis dahin war auch George A. Spratt erschienen und zudem Lorin Wright, der zweitälteste Bruder. Lorin wie auch der älteste Bruder Reuchlin spielten bei der Entwicklung des Flugzeugs für Wilbur und Orville Wright kaum eine Rolle. Als eine besondere Art von Einfluss ließe sich für sie höchstens konstatieren, dass beide eigentlich ein Beispiel dafür waren, wie das Leben nicht zu meistern war. Denn sowohl Lorin als auch Reuchlin ließen sich wohl auf die Welt ein, indem sie von zuhause auszogen und ihr Glück zu machen suchten – doch standen sie »andauernd vor dem Scheitern«[8]. Während man angesichts des späteren Erfolgs der ›kleineren‹ Brüder Reuchlin regelrecht Komplexe attestieren könnte und er nie wieder in den ›Schoß‹ der Wright-Familie zurückfand, sollte Lorin nach Wilbur Wrights frühem Tod in gewisser Weise dessen Platz einnehmen. Zur Zeit des Experimentierens in Kitty Hawk jedenfalls muss der Lebenswandel der beiden älteren Brüder den jüngsten Wrights wie eine Mahnung erschienen sein, es besser und sowieso ganz anders zu machen.

Mit Hilfe der beiden Besucher konnte nun ein Flug nach dem anderen erfolgen, sodass die Erfahrung im Umgang mit dem Gleiter wuchs und wuchs. Vor allem der Auftrieb war spektakulär, nicht nur im Vergleich zu den vorherigen Apparaten, sondern auch zu den natürlichen Vorbildern, die sie um sich hatten: Sie sahen, dass sie sogar in einem flacheren Winkel gleiten konnten als die Falken, die an den Dünen den Aufwind nutzten.[9]

Wilbur Wright segelt mit dem Gleiter von 1902 mit den Händen und der Hüfte steuernd sicher im Wind.

Euphorisch schrieb Wilbur Wright am 2. Oktober seinem Vater: »Unser neuer Apparat ist eine große Verbesserung von allem, was wir vorher gebaut hatten, und auch von allem, was bisher überhaupt gebaut worden ist. Wir haben bei weitem alle Rekorde hinsichtlich der Neigung bei Gleitflügen gebrochen, da wir in einigen Fällen nur 5 1/3 Grad von der Horizontalen abgeglitten sind, während andere Apparate von 7½ bis 11 Grad abgleiten. Das heißt, dass wir beim Hangsegeln viel langsamer abgleiten und in einem Motorapparat mit viel weniger Kraft fliegen können. Der neue Apparat ist auch viel besser zu kontrollieren als alle bisher gebauten, so dass die Gefahr entsprechend vermindert ist. Wir sind gerade sehr vorsichtig und werden Unfälle ernster Natur falls möglich vermeiden. Gestern versuchte ich drei Gleitflüge von der Spitze des Hügels und legte, bezogen auf die überflogene Strecke, 154, 153 und 167 Meter zurück. Alles ist so viel befriedigender, sodass wir nun glauben, dass sich das Flugproblem seiner Lösung nähert.«[10]

Wie nebenher wird deutlich, dass die Wrights zu jener Zeit tatsächlich längst die Entwicklung des Flugzeugs *an sich* im Sinn hatten, also eines Flugapparats, der sich mit eigener Kraft durch die Luft steuern ließe. Schritt für Schritt gingen sie vor und erreichten auf ihrem Weg ein gestecktes Ziel nach dem anderen. Wer hätte zu jener Zeit so nonchalant erklären können, wie viel Kraft ein ›Motorapparat‹ relativ benötigen würde? Es war alles kein Sport für diese beiden asketischen Brüder. Wilbur Wright sprach es eindeutig aus: Es ging ihnen um die ›Lösung des Flugproblems‹.

Dabei hatten sie auf eine Frage immer noch keine Antwort. Bei all ihren weiteren Flügen wurde zur Gewissheit, dass der Gleiter in bestimmten Situationen einfach nicht zu stabilisieren war. Selten, aber immer wieder, geschah es, dass der Apparat nicht nur zur Seite kippte, wie sie das schon zuvor erlebt hatten, sondern nun auch so ins Drehen kam, dass er sich mit einem Flügelende regelrecht in den Sand bohrte. So sehr sie auch die Flügelverwindung betätigten, es war gegen dieses Wegdrehen nicht anzukommen. Trotz aller Fortschritte in Sachen Auftrieb – mit dem Seitenruder, das sie diesmal verwendeten, schien die Steuerung in diesen nicht vorhersehbaren Situationen sogar noch schlechter zu funktionieren als zuvor. Das negative Wendemoment, um das es ging, war erst recht ausgeprägt. Was der Apparat tat, war, im heutigen Vokabular, zu trudeln.

Die Wrights lösten auch dieses Problem – und wie sie es taten, führte zu einem Prinzip des Fliegens, das mindestens ebenso wichtig war wie das der Flügelverwindung. In ihrem so nüchternen, rationalisierten Leben gibt es auch hierzu eine besondere Geschichte, die ansatzweise etwas von einer Anekdote hat. Sie geht auf Orville Wright zurück: Der hatte eines Abends, es war bereits Anfang Oktober, zu viel Kaffee getrunken und konnte in der Nacht nicht schlafen. In allen Gesprächen muss es immer wieder um eben das Phänomen gegangen sein: dass der Gleiter manchmal so völlig außer Kontrolle geriet. Wenn die Flügelverwindung betätigt und etwa der rechte Flügel in einen negativen Anstellwinkel gebracht wurde, senkte sich dieser Flügel und der Apparat drehte wie vorgesehen nach rechts. War die Flügelverwindung nun aber zu stark ausgelöst oder blieb zu lange bestehen, kippte der Gleiter noch weiter nach rechts und kam in eine starke Drehung. Um diesem Moment entgegenzuwirken hatten die Wrights das feste Seitenleitwerk montiert. Wenn der rechte Flügel zurückblieb und der linke dadurch stärker dem Wind ausgesetzt war, wäre auch das Seitenleitwerk stärker dem Wind ausgesetzt und hätte daher der Drehbewegung entgegenwirken müssen. Das funktionierte auch meistens, nur eben nicht immer, und in den Fällen, wo es nicht funktionierte, schien es ausgerechnet das Seitenleitwerk zu sein, das die Drehbewegung noch verstärkte. Die Erklärung musste sein, dass immer dann, wenn der Flugapparat sich zu schnell zur Seite neigte, der Wind das Seitenruder stärker auf der Seite des hängenden Flügels traf und nicht, wie es hätte sein müssen, auf der des erhobenen. So wurde der Drehbewegung nicht nur nicht entgegengewirkt, sondern diese noch verstärkt.

Es bedarf etwas Mühe, sich dieses Phänomen plastisch vor Augen zu führen, und es beeindruckt noch im Nachhinein, wie die Wrights all diese Prozesse so gründlich durchdachten, dass sie auch da zu einer Lösung kamen. Orville Wright hatte nämlich die Idee, das Seitenleitwerk beweglich zu machen um so den Wind immer auf die Seite des erhobenen Flügels treffen zu lassen. Das war es, was er seinem Bruder nach jener schlaflosen, koffeingeschwängerten Nacht vorschlug. Dazu heißt es nun, Orville Wright sei darauf gefasst gewesen, seine Argumentation von Wilbur Wright zerpflückt zu bekommen, wie es wohl meist dessen Art war. Doch diesmal habe er schweigend zugehört und die Lösung des kleinen Bruders zum Schluss sozusagen vollendet. Denn es wäre für einen Piloten eine gedanklich sehr abstrakte Leistung gewesen, alle drei Bewegungen des Flugzeugs, das Nicken, Rollen und Gieren, mittels dreier Hebel zu kontrollieren. Wie wäre es daher, das bewegliche Seitenruder mit der Flügelverwindung zu kombinieren? Das war Wilbur Wrights eigener Vorschlag. Wenn der Flugapparat nach rechts geneigt war und die normale Fluglage wieder hergestellt werden sollte, musste am rechten Flügel der Anstellwinkel vergrößert und der Schwanz zugleich nach links gedrückt werden um dem erhöhten Widerstand des rechten Flügels zu begegnen. Wenn sich also der rechte Flügel wegen des vergrößerten Anstellwinkels heben sollte, musste zugleich das Seitenruder nach links ausschlagen. Zwar lässt sich an Orville Wrights Version dieser ›Erfindung‹ zweifeln[11], nämlich dass er in einer Nacht auf das Prinzip gestoßen sei, das Wilbur Wright dann sogleich vervollkommnete, doch erscheint sie insofern glaubwürdig, als sie einmal mehr davon spricht, dass der ältere Bruder bis dahin tatsächlich alle Schritte der beiden gelenkt hatte. Dieses Verfahren jedenfalls, die Kombination von Flügelverwindung und Seitenruderausschlag, ließen sich die Wrights dann patentieren, und auf diesem Verfahren ruhte ihr späteres Glück oder, wenn man will, auch Unglück.

Wie müssen die beiden anschließend gehämmert, gesägt und geschraubt haben! Das letzte Siegel war gebrochen. Ein Moment hatte noch gefehlt, das sie immer wieder regelrecht aus der Bahn warf. Wie sollten sie sicher durch die Luft steuern, wenn sie nicht in *jeder* Situation Herr der Lage wären? Nun stand nicht mehr und nicht weniger an als: die Lösung des Flugproblems. Doch gerade zu der Zeit, als sie es sich wohl am wenigsten wünschten, bekamen sie zusätzlich Besuch. An einem Tag heftigster Regenschauer kamen Octave Chanute und Augustus M. Herring zu ihrem Lager gestapft, wo der enge Raum auf einmal Platz für sechs bieten musste.

Es lohnt sich, die Rolle jenes Herring im Leben der Wrights hervorzuheben. Denn er war jemand, der die andere Seite, die typi-

sche des Gesellschaftssystems verkörperte, das sich in den USA rigoros durchsetzte: Herring verfolgte seine Interessen ebenso uner-
bittlich wie die Wrights, in seinem Vorgehen jedoch rücksichtslos.
Für ihn zählte keine Abmachung mit Handschlag, kein Ehrenwort.
Herring scheute nicht vor Intrigen zurück, solange es um seinen
eigenen Vorteil ging. Für ihn war die Erfindung des Flugzeugs das
Versprechen auf Reichtum und Ruhm, Ziele, die zwar auch die
Wrights vor sich sahen, die sie aber mit Aufrichtigkeit und Anstand
verfolgten.

Wie erwähnt, hatte Herring 1896 als ›Assistent‹ an Chanutes Gleit-
experimenten teilgenommen, wo verschiedene Fluggeräte, darunter auch ein Lilienthal-Apparat, getestet worden waren. Danach
hatte er einen dieser Gleiter mit einem Motor ausgestattet und es
damit 1898 tatsächlich zu einigen Luftsprüngen gebracht. Doch
kam er darüber hinaus nicht voran. Er hing immer noch an jener
lilienthalschen Steuerung, die den eigenen Körper als Pendel zur
Stabilisierung nutzte. Nur schob er die eigene Unzulänglichkeit auf
äußere Faktoren, besonders auf seinen Mangel an finanzieller Unterstützung, und suchte verzweifelt Sponsoren. So wandte er sich
auch an Maxim in England. Der stand wiederum mit Chanute in
Verbindung und mit ihm wurde Herring dann abermals handels-
einig. Herring schlug den Bau eines neuen Gleitapparats vor und
formulierte als Ziel, damit »Herrn Wright zu schlagen«[12]. Chanute
willigte ein. Immerhin hätte er scheinbar keinen ambitionierteren
Menschen in Dienst nehmen können als diesen rücksichtslosen
Ehrgeizling, der gewillt war, alles in die Wege zu leiten um irgendeinen flugfähigen Apparat zu entwickeln. Winkten nicht im Jahr
1904 auf der Ausstellung von St. Louis mindestens 100 000 Dollar
Preisgeld?

Chanute brachte also den Wrights gegenüber auch Herring ins
Spiel. Was folgte, war ein in Briefen ausgetragener geradezu diplo-
matischer Prozess, an dessen Ende sich die Wrights tatsächlich darauf einlassen mussten, dass sie an den Kill Devil-Hügeln wieder
einmal Besuch von Chanute und obendrein Herring bekämen und

dass dann ihr eigenes und Chanutes Flugsystem erprobt würden. Denn Chanute machte ihnen die zwei Gleitapparate, die er getestet haben wollte, einfach zum Geschenk. So stand nicht nur erneut ein Wettkampf um das bessere Fluggerät an, sondern aus Sicht der Wrights auch ein Kampf darum, dass sie ihre »Geheimnisse«, wie sie es inzwischen nannten[13], nicht preisgäben. In einem argumentativen Eiertanz hatte Wilbur Wright gegenüber Chanute immerhin erreicht, dass jede Partei nur ihr eigenes System testen würde.[14]

Unter diesen Vorzeichen trafen also am 5. Oktober der so dynamische wie intrigante Herring und der vermittelnde und enthusiastische Chanute bei den abgelegenen Dünen von Kitty Hawk ein.

Wie müssen sich all die Männer begegnet sein! Sie waren eine verschworene Gemeinde, arbeiteten sie doch an dem heikelsten Unternehmen in der Geschichte der Menschheit. Und bis auf Lorin Wright waren sie alle Experten, die im Gespräch mit ihrem Wissen auch alle leicht abheben konnten. Nun stand aber die Umsetzung der Theorie in die Praxis an. Was für eine Atmosphäre muss in dem Lager geherrscht haben, was für eine Anspannung! Alle hatten zu tun. Herring und Chanute bauten ihren Gleitapparat zusammen, dessen Einzelteile bereits Tage zuvor eingetroffen waren. Die Wrights werkelten weiter an ihrem neuen Seitenleitwerk, das nur noch ein anstatt zwei Ruder hatte und im Übrigen mit dem Flügelverwindungsmechanismus verbunden und somit steuerbar war. Es ist die Frage, ob sie damit viele Flüge unternahmen, solange Herring und Chanute bei ihnen waren. Auf jeden Fall machten sie in den letzten zehn Tagen, als diese beiden Besucher wieder gegangen waren, »mehr Gleitflüge als in all den vergangenen Wochen«. Allein an zwei Tagen brachten sie es auf 250 Flüge.[15]

Tatsächlich zeigte sich schnell, dass sie keine Schwierigkeiten mehr hatten, ihr Fluggerät unter allen Bedingungen sicher durch die Luft zu dirigieren. Zwar waren ihre Flüge nicht spektakulär, nicht in Hinsicht auf die erzielte Weite, jedoch auf die Steuerbarkeit. Da flog zum ersten Mal ein Flugzeug, das der Pilot wie eines der neuen Automobile nur mit Hilfe von Hebeln lenkte. Ob insbe-

sondere Chanute die Bedeutung dieses Fortschritts wirklich erkannte? Man kann wohl davon ausgehen, dass er bis dahin immer
noch nicht genau wusste, was es mit dem wrightschen Flügelverwindungssystem wirklich auf sich hatte. Denn hatten seine Apparate
nicht schon 1896 ähnliche Weiten erreicht? Chanute hing weiter
seinem Glauben an, dass ein Fluggerät eigenstabil sein müsse, und
entsprechend hatte er wieder zwei Apparate bauen lassen, deren
Tragflächen den Windböen ausweichen sollten. Nach seinen Angaben hatte den einen Apparat Herring gebaut, den anderen ein anderer Flugpionier namens Charles H. Lamson. Auch er gehörte zur
›Lilienthal-Schule‹, hatte die Gleitapparate des Deutschen kopiert
und versucht sie weiterzuentwickeln.[16]

Schon am Abend nach ihrer Ankunft testete Herring den Gleiter,
den er selbst gebaut hatte. Beim zweiten Versuch konnte er sich
einige Meter in der Luft halten und krachte dann mit einem Flügel
in den Sand. Zwei Tage später war das Ergebnis nicht besser und als
er es wiederum zwei Tage später sogar an einem Hang mit 20 Grad
Gefälle und gegen starken Wind versuchte, tat sich erst recht nichts.
Bezeichnend sind die Worte, die Katharine Wright dazu später
ihrem Vater schrieb: »Herrings Apparat, den er für Herrn Chanute
gebaut hat, war ein kompletter Ausfall. Er wollte überhaupt nicht
fliegen.« Chanute machte wohl Herring für das Versagen verant-
wortlich, der selbständig Änderungen an der Konstruktion vorgenommen hatte.

Nun bestand noch Hoffnung mit jenem zweiten, von Lamson gebauten Apparat. Dieser besaß gleich drei Flügel übereinander, die
mit Metallfedern verspannt waren, sodass sie vor und zurück schaukeln konnten. In Orville Wrights Tagebuch heißt es dazu lapidar:
»Wir brachten unseren eigenen und den Vielflügel-Apparat zum
Nordhang des großen Hügels, wo Herr Herring versuchte, bei einer
Neigung von 13° zu gleiten; aber er konnte nicht genug Geschwindigkeit bekommen um sich bei diesem Winkel zu halten und zu gleiten.«[17] Drei Tage später beschrieb Orville Wright die »strukturelle
Schwäche« des Vielflügel-Apparats und merkte an, dass Herr Her-

ring weitere Versuche damit als nutzlos ansehe. Er schloss: »Herr Chanute scheint sehr enttäuscht über dessen Funktion zu sein.«[18]

Was muss diesen nüchternen Worten an jenem Tag vorausgegangen sein! Da lagen nicht zum ersten Mal zwei Flugapparate auf einem Hügel, an denen ihre Konstrukteure hier und da vielleicht noch Drähte nachzogen oder Schrauben festdrehten. Herring muss mit klopfendem Herzen neben seinem alten Meister gestanden haben, der ihn noch ermunterte, aber wohl ebenso aufgeregt war. Vielleicht machten die Wrights den ersten Versuch. Dazu legte sich Wilbur Wright bäuchlings in ihren Apparat, den zwei Männer in den Wind hoben. Ruhig und sicher flog dann dieses Flugzeug den Hang hinab, wobei es sich sogar wie ein Fahrrad in Schräglage in die Kurve legte und auch wieder in die Waagerechte kam und schließlich sanft landete.

Dann war Herring an der Reihe, von dem es heißt, vor einem Start sei er sogar ohnmächtig geworden.[19] Es wäre jedenfalls verständlich gewesen. Schon der Anblick des Chanute-Apparats im Wind muss wenig Vertrauen erweckend gewesen sein. Unkontrolliert flatterten dessen drei Flügel hin und her. Herring wird keine große Neigung verspürt haben, für die fliegerischen Ambitionen des alten Mannes neben ihm, seines Finanziers, den Hals zu riskieren. Er hatte bis dahin wohl längst genug gesehen, nämlich den Vorsprung, den die Brüder Wright erreicht hatten. Dagegen war mit Chanutes veralteten Modellen nicht anzukommen. Immerhin wagte Herring auch mit dem zweiten Apparat Flüge, wie auf einer Fotografie zu sehen ist. Doch es muss sich um halsbrecherische Versuche gehandelt haben.

Wie groß Chanutes Enttäuschung gewesen sein muss, lässt sich kaum ermessen. Wieder hatte er so viel in die Konstruktion neuer Flugapparate investiert, die sich nun als völliger Fehlschlag erwiesen. Dabei standen neben ihm zwei Brüder, die innerhalb von ein paar Jahren seine Fortschritte bei weitem übertroffen hatten. Auch wenn er es vielleicht in der Tragweite nicht einmal erkannte: Mit ihrem neuen Steuerungsmechanismus war das Flugproblem gelöst.

Während zwei Helfer aus vollem Lauf Chanutes Gleitapparat losgelassen haben und Herring aufmunternd zuzurufen scheinen, zieht der wie ängstlich die Beine an um überhaupt ›Höhe‹ zu gewinnen.

Abhängig von der manuellen Geschicklichkeit des Piloten gab es fortan keine Flugsituation mehr, die nicht prinzipiell zu beherrschen gewesen wäre.

Am Ende ihres Aufenthalts an den Kill Devil-Hügeln im Jahr 1902 hatten die Wrights über eintausend Segelflüge absolviert und beide konnten damit ihren Flugapparat so durch die Luft steuern wie ein Fahrrad eine Straße entlang. Von Dan Tate ist über ihre »Maschine« für diese Zeit der Ausspruch überliefert: »Alles, was sie braucht, ist ein Federkleid, um sie leicht zu machen. Dann kann sie sich wer weiß wie lange in der Luft halten.«[20]

In welcher Stimmung die Wrights diesmal nach Hause fuhren, bezeugt ein Brief von Orville Wright an seine Schwester. Fünf Tage vor ihrer Abfahrt schrieb er: »Vorgestern hatten wir einen Wind von

16 Metern pro Sekunde oder ungefähr 30 Meilen pro Stunde und segelten darin ohne irgendwelche Schwierigkeiten. Das war der stärkste Wind, in dem je ein Gleitflug-Apparat war, sodass wir jetzt alle Rekorde halten! Der größte Apparat, die längste Zeit in der Luft, der kleinste Neigungswinkel und der stärkste Wind!!! Nun, ich hebe mir den Rest dieses ›Schlags‹ auf, bis wir zu Hause sind.«[21]

Der enttäuschte Chanute war zu diesem Zeitpunkt mit seinem ungelehrigen ›Schüler‹ Herring, der, wie die Wrights noch erfahren sollten, ganz eigene Erkenntnisse gewonnen hatte, längst abgereist. Dass die beiden Besucher ihre Heimreise aber noch einmal in Washington unterbrechen würden, hätten sie allerdings kaum erwartet. Dort forschte derjenige, der gleichsam im Regierungsauftrag das Flugproblem lösen sollte: Professor Samuel Pierpont Langley.

9.

Der Konkurrent
Samuel P. Langley und das ›Great Aerodrome‹

Mitte Oktober 1902 fand in der *Smithsonian Institution* in Washington, wo wahrlich nicht jeder Zutritt hatte, ein Zusammentreffen statt, das ein wenig seltsam war und mit Sicherheit *eine* Person konsterniert zurückließ.

Abgeschirmt und im Geheimen arbeitete Samuel P. Langley mit allen Mitteln und Kräften an einem der bedeutendsten Projekte der Technikgeschichte: der Entwicklung des Flugzeugs. Schon früh hatte er eigene Erkenntnisse in der Aerodynamik gewonnen, vor allem hinsichtlich des Verhaltens von Tragflächen im Luftstrom, niedergeschrieben in seinen ›*Experiments in Aerodynamics*‹. Insbesondere war sein Name mit einem ›Gesetz‹ verbunden, dem ›*Langley Law*‹, das viele Forscher und Tüftler antrieb. Kurioserweise besagte es: Die nötige Arbeit um an einer geneigten Fläche Auftrieb zu erzeugen, vermindere sich mit zunehmender Geschwindigkeit. Dieses Gesetz, das die Wrights schon früh als falsch erkannt hatten, musste in der Praxis bedeuten, dass ein mögliches Flugzeug nur schneller beschleunigt werden müsste um leichter in der Luft zu bleiben.

Um seine Theorien zu beweisen versuchte Langley sie in die Praxis umzusetzen. Dazu konstruierte er über Jahre hinweg verschiedene Flugmodelle, wie erwähnt ›*Aerodrome*‹ genannt, solange, bis ihm damit 1896 tatsächlich drei Flüge gelangen. Das war für ihn der Durchbruch. Der nächste Schritt erschien nur konsequent: Seine Modelle mussten bloß groß genug gebaut werden um einen Menschen zu tragen. Zwar blieb wie bei allen diesen Versuchen noch das Problem der Finanzierung, doch löste sich das bald so zufriedenstellend wie typisch. 1898 setzten die USA ihre hegemonialen Ansprüche gegenüber ganz Amerika in einem Krieg gegen Spanien durch. Was für solche Zwecke von Nutzen gewesen wäre, insbesondere für einen Vorgang, der später ›Luftaufklärung‹ heißen sollte, war ein Flugzeug. So gelangte Langley in die privilegierte Situation, mit einer Unterstützung von 50 000 Dollar aus dem Kriegsministerium an der *Smithsonian Institution* einen manntragenden Flugapparat zu entwickeln. Im Jahr 1902, als er bereits 68 Jahre alt war, forschte er schon vier Jahre lang mit zehn Mitarbeitern an diesem Projekt.

Analog zu seinem Gesetz kam es besonders auf die Stärke des Motors an. Wenn nämlich ein Flugzeug mit zunehmender Geschwindigkeit relativ weniger Leistung bräuchte, müsste nur ein Überschuss an Leistung zur Verfügung stehen um mögliche aerodynamische Schwächen auszugleichen. So hatte Langley die meiste Zeit damit verbracht, einen entsprechend starken Motor zu konstruieren beziehungsweise konstruieren zu lassen. Hatte er zuerst eine Firma beauftragt, die darüber fast pleite ging, so übertrug er diese Aufgabe schließlich seinem jungen Mitarbeiter Charles M. Manly, dem es tatsächlich gelang, ein Meisterstück eines leichten Verbrennungsmotors mit 52 PS fertigzustellen. Der Motor hatte ein Leistungsgewicht von 2½ kg pro PS[1], eine unerhörte technische Leistung, von der die Wright-Brüder nur hätten träumen können.

Der Bau des eigentlichen Fluggeräts, des ›*Great Aerodrome*‹, erschien dabei fast zweitrangig. Es war ein aus Stahlrohren konstruierter Apparat, mit zwei vergleichsweise riesigen hintereinander liegenden Flügeln, die in V-Form konstruiert waren um Eigenstabilität zu erreichen, dazwischen der scheinbar alles entscheidende Motor, der dort zwei Propeller antrieb. Weil dieser Apparat mit seinem kleinen Höhenruder, einem in der Mitte montierten keilförmigen Seitenruder und keinerlei Vorrichtung zur Kontrolle der Querstabilität ohne irgendwelche Flugpraxis zu steuern war und auf jeden Fall irgendwie eine Landung bewerkstelligen musste, würde diese auf Wasser erfolgen. Da aus Sicherheitsgründen auch der Start über Wasser erfolgen sollte, musste zudem ein ›Flugzeugträger‹ konstruiert werden. Das Resultat war ein Hausboot mit einem gewaltigen Aufbau, der einen ausgetüftelten Startkatapult trug. Mit dessen Hilfe sollte das knapp 300 kg schwere ›Great Aerodrome‹ in die Luft geschleudert werden.

Das ›Great Aerodrome‹ steht am 7. Oktober 1903 in seiner ganzen konstruktiven Pracht bereit für den ersten Start.

So war die Zeit vergangen, die Mittel für das Projekt inzwischen verbraucht und neue nur noch schwer zu bekommen. Langley musste einen Erfolg vorweisen.

Natürlich wusste er bis dahin längst von den Wright-Brüdern. Nur wie konnte es möglich sein, dass er Chanute gegenüber so kurz angebunden war, als der ihn an jenem 16. Oktober deswegen sprechen wollte? Es heißt, er habe mit dem doch berühmten Ingenieur nur ein paar Worte gewechselt.[2] Doch wie wachte Langley über sein Projekt! Gegenüber der sensationslüsternen Presse hatte er den

Eindruck zu erwecken versucht, das auf dem Fluss Potomac schwimmende Hausboot, in dem das ›Great Aerodrome‹ montiert und sogar von Militärs bewacht wurde, stünde leer. Trotzdem sollten die Journalisten das Objekt schließlich vom Uferbereich des Potomac monatelang belagern. Sowieso war es bald eine echte Touristenattraktion.[3] War nicht diese Geheimniskrämerei bereits Ausdruck dafür, dass Langley das Scheitern seines Projekts vor Augen hatte? Wiederum arbeiteten auch die Wright-Brüder in aller Abgeschiedenheit.

Übrigens wurde Herring in diesen gralsgleich gehüteten Bereich der *Smithsonian Institution* erst gar nicht vorgelassen. Er versuchte daraufhin an Langley mit einem Brief vorzudringen: Er habe einige Ideen hinsichtlich der Beschaffenheit von Tragflächen. Es versteht sich, dass Herring das, was er bei den Wrights erfahren hatte, gegenüber Langley nutzen wollte, wahrscheinlich als Unterpfand für eine Mitarbeit an dessen Projekt.

Wie man das Verhalten Langleys, der zu der Zeit sogar Leiter der *Smithsonian Institution* war, auch deuten will – von sich aus wandte er sich sofort an die Brüder Wright. Die beschrieben in einem Brief an Chanute vom 12. November 1902 sein weiteres Vorgehen so: »Ein paar Tage bevor wir unsere Experimente in Kitty Hawk beendeten, erhielten wir von Herrn Langley ein Telegramm und danach einen Brief; er erkundigte sich, ob es die Zeit erlaube, uns vor unserer Abreise zu erreichen und einige unserer Versuche zu sehen. Wir antworteten, dass dies kaum möglich sei, da wir in wenigen Tagen aufbrechen wollten. Er machte keine Bemerkung zu seinen Experimenten auf dem Potomac.«[4]

Langley hatte sich also so schnell wie möglich bei den Wrights gemeldet um sie noch am Ort ihrer Versuche zu treffen. Wie aus ihrem Brief hervorgeht, war allerdings keine Rede mehr von einem möglichen Wissensaustausch. Da belauerten sich zwei. Und was dabei die Wrights anging – warum hätten sie sich von jenem Professor in die Karten sehen lassen sollen, wenn er selbst die seinen bedeckt hielt?

Überhaupt mussten sie stutzig werden. Wie wurden da Informationen ausgetauscht? Es folgten Briefwechsel zwischen Chanute und den Wrights und außerdem zwischen Chanute und wiederum Langley, der natürlich ganz genau wissen wollte, wie weit jene Fahrradhändler aus Dayton mit ihren Experimenten waren. Dabei drängte Chanute Langley zuerst dahin, nicht auf Herring einzugehen oder ihm gar eine Anstellung zu verschaffen. Wörtlich schrieb er: »Ich bin in letzter Zeit unzufrieden mit Herrn Herring und ich fürchte, er ist ein Stümper«[5] – Worte, aus denen allerdings noch die Rechtfertigung dafür spricht, dass seine neusten Flugapparate versagt hatten.

Obwohl Langley nicht wissen konnte, dass ihn die Wrights in ihren Fortschritten längst überholt hatten, musste er davon ausgehen, dass sie ihm dicht auf den Fersen waren. Schließlich hatte ihm Chanute mit Sicherheit von der einzigartigen Steuerbarkeit der wrightschen Gleiter erzählt; und das Problem der Steuerbarkeit war Langley immer nur am Zeichentisch angegangen. Er wird sehr wohl daran gedacht haben, was denn sein ›Pilot‹ Manly für den Fall eines Fluges mit dem riesigen ›Great Aerodrome‹ in der Luft anstellen sollte.

Im Dezember machte er einen neuen Versuch um den Wissensstand der Wrights zu erfragen, und da er wohl ahnte, dass er auf direktem Wege bei ihnen nichts erreichen konnte, machte er diesmal den Umweg über Chanute. Der sollte wenigstens einen der Brüder dazu gewinnen nach Washington zu kommen, auf seine Kosten. »Vor allem über ihre Mittel der Steuerung« wollte er »einige ihrer Ideen«.[6] Chanute sandte das Schreiben Langleys direkt an die Wrights weiter und kommentierte es mit der Bemerkung, der Brief komme ihm »dreist« vor.[7] Chanute bezog inzwischen also eindeutig Position und ›schützte‹ das Wissen der erfinderischen Brüder. Dabei hielt er weiterhin Kontakt nach allen Seiten. Bis dahin hatte er auch Langleys Assistenten Charles M. Manly getroffen und so natürlich wieder wichtige Informationen über deren Fortschritte erhalten. Wiederum wird er Manly von den Fortschritten der Wrights berichtet haben, sodass Langley wohl eines auf jeden Fall erfuhr: dass die Wrights ihre »Experimente« erst wieder im Sommer aufnehmen würden.

Dieser ganze Vorgang, der ›Austausch‹, den Chanute mit Langley hatte, muss in den Wrights große Zweifel geweckt haben. Insbesondere das Treiben Herrings, der sich Wissen rücksichtslos zusammenklaubte um daraus Profit zu schlagen, muss ihre Überzeugung bestärkt haben, die ihnen ihr Vater ›vermittelt‹ hatte: Der Umwelt war nicht zu trauen, es gab Menschen voller Rücksichtslosigkeit, die unwahrhaftig waren, neidisch, nur auf den eigenen Vorteil bedacht. Sie lernten, dass man keinem trauen durfte, dass die Welt voller Intrigen war und einem den eigenen Verdienst nicht gönnte. Hieß es in der puritanischen Literatur nicht sogar, man solle sich, ehe man unter die Leute gehe, vorstellen, man gehe in einen Wald voller Gefahren und solle daher Gott um den Mantel der Vorsicht und Gerechtigkeit bitten?[8] Und sie sollten in dieser Haltung noch bestärkt werden, als sich bei ihnen bald wieder Herring meldete. Da ließen sie dann erkennen, was sie ihm schon 1902 unterstellten. In einem Brief an Chanute schrieben sie: »Wir waren uns sicher, dass er einen angestrengten Versuch unternehmen würde, einen Motor in eine Imitation unseres Gleiters des Jahres 1902 einzubauen um uns noch zuvorzukommen.«[9]

Weiter schritten die Wrights konsequent voran: Inzwischen hatten sie längst das eingeleitet, was sie Chanute gegenüber erst im Dezember andeuteten: Sie würden im nächsten Jahr einen viel größeren Flugapparat bauen und, bei zufriedenstellender Steuerbarkeit, dazu übergehen einen Motor zu montieren.[10] Schon bald nach ihrer Rückkehr von Kitty Hawk hatten sie sich nämlich bei den führenden Automobilfirmen nach einem Benzinmotor erkundigt. Doch waren ihre Anforderungen nur schwer zu erfüllen. Denn der Motor sollte vor allem leicht sein, ein Kriterium, das im Automobilbau keine so entscheidende Rolle spielte. Die Firmen hätten daher ein Einzelstück bauen müssen, was natürlich kaum lukrativ erscheinen konnte. Außerdem drängte die Zeit, wenn sie bis spätestens nächsten Herbst wieder in Kitty Hawk sein wollten. Dazu gibt es in der ›offiziellen‹ Biografie der Wrights den Gedanken, dass eine Gesellschaft, die »einen Motor für eine sogenannte Flugmaschine« geliefert hätte, in ihrem Geschäftsprestige Schaden genommen hätte. Es hätte dann nämlich so aussehen können, »als ob sie menschlichen Flug für möglich hielte«.[11] Auch wenn dieses Argument noch einmal an dem Bild malt, die Menschen seien angesichts der Entwicklung des Flugzeugs Ignoranten gewesen, so bestand allerdings schon damals keine Ignoranz gegenüber jeglicher Form von zusätzlichem Profit.

Jedenfalls hatten die Wrights noch im Dezember 1902 Charles Taylor damit beauftragt, selbst einen Flugzeugmotor zu bauen. Taylor war eben Mechaniker und man muss davon ausgehen, dass die Wrights angesichts seiner Beschäftigung tatsächlich lange im Voraus geplant hatten. Ihn brauchten sie nun um den letzten Schritt zu tun.

10.

Der Antrieb
Entwicklung von Motor und Propeller

Auch heute, im Zeitalter blitzschneller Berechnungen, mikrofein arbeitender Maschinen und nahezu unbeschränkt zugänglicher Wissensquellen, erscheint es noch immer unglaublich, was die Wrights in einem halben Jahr in ihrer Daytoner Fahrradwerkstatt schufen: ein Flugzeug. Wieder mussten sie alles neu bauen. Denn wenn sie wirklich motorgetrieben fliegen wollten, musste ihr Apparat zwar nicht größer, aber doch wesentlich robuster gebaut sein als zuvor. Auch alle Werte über Tragflächenwölbung, Flügelstreckung, Flächenbelastung, Auftrieb und Widerstand mussten neu berechnet werden. Wieder machten sie umfangreiche Versuche im Windkanal. Zusätzlich brauchten sie nun Raum, um nicht nur den Motor zu konstruieren, sondern auch geeignete Propeller, dazu ein Startsystem, da sie das neue Flugzeug nicht wieder die Dünen hätten hinauftragen können. Diese Startvorrichtung erschien noch als leichteste Aufgabe. Das Ergebnis war eine knapp 20 Meter lange, metallbeschlagene Holzschiene. Darauf würde eine Art Holzwagen laufen, mit zwei umgebauten Fahrradnaben als hintereinander liegenden Rollen. Das Flugzeug selbst stünde nun auf diesem Wagen, der im Moment des Abhebens auf der Schiene zurückbleiben sollte.

Wie muss es zu der Zeit in ihrer Werkstatt ausgesehen haben! Was müssen die Leute gedacht haben, ihre Kunden, wenn sie den Laden betraten? Die zwei Fahrradhändler hatten überhaupt nicht mehr den Platz um ihren *Flyer,* wie sie das erste Flugzeug der Welt nannten, komplett zusammenzubauen. So lagen und standen überall dessen Einzelteile herum. Zeitweise war etwa die Tür von der Werkstatt zum Verkaufsraum durch das große Mittelteil des *Flyer* blockiert, sodass die beiden Brüder, wenn ein Kunde kam, durch die Seitentür hinausgehen mussten um durch die Eingangstür nach vorn zu gelangen. Was werden sie wohl geantwortet haben, wenn die Frage lautete, was sie da bauten? Ein Flugzeug? Ob da wohl einige den Kopf geschüttelt und schnell das Thema gewechselt haben? Man kann sich jedenfalls gut vorstellen, wie spannend es für die Kunden zu jener Zeit war, bei den Wrights noch Reparaturen ihrer Fahrräder ausführen zu lassen.

Der *Flyer* selbst sollte sich nicht mehr grundlegend von dem Gleiter des Jahres 1902 unterscheiden. Es waren eher Kleinigkeiten, könnte man meinen, die sie verändert beziehungsweise verbessert hatten: Die Kufen unter dem Flugzeug waren vergrößert und dazu verstrebt um einen stärkeren Schlag bei der Landung aufzufangen. Sie waren auch viel weiter nach vorn gezogen um einen Überschlag zu verhindern. Außerdem boten sie so eine zusätzliche Befestigung für das Höhenruder, das ebenfalls weiter nach vorn verlegt und zudem wesentlich vergrößert und doppelt ausgelegt war um so besonders beim alles entscheidenden Start mehr Auftrieb zu erzeugen. Auch das Seitenruder war wieder doppelt ausgelegt und ebenfalls vergrößert. Im Übrigen gab es nun ein bewegliches Hüftgestell für die gleichzeitige Bewegung von Quer- und Seitensteuerung. Alle Teile waren strikt nach ihrer Funktion konstruiert, sodass als Resultat ein Flugzeug entstanden war, das in seiner Ästhetik einer zusammengenagelten Seifenkiste gleichkam.

Ohne Umwege war alles auf das Ziel ausgerichtet, einen funktionierenden Flugapparat zu schaffen. So war der *Flyer* nicht einmal symmetrisch. Der rechte Flügel war zehn Zentimeter länger als der linke. Der Grund dafür ist so einfach wie die Lösung typisch: Weil der Motor rechts neben dem Piloten befestigt und etliche Kilogramm schwerer war, musste dieses Ungleichgewicht durch zusätzlichen Auftrieb ausgeglichen werden. Im Bau ihres Fluggeräts hatten die Wrights bis dahin wahrlich genug Erfahrungen gesammelt.

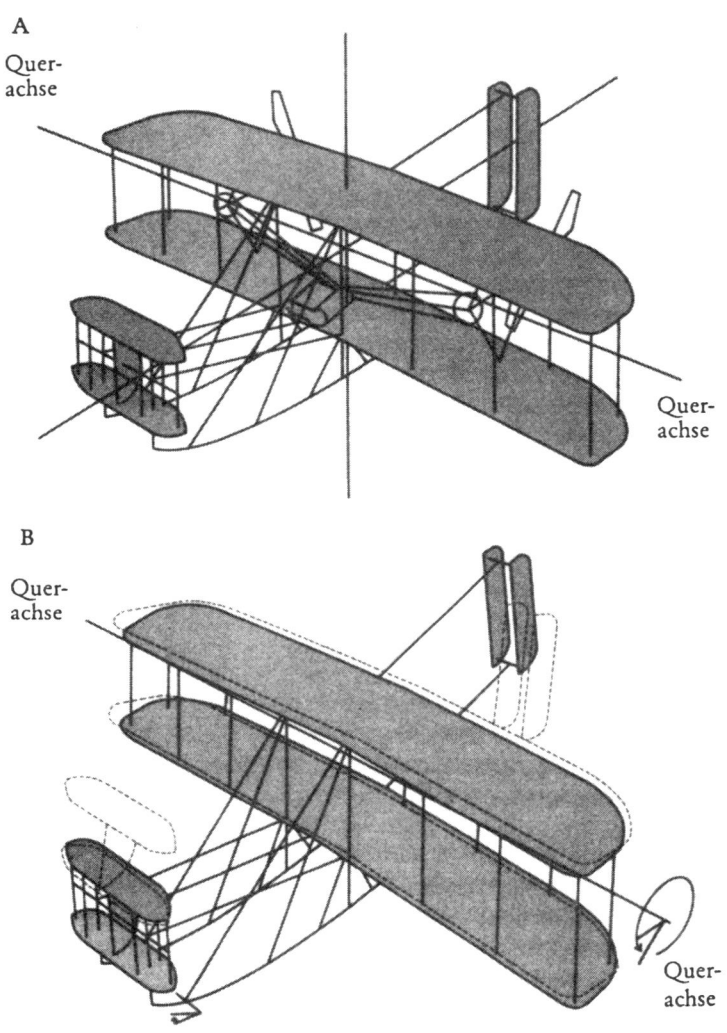

A
Quer-
achse

Quer-
achse

B
Quer-
achse

Quer-
achse

Waren ihnen inzwischen die aerodynamischen Prinzipien allemal bekannt, stand nun als weiteres Problem, das nach einer Lösung verlangte, der passende Antrieb an. Der Bau eines Motors erschien dabei nicht einmal als größtes Hindernis, das es zu überwinden galt. Denn im Unterschied zu Langley war der Wissensstand der Wrights

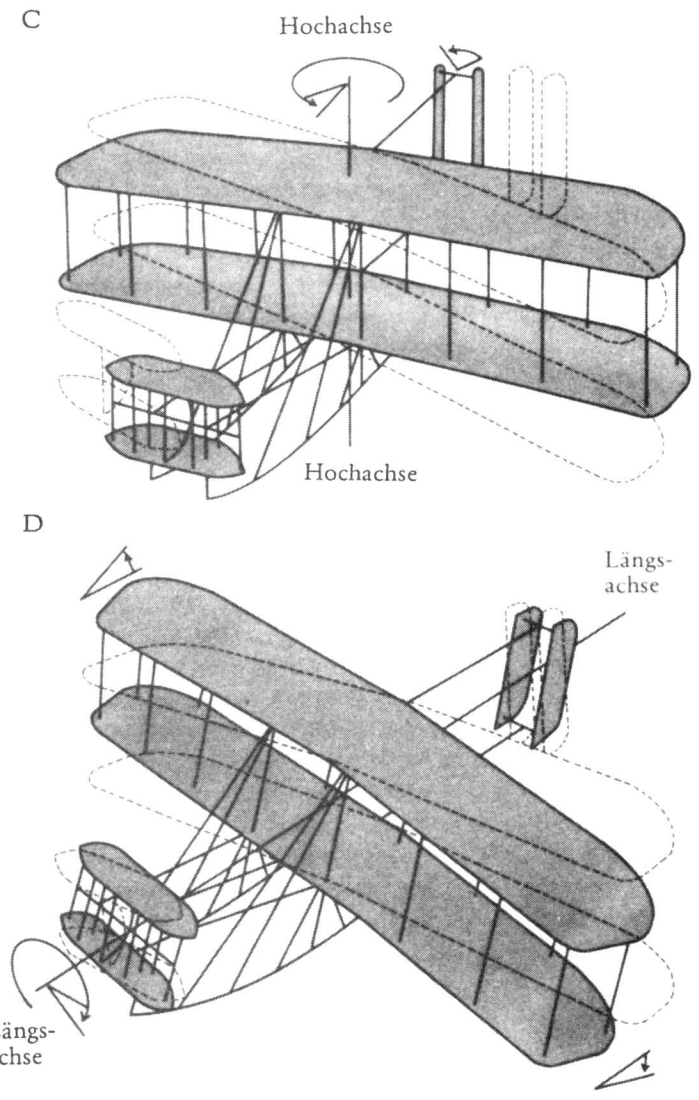

C

Hochachse

Hochachse

D

Längs-
achse

Längs-
achse

fundiert. Sie konnten genau berechnen, welche Leistung sie benötigten um einem bestimmten Gewicht bei einer bestimmten Trag-
flächenbeschaffenheit und einer bestimmten Geschwindigkeit so

viel Auftrieb zu verschaffen, dass es in die Luft aufsteigen würde. Nach ihren Berechnungen benötigten sie für die Größe ihres *Flyer* einen etwa 100 kg schweren Motor mit einer Leistung von 8 PS. Auch musste der Motor vibrationsarm sein – eine gerissene Antriebskette würde sich in einem Flugzeug anders auswirken als in einem Automobil.

Sicherlich war die Konstruktion eines neuen Motors eine hervorragende technische Leistung, die sie wie üblich nur mit Hilfe ihrer einfachen Drehbänke, Schraubstöcke und Bohrmaschinen erreichten – und mit Hilfe von Charles Taylor, ihrem neu eingestellten Mechaniker und Faktotum. Er war derjenige, der den Motor wirklich baute, und trotz Unterbrechungen ging es damit schnell voran. Am Ende verfügten die Wrights über ein Antriebsaggregat, das zwar primitiv war und weder Vergaser noch Zündkerzen aufwies, aber die gewünschte Leistung scheinbar im Überfluss erbrachte. Von Taylor heißt es dazu in seinen Erinnerungen: »Bevor wir den Motor zur Einschiffung nach Kitty Hawk verpackten, bockten wir ihn auf und testeten ihn. Wir bauten einen Ventilator mit 1½ Zoll x 5,2 Fuß großen Flügeln. Orville und Wilbur Wright rechneten die Pferdestärken aus, indem sie die Umdrehungen pro Minute zählten. Die beiden kannten sich wirklich in der Physik aus. Ich glaube, deshalb wußten sie auch immer ziemlich genau, was sie tun mußten, und verloren keine Zeit mit Herumraten.«[1]

Tatsächlich leistete der Motor 12 PS. So genau kalkulierten die Wrights und so sicher waren sie in ihren Kalkulationen, dass sie dieses Ergebnis hochzufrieden aufnehmen konnten: Sie würden noch etwas Leistung über den Antrieb verlieren, über die Reibung an den Wellen und Ketten, doch hätten sie noch immer einen Überschuss an PS. Dass ihre Berechnung zwar stimmte, dann aber auch die Meteorologie als Faktor eine Rolle spielen sollte, konnten sie sich allerdings nicht ausrechnen ...

Als größeres Hindernis erhob sich etwas ganz anderes vor ihnen: die Konstruktion eines geeigneten Propellers. Dieses Problem musste ihnen am Anfang vielleicht klein erscheinen, da Propeller seit Jahrzehnten Schiffe antrieben und also auf ihre Wirkung berechnet sein mussten. Doch stellten sie bald fest, dass deren Wirkungsweise nie jemand wissenschaftlich untersucht hatte. Wiederum waren sie sich darüber im Klaren, dass ein Propeller prinzipiell wie eine Tragfläche funktioniert. Waren Berechnung und Konstruktion also doch nicht so schwer? Zu diesem Problem, nämlich die Formeln und Koeffizienten beim Bau von Tragflügeln auf den Bau von Propellern zu übertragen, gab Orville Wright einmal folgende Erklärung: »Auf den ersten Blick schien dies kein Problem zu sein, aber bei weiterer Betrachtung ist es schwer, auch nur einen Punkt zu finden, wo man beginnen könnte. Denn nichts an einem Propeller oder dem Medium, worin er sich bewegt, steht nur einen Augenblick still. Der Schub hängt von der Geschwindigkeit und dem Winkel ab, unter dem das Blatt die Luft durchschneidet; der Winkel, unter dem das Blatt die Luft durchschneidet, hängt von der Geschwindigkeit ab, mit der sich der Propeller dreht, der Geschwindigkeit, mit der sich die Maschine vorwärts bewegt, und der Geschwindigkeit, mit der die Luft zurückweicht; das Zurückweichen der Luft hängt von dem Schub ab, den der Propeller erzeugt und der Menge der darauf einwirkenden Luft. Ändert sich einer dieser Faktoren, ändert er den ganzen Rest, da sie alle voneinander abhängig sind.«[2]

Trotz dieser enormen Probleme konstruierten die Wrights bis zum Frühjahr eine Propellerform, deren Wirkungsgrad noch in den Anfängen der Fliegerei vorbildlich war.[3] Ihren *Flyer* statteten sie dann, um mehr Schub zu erzeugen, mit zwei Propellern von etwa 2½ Metern Durchmesser aus, die sie wiederum, um die Stabilität des Flugapparats nicht zu gefährden, gegenläufig drehen ließen, wozu sie schlicht eine der Antriebsketten einmal überkreuzten.

Als die Wrights gewissermaßen alles beisammen hatten, als sie Motor, Propeller und Fluggerät ›nur‹ noch fertigbauen und aufeinander abzustimmen brauchten um noch im selben Jahr hoffentlich das erste Motorflugzeug der Welt zu fliegen, sprach zu dieser Zeit, im April 1903, Chanute auf einem Dinner vor dem ›*Aéro-Club de France‹* in Paris. Er schilderte überzeugend und detailliert, dass in den aufstrebenden Vereinigten Staaten von Amerika zwei Brüder es geschafft hätten, mit einem Gleitapparat kontrolliert durch die Luft zu steuern. Die beiden könnten ohne weiteres auch Kurven fliegen.

Dieser Bericht versetzte die Mitglieder des Clubs, der im Grunde ein snobistischer Verein geldadeliger Ballonfahrer war, in ziemliche Aufregung. Nachdem auch eine Pariser Zeitung über Chanutes Rede berichtet hatte und er bald darauf noch einen Artikel in der Luftfahrerzeitschrift ›*L'Aérophile*‹ veröffentlichte, worin er die Erfolge der Wrights und ihre Methode der Steuerung beschrieb, vor allem illustriert mit Zeichnungen und Fotografien ihres Gleiters von 1902, wachte man in Frankreich auf. Es stand zu befürchten, dass jene geheimnisvollen Wright-Brüder tatsächlich das voll steuerbare, motorgetriebene Flugzeug erfinden könnten. Ernest Archdeacon brachte die patriotischen Gefühle seiner Landsleute auf den Punkt, als er erklärte:»Will das Heimatland der Montgolfier die Schande erleiden und es erlauben, dass diese entscheidende Entdeckung der Luftfahrtwissenschaft im Ausland gemacht wird? Ehrenwerte Gelehrte, an eure Zirkel! Ihr, die Mäzene, und auch ihr von der Regierung, greift tief in die Taschen – oder wir sind geschlagen!«[4]

Die Stunde von Ferdinand Ferber war gekommen. Er selbst warnte in einem Brief an Ernest Archdeacon:»Man darf nicht zulassen, daß die erfolgreiche Entwicklung des Flugzeugs in Amerika geschieht.«[5] Und er schlug vor, dass man Preise aussetze, um einen Anreiz zu schaffen mit den Wrights in Wettbewerb zu treten. Schon als er im Jahr zuvor Fotografien des ersten Gleitapparats der Wright-Brüder gesehen hatte, hatte er diesen ja schlichtweg nachzubauen versucht. Nun tat er dasselbe anhand der Fotografien und Skizzen ihres neusten Gleiters – und stattete ihn mit einem Motor aus. Um die Flugeigenschaften dieses Geräts schnell und vor allem sicher prüfen zu können kam er auf eine Idee, die in der Geschichte der Flugzeugentwicklung nicht neu war: Er würde den Apparat an Seilen aufhängen und so durch die Luft bewegen. Dazu konstruierte er einen eigenen, riesigen Kran, wie er heute auf jeder Baustelle zu sehen ist – und den er ebenfalls ›*aérodrome*‹[6] nannte (wobei dieser Begriff die Bedeutung ›Flugplatz‹ hat). Sicherlich konnte er damit den Auftrieb seines Nachbaus testen, doch zeugte auch diese Methode nur davon, welche Wege man noch bis zum *freien* Flug der Wrights zu gehen hätte.

Auch wenn Ferber mit seinen Versuchen nur wenig Erfolg haben konnte, weil er die Prinzipien der wrightschen Konstruktion nicht verstand, so blieb er doch ein liebenswerter Idealist, der stets ehrlich genug war, den beiden Amerikanern ihre Meriten zuzugestehen. »Ohne ihn«, sagte er später über Wilbur Wright, »wäre ich nichts, denn ich hätte es nie gewagt, mich jenem zerbrechlichen Gebilde anzuvertrauen, wenn ich nicht – aus seinen Berichten und Photographien – gewußt hätte, daß es mich trägt.«[7]

Übrigens starb Ferdinand Ferber so, wie all seine Flugversuche verlaufen waren: unglücklich. In der Vorbereitung auf eine Flugvorführung hob er am 22. September 1909 vom Boden ab und musste aus irgendwelchen Gründen bald wieder landen. Beim Ausrollen verfingen sich die Räder seines Flugzeugs in einer Entwässerungsrinne und es überschlug sich. Dabei geschah das, was zu Anfang oft Ursache tödlicher Unfälle war: Der hinter dem Piloten montierte Motor riss aus seiner Halterung und fiel auf den Piloten.[8]

Chanute hatte die Idee des dynamischen Fliegens also über den Atlantik getragen.

Auf dessen anderer Seite planten die Wrights inzwischen minutiös ihren nächsten Aufenthalt in Kitty Hawk. Wie der Name ihrer neuen Konstruktion schon besagt, würden sie dort nichts weniger tun als eben zu fliegen, das heißt, einen Flugapparat aus eigener Kraft aufsteigen zu lassen und ihn irgendwo anders wieder sicher zu landen. Sie müssen enthusiastisch gewesen sein oder doch wenigstens, wie es ihre Art war, sehr gespannt. Bezeichnend ist etwa, *wie* Orville Wright in einem Brief an George A. Spratt ihre Fortschritte beschrieb, in diesem Fall bezogen auf die Entwicklung des Propellers: »[. . .] uns nahmen einige sehr hitzige Diskussionen über die

Prinzipien von Schraubenpropellern gefangen. Wir waren nicht in der Lage, dazu in irgendeinem der uns zur Verfügung stehenden Bücher etwas von Wert zu finden, sodass wir zu dem Thema eine eigene Theorie ausarbeiteten, und wir entdeckten bald, wie wir das gewohnt sind, dass die bis dahin gebauten Propeller *alle falsch* sind, und dann bauten wir, auf der Grundlage unserer Theorie, ein Propellerpaar mit 2½ Metern Durchmesser, und die sind *richtig* (bis wir die Möglichkeit haben, sie unten in Kitty Hawk zu testen und das Gegenteil herauszufinden). Ist es nicht erstaunlich, dass alle diese Geheimnisse über so viele Jahre bewahrt blieben, gerade damit wir sie entdecken konnten!«

Übrigens endet der Brief an Spratt mit folgendem P. S.: »Bitte erwähnen Sie die Tatsache, dass wir einen motorgetriebenen Apparat bauen, gegenüber niemandem. Den Zeitungen wäre es eine große Freude uns zu folgen, um dann von unseren Schwierigkeiten zu berichten.«[9] Der Hinweis auf Geheimhaltung zieht sich nun immer wieder durch die Schreiben der Wrights, wobei Orville Wright dafür in diesem Fall nur einen vorgeschobenen Grund angab. Mit oder ohne Berichte über ihre Schwierigkeiten – sie wollten da längst keine Informationen mehr preisgeben. In dieser Hinsicht war ein Prozess in Gang gekommen, dem die Wrights schließlich wie manisch anhingen.

Dies lässt sich mit fast peinlichen Gefühlen an einem anderen Vorgang ablesen. Chanute hatte den Auftrag, einmal wieder einen Artikel über Segelflugexperimente in den USA und damit über die Erkenntnisse der Wrights in einem französischen Wissenschaftsmagazin zu veröffentlichen. Wilbur Wright hatte ihn schon zuvor darum gebeten, dabei das Flügelverwindungssystem nicht zu erwähnen. Chanute hielt sich daran, wollte von ihm jedoch wenigstens Informationen darüber, wie das Längsruder funktionierte. Nach abermaliger Anfrage bekam er von Wilbur Wright folgende Antwort: »Das Seitenruder wird mit Drähten bedient, die zu denjenigen Drähten führen, die mit den Flügelspitzen verbunden sind. So steuert die Bewegung der Flügelspitzen das Ruder. Diese Aussage ist nicht zur Veröffentlichung bestimmt; sie dient lediglich der Korrektur eines Missverständnisses in Ihren eigenen Ansichten. Da die Gesetze in Frankreich und Deutschland vorschreiben, dass Patente als ungültig erachtet werden, sobald die beantragte Sache in gedruckter Form öffentlich gemacht worden ist, ziehen wir es vor, über die Details unseres Apparats angemessene Vorsicht walten zu lassen, bis die Patentfrage geklärt ist. Ich sehe nur drei Möglichkeiten, mit dieser Angelegenheit umzugehen: 1. Die Wahrheit sagen. 2. Nichts Besonderes sagen. 3. Etwas Unwahres sagen. Ich kann zum ersten oder dritten Weg wirklich nicht raten.«[10]

Wilbur Wright legte hier also, in gewisser Weise genötigt, die Karten auf den Tisch und Chanute verstand: Es ging den beiden Brüdern darum, dass die Patente auf ihr Flugsystem noch nicht gesichert waren. Bezeichnenderweise hatten die Wrights versucht, sich diese allein, also ohne notarielle Hilfe, zu verschaffen. Da sie damit in den Amtsstuben scheiterten, könnte man dort leicht typische Bürokraten am Werk sehen, deren Blick für revolutionäre Entwicklungen versperrt war. Man muss jedoch bedenken, dass zu jener Zeit in allen Patentämtern Dutzende von Anträgen eingereicht wurden, die Anspruch auf die Erfindung des Flugzeugs erhoben. Darauf wurde bürokratisch reagiert, ein Vorgang, auf den die Wrights später erneut stießen und dessen Gründe sie nicht sehen konnten oder wollten...

Dabei war die Patentierung überhaupt von heikler Natur. Natürlich konnten sie sich nicht das Flugzeug an sich patentieren lassen. Trotzdem ging ihre Überlegung dahin, ihr besonderes System des Fliegens, nämlich mit Hilfe der Flügelverwindung, schützen zu lassen: Wenn sie damit ein Patent auf die Steuerbarkeit *jedes* Flugzeugs gesichert hätten, würde doch in Zukunft keiner an ihnen vorbeikommen. So schalteten sie bald einen Patentanwalt ein, dem es tatsächlich gelang, ihr System des Fliegens patentieren zu lassen, ein Vorgang, der jedoch erst 1906 seinen Abschluss fand. Bis dahin hieß das für sie in der Konsequenz, erst recht alle Erkenntnisse, die sie sich erarbeitet hatten, bedeckt zu halten.

Abgesehen von diesem Motiv für die Geheimniskrämerei der Wrights, nämlich dem noch offenen Patentverfahren, spricht aber der Brief auch deutlich davon, dass Chanute bis dahin tatsächlich nicht verstanden hatte, wie die Steuerbarkeit des wrightschen Gleitapparats genau funktionierte. So lässt sich aus dieser Tatsache wiederum folgendes Bild zeichnen: Wie hatten sich die Wrights bei ihren letzten »Experimenten« in Kitty Hawk ihren Besuchern gegenüber verhalten? Hatten sie nicht ihren Flugapparat neben Chanutes getestet? Wie konnte der also ein so falsches Bild von ihrem Flügelverwindungssystem haben? Man kann nur schließen, dass sie Herring und damit auch Chanute gegenüber in Kitty Hawk eine Art Versteckspiel betrieben hatten. Fliegen ließen sie ohnehin niemanden auf ihrem Apparat, aber sie gaben wohl auch keine Auskunft darüber, wie sie ihn genau flogen, wie sie die Hebel wirklich bedienten. Da hatte in der abgelegenen Dünenlandschaft von Kitty Hawk ein solches Stück ›lebender‹ Diplomatie stattgefunden, wie es sich oft genug in den Briefen Wilbur Wrights ausdrückt.

Im Übrigen zeigte sich Chanute ihm gegenüber in dieser Sache sehr zuvorkommend. Er informierte ihn umgehend, dass es ihm eine Freude sei, die entsprechende Passage seines Artikels »insgesamt zu unterdrücken«[11]. Allerdings merkte er noch an, dass sich eine Beschreibung der Verbindung von Flügelverwindung und Seitenruder als »harmlos« erwiesen hätte, »da die Konstruktion alt und wohlbekannt ist«.[12] Das war aber eine Bemerkung, die bei den Wrights die Alarmglocken läuten lassen musste. Wie konnte Chanute das behaupten, wo er doch ihre Patentansprüche eben darauf gerade anerkannt hatte, wo er doch gar nicht gewusst hatte, obwohl er Augenzeuge gewesen war, wie das wrightsche Flugsystem wirklich funktionierte? Und nun diese Spitze, dass alles das alt und wohlbekannt sei! Wohl um ein Unglück zu vermeiden gingen sie darauf in ihrem Antwortschreiben nur am Rande ein. Wilbur Wright erwähnte gegenüber Chanute lediglich, dass sie eben nicht »alte Methoden«[13] verwendeten. Doch diese ungeklärte Frage sollte wie eine mächtige Kaltfront über sie kommen . . .

Was sie in diesem ›Verfahren‹ auch noch beschäftigte, war das Bemühen, bei ihrer historischen Unternehmung möglichst allein zu sein. Immer wieder wurden sie von Chanute gedrängt, doch Besucher in Kitty Hawk zu empfangen. Nicht zuletzt durch sein Bemühen gab es in der Zwischenzeit genug Leute, die sie sehen, die mit ihnen verhandeln und von ihnen lernen wollten. Auch Ferber zählte dazu, der ihre Fluggeräte sogar kaufen wollte, inklusive Unterrichtsstunden. Doch diesmal blieben sie hart: Wen sie als Besucher erlauben würden, wären nur Spratt und Chanute selbst.

So hatten die Wrights Ende September 1903 wirklich alles gerichtet um wieder nach Kitty Hawk aufzubrechen – abermals zu einer Zeit, da auch dort die Temperaturen abnehmen und die Winde heftig würden, Faktoren jedoch, die ihnen erst zu ihrem Erfolg verhelfen sollten.

11.

Das Motorflugzeug
*Zwei Systeme und ein Erfolg: Kitty Hawk und
der 17. Dezember 1903*

Am 23. September 1903 machten sich die Brüder Wright auf eine
Reise, die, wenn man so will, zum Ende des letzten großen Mensch-
heitstraums führte, zur endgültigen Entschleierung der Welt und
schließlich zum Abgesang der Ozeandampfer, zur Zerstörung aller
großen deutschen Städte, ja zum Mondflug und auch zum Einsturz
des *World Trade Center.* Doch wie dabei ihre Gefühle waren, beschrieb anschaulich ihr Mechaniker Charles Taylor: »Schließlich
hatten wir alles zusammen und auf den Zug gepackt. Es wurde nicht
viel Aufhebens darum gemacht, auch nicht von uns selbst. Die Jungs
machten diese Reise seit vier Jahren [...] Wenn sie sich sorgten,
daß die Flugmaschine nicht funktionieren könnte, so zeigten sie es
nie und ich spürte es auch nicht.«[1]
    Schon nach zwei Tagen kamen die Wrights in Kitty Hawk an, wo
sie diesmal fast drei Monate bleiben sollten. Ihren Schuppen fanden
sie stark beschädigt vor. Er war sogar aus seinen Verankerungen ge-
hoben, Ausdruck für die starken Winterstürme, die über die Dünenlandschaft hinweggefegt waren. Sie waren jedoch längst versierte
›Häuslebauer‹ und bald waren nicht nur die Schäden repariert, sondern sie konnten sich auch daran machen, noch einen zweiten
größeren Schuppen für ihr Motorflugzeug zu zimmern.
    Da einige Wochen vergingen, ehe sie alle Teile ihres *Flyer* und
alle sonstigen Baumaterialien geliefert bekamen, hatten sie Zeit,
ihren alten Gleitapparat wieder hervorzuholen, der fast unversehrt
geblieben war, ihn auf die Dünen zu schleppen und damit zu üben.
Es dauerte nicht lange und sie hatten ihre Fähigkeiten als Piloten so

Der Flyer *steht fertig zusammengebaut vor dem geöffneten Tor seines* ›Hangars‹ *in der wüstenartigen Gegend von Kitty Hawk.*

verbessert, dass ihnen Flüge von über einer Minute Dauer gelangen. Was sie taten, war das Segeln am Hang, das Soaren. Dabei stellten sie ihren Gleiter bloß in den Wind, hoben ihn an und versuchten, durch geschickte Steuerbewegungen, wie sie ihr System erlaubte, sich vom Hangaufwind tragen zu lassen. Sie konnten das oft hintereinander versuchen, weil sie dabei kaum Strecke zurücklegten. Ging der Gleiter nieder, mussten sie ihn nur einige Meter zurücktragen und wieder in den Wind halten.

Während die Wrights noch ihre Flugkünste verbesserten, machte sich am 7. Oktober Charles M. Manly bereit um der Flugkunst auf anderem Wege schlagartig zum Erfolg zu verhelfen. Die Wrights wussten nichts davon oder wollten vielleicht auch nichts davon wissen. Orville Wright schrieb seiner Schwester am 4. Oktober: »Wir haben noch keine Zeitung gehabt, seit wir hier herunter gekommen sind. Du siehst also, dass wir gerade in glückseliger Ignoranz leben.«[2]

Allerdings hatte Langley ja auch dafür gesorgt, dass nichts über seinen Flugapparat bekannt würde. Ob es die Wrights stark beeindruckt hätte zu wissen, dass ihrem *Flyer* das ›*Great Aerodrome*‹ in fast allen wesentlichen Vergleichswerten sogar überlegen war, wie etwa der Motorleistung von 52 PS zu 12 PS, der größeren Tragfläche von 97 zu 47 Quadratmetern und also auch der wichtigen Flächenbelastung von nur 3,6 kg zu 7,2 kg auf den Quadratmeter?[3] Sie wussten jedoch, dass Langley sich um eines nicht wirklich gekümmert hatte: die Steuerbarkeit. Auf jeden Fall konnten sie davon ausgehen, dass ihr System praktikabler wäre.

Eigentlich hätte es für Professor Samuel P. Langley der größte, erhabenste Moment seines Lebens sein müssen, als das ›*Great Aerodrome*‹ zum Flug bereit stand. Der Apparat war auf dem Hausboot weit aus Washington hinausgeschleppt worden, gerade in die Gegend, wo Langley sieben Jahre zuvor seine dampfgetriebenen Modelle hatte aufsteigen lassen. Doch er selbst war nicht anwesend. Was immer bei all der Geheimhaltung um sein Projekt der wirkliche Grund dafür gewesen sein mag – wer trotzdem anwesend war, war die Presse, deren Reporter in Ruderbooten bereitlagen.

Manly bewies immerhin Mut, als er den Flugapparat bestieg. Er hatte nur einen Versuch. Selbst im Fall des Erfolgs wäre das ›*Great Aerodrome*‹ danach unbrauchbar gewesen. Was muss sich Manly dabei gedacht haben? Wie sollte er einigermaßen kontrolliert landen? Überhaupt würde er in einer Höhe von fast 20 Metern über das Wasser katapultiert. Angesichts der Tatsache, dass Manly sich noch nie über den Erdboden erhoben hatte, zeichnete ihn Mut also wirklich aus.

Zur Mittagszeit bestieg er das riesige Gerät und das Herz muss ihm im Hals geklopft haben. Immerhin hatte er sich auf alle Eventualitäten vorbereitet: Er trug eine Schwimmweste und eine Autofahrerbrille.[4] Auf sein Zeichen wurde dann der Katapult ausgelöst und mit dröhnendem Motor, schlagenden Propellern und einem

Quietschen auf der Startschiene schoss das Werk langer Jahre wissenschaftlicher Forschung und handwerklicher Kunst dahin, beschleunigte am Ende noch zusätzlich, da die letzten Meter des Schienenstrangs abschüssig konstruiert waren – und plumpste ins Wasser »wie eine Hand voll Mörtel«[5], wie danach eine Zeitung schrieb. Bezeichnenderweise war zu Manlys Rettung zuerst das Ruderboot eines Reporters zur Stelle. Doch hielt sich der Spott noch in Grenzen. Langleys Analyse des Hergangs ergab, dass nur der Startmechanismus nicht richtig funktioniert habe, weil sich die Befestigung eines Halteseils auf dem Schienenstrang verfangen hätte.[6]

Die Wrights erfuhren von alledem wohl erst viel später. Am 14. Oktober schickte ihnen ein Daytoner Nachbar einen Zeitungsausschnitt über den Vorgang in Washington, der natürlich zu Schlagzeilen geführt hatte. In einem Brief erklärte Orville Wright dann seiner Schwester, warum ihr System dem Langleys überlegen sein musste, wobei er sich auf die Angaben der Zeitung verließ, die allerdings falsch waren. »Ich nehme an, dass du in den Zeitungen die Meldung vom Scheitern von Langleys großem Apparat gelesen hast. Er startete von einem 18 Meter hohen Punkt in der Luft und landete 90 Meter entfernt, was einem Sinken von einem Meter auf fünf Metern vorwärts entspricht. Wir sind in der Lage, von derselben Höhe 120 bis 180 Meter zurückzulegen ohne irgendeinen Motor, sodass ich denke, dass seine Tragflächen sehr ineffizient sein müssen. Es wurde festgestellt, dass sie keinerlei Steuerung über den Apparat hatten, obwohl der Wind zur Zeit des Tests nur mit acht Kilometern pro Stunde wehte. Genau das ist es, wo wir einen großen Vorteil haben. Wir waren Hunderte und Hunderte von Malen in der Luft und haben das Problem der Steuerung sehr schön ausgearbeitet. Wir finden es viel schwieriger mit dem Apparat umzugehen, wenn wir an einer Stelle segeln als wenn wir schnell vorwärts kommen. In dieser Hinsicht erwarten wir überhaupt keinen Ärger mit unserem großen Apparat. Natürlich werden wir seine Steuerung auf den Hügeln gründlich testen, ehe wir den Motor anbringen.«[7]

Sie selbst hatten einen Tag nach dem vergeblichen Flugversuch des ›Great Aerodrome‹ überhaupt erst alle Teile für ihren *Flyer* zusammen, wobei dann eben zu der Zeit ein schlimmer Sturm über die Dünen fegte. Als wollte der Wind seine Bedeutung zeigen oder den Wrights sogar drohen, rüttelte er an ihren Schuppen mit schwerem Regen und heulenden Böen. Die beiden Brüder sicherten ihre Unterkünfte und fuhren fort, zwischen wackelnden Wänden im Licht der Petroleumlampe ihr Flugzeug zusammenzubauen.

Die Zeit zog sich hin und es dauerte länger und würde später, bis ihr *Flyer* flugbereit wäre. Sie waren all die Zeit allein und ungestört, wie sie es gewollt hatten. Dann aber schrieb Wilbur Wright am 16. Oktober an Chanute: »Wir erfahren mit Bedauern, dass die Gefahr besteht, dass Sie in diesem Jahr unser Lager nicht besuchen können. Wir erwarten die interessantesten Ergebnisse von all unseren Jahren des Experimentierens, und wir sind sicher – abgesehen von ärgerlichen kleinen Unfällen oder irgendeinem Missgeschick –, dass wir etwas erreicht haben werden, ehe wir das Lager abbrechen.«[8]

Ihr Ziel vor Augen, wollten die Wrights also durchaus, dass dieser alte Mann des Fliegens nach Kitty Hawk käme. Denn wer hätte besser bezeugen können als er, *was* sie bis dahin erreicht haben würden und nicht aussprachen? Über ihren späteren Erfolg müssen sie sich zu diesem Zeitpunkt ziemlich sicher gewesen sein, zumal sie davon ausgehen konnten, dass sie tatsächlich die Ersten sein würden, die motorgetrieben flögen. Trotzdem blieb Wilbur Wright zurückhaltend, als er noch schrieb: »Ich sehe, dass Langley seinen Versuch hatte und gescheitert ist. Nun scheinen wir mit einem Wurf dran zu sein und ich frage mich, wie viel Glück wir haben werden.«[9]

Nur waren sie immer noch nicht bereit. Am 20. Oktober schrieb Orville Wright über ihre Fortschritte an Charles Taylor, der wie kein Zweiter von ihrem möglichen Erfolg wissen wollte, und es ist bezeichnend, *wie* er schrieb: »Das Flugapparate-Geschäft war sehr uneinheitlich in den letzten Tagen. Es eröffnete gestern Morgen bei etwa 208 (100 % bedeutet sogar Erfolgschancen), war aber bis Mittag auf 110 gefallen. Diese Schwankungen hätten, an der Wall Street, denke ich, Panik verursacht, aber an diesem ruhigen Ort brachten sie uns nur ein wenig zum Nachdenken und Rechnen. Es besserte sich langsam für den Rest des gestrigen Tages und für heute und ist jetzt fast wieder bei der alten Notierung.«[10]

Da zeigt sich wahrlich einer der wesentlichen Antriebe der Wrights, und man muss hier nicht weiter interpretieren, was es bedeutete, wenn Orville Wright ihre Lage auf das Geschehen an der Börse übertrug.

Erst am 23. Oktober erschien George A. Spratt im Lager, ›pünktlich‹ um ihren ersten Motorflug zu erleben. Zu Spratt hatten die Wrights ein geradezu freundschaftliches Verhältnis entwickelt, das sogar Persönliches einschloss. Beispielhaft geht dies aus einem Brief hervor, den Wilbur Wright ihm schon im Jahr zuvor geschrieben hatte. Spratt versuchte sich an ganz eigenen aeronautischen Lösungen und musste doch feststellen, wie weit ihm die Wrights dabei methodisch voraus waren. Allerdings sprechen folgende Zeilen Wilbur Wrights auch stark davon, wie er selbst seine langjährigen Depressionen überwunden hatte: »Ich verstehe angesichts Ihrer Bemerkung über die Schwermut [the ›blues‹], dass Sie doch die Gewohnheit beibehalten, sich von den Meinungen oder Handlungen anderer zu sehr beeinflussen zu lassen. Wir dachten, dass wir Sie davon in Kitty Hawk zum Teil kuriert hätten. Es ist gut für einen Menschen, die Vorzüge anderer und die eigene Schwäche sehen zu können, aber wenn man dabei zu weit getrieben wird, ist das so schlecht oder sogar noch schlechter, als wenn man nur die *eigenen Vorzüge* und die Schwäche *der anderen* sieht.«[11]

Immer länger zogen sich die Vorbereitungen hin. Inzwischen diskutierten die Brüder sogar, ob sie diesmal nicht, um Zeit zu sparen, auf eines verzichten sollten, nämlich die Testflüge mit dem motorlosen *Flyer*. Sie konnten davon ausgehen, dass er im Flugverhalten *so* anders nicht wäre als der alte Gleiter. Denn es musste noch einmal Tage dauern, den Flugapparat zuerst motorlos herzurichten um ihn zu testen, und dann erst das ganze Antriebssystem zu montieren.

Und die Tage, die ihnen mit passendem Wind zur Verfügung stünden, wurden mit dem anstehenden Winter immer weniger.

Nur am Rande sei erwähnt, dass *ein* Mann bei den weiteren Vorbereitungen nicht mehr anwesend war, nämlich Dan Tate, der Halbbruder jenes William Tate, der die Wrights drei Jahre zuvor so nett in Kitty Hawk willkommen geheißen hatte und ihnen selbst schon seit langem nicht mehr zur Seite stand. Dan Tate half den Wrights nach wie vor, arbeitete aber inzwischen für Lohn. Seine Hilfe war besonders bei der anstrengenden Arbeit gefragt die Gleitapparate immer wieder die Dünen hochzutragen. Da er sich in mechanischen Dingen kaum auskannte und im Lager selbst nur zum Tellerwaschen geeignet war, beauftragten ihn die Wrights eines Tages damit, Treibholz zum Feuermachen zu sammeln. Tate verwies darauf, dass es in Kitty Hawk Feuerholz für nur drei Dollar den Klafter gebe, und er wird vielleicht auch auf das Wetter verwiesen haben. Er ging und kam nie wieder. Er wird seine eigene Geschichte zu erzählen gehabt haben, wie korrekt sich jene Brüder aus Dayton verhielten, die immer wie Buchhalter gekleidet waren.

Erst am 4. November, fast eineinhalb Monate nach ihrer Ankunft in Kitty Hawk, testeten die Wrights ihren *Flyer* zum ersten Mal, und zwar sein Antriebssystem. Sie hatten schließlich Motor und Propeller doch sofort montiert – und sich damit entschieden, erst gar keine Testflüge zu machen. Das war eigentlich eine unerhörte Entscheidung angesichts der Tatsache, dass die beiden Brüder auf eines immer besonderen Wert gelegt hatten: die Sicherheit. Um mit ihrem großen Apparat jedoch Gleitflüge zu machen hätten sie kräftigen Wind gebraucht, dazu viele Helfer, um das schwere Gerät auf einen der Hügel zu bekommen. So beschränkten sie sich ganz auf ihre Überzeugung, dass der *Flyer* fliegen müsste.

Gleich bei diesem ersten Test passierte jedoch einer jener ärgerlichen kleinen Unfälle: Durch das Rütteln des einfachen Motors, der zunächst immer wieder Fehlzündungen hatte, brachen beide Propellerwellen. Der Ärger muss groß gewesen sein. Waren nun alle Vorbereitungen für die Katz gewesen? Nur Charles Taylor war in der Lage, sie gemäß den Anforderungen zu reparieren. Tage würden vergehen, ehe sie die Wellen wieder einsetzen könnten.

Vielleicht hatte George A. Spratt bis dahin sowieso die Nase voll, zumindest muss er in der Kälte gefroren haben wie ein Schneider. Einige Tage zuvor waren die Temperaturen auf null Grad gesunken. Orville Wright beschrieb, wie sie in einem der Karbid-Fässchen ein Feuer machten, besonders um den durchgefrorenen Spratt aufzuwärmen, und sich im Schuppen darum herumsetzten. Danach war »alles im Gebäude so gründlich eingerußt, dass wir uns mehrere Tage lang nicht zum Essen setzen konnten, ohne dass eine Menge schwarzer Ruß auf unsere Teller getropft wäre.«[12] Zwar konstruierten die Wrights dann einen eigenen Ofen, doch mussten sie bis dahin auch schon die Lebensmittel kürzen um länger bleiben zu können. Es muss also höchst ungemütlich gewesen sein.

Spratt trat am nächsten Tag die Heimreise an. Länger hätte er das Warten wohl nicht aushalten können. Für die Wrights hatte seine Abreise immerhin den Vorteil, dass sie ihn beauftragen konnten, die Wellen mitzunehmen, um sie nach Dayton zu schicken. Dort sollte Charles Taylor sie neu und besser bauen. So schien die Stunde ihres Erfolgs nur etwas verschoben und als sie sich schon darauf einstellten, wieder ganz für sich zu sein, kam ausgerechnet an dem Tag, als Spratt abreiste, Octave Chanute zu Besuch. Und ausgerechnet ihm gegenüber hatten sie nun nichts vorzuweisen. Man kann sich leicht vorstellen, wie viel sie, zur Untätigkeit verdammt, in diesen Tagen redeten und sich austauschten.

Es müssen auch eben die Tage gewesen sein, da Chanute ihnen vorschlug, sie könnten jenen Ader-Apparat aus Frankreich auf seine Kosten flugfertig machen. Welch eine Missachtung ihrer Fortschritte das doch war! Auch bedeutete Chanute ihnen durch die Blume wohl immer wieder, dass er nicht an ihren Erfolg glaubte. Sie würden sich in ihren Berechnungen in zu engen Grenzen bewegen, zitierte ihn Orville Wright und merkte noch an: »Er denkt anscheinend, wir würden vom blinden Schicksal verfolgt, dem wir uns nicht entwinden können.«[13] Vielleicht stärkte sie Chanutes Zweifel nur in ihrem Glauben an den Erfolg. Dass sie es dem alten Mann nun wahrlich zeigen würden, muss sie fortan sehr herausgefordert haben.

Chanute muss angesichts ihres Ziels und ihrer Vorstellung davon, wie sie es erreichen wollten, mit ihnen immer wieder so bewundernd wie ungläubig gesprochen haben. Ihre Startschiene habe ihn »erheblich amüsiert«, schrieb Wilbur Wright und führte an, dass sie insgesamt, wie er ausdrücklich anmerkte, 4 Dollar gekostet habe. 50 000 Dollar habe dagegen das Startsystem von Langley gekostet[14], eine Zahl, die wohl Chanute beigesteuert hatte. Der muss einfach immer wieder über die Brüder gestaunt haben und vielleicht war dieses Staunen nicht immer als solches klar zu erkennen. Im Fall der Startschiene hätte es wohl auch heißen können: Auf den Holzbrettern soll sich ein Flugzeug in die Luft erheben?

Chanute wartete angespannt auch auf den weiteren Fortgang in Washington und er wird den Wrights noch einmal bestätigt haben, dass Langley nicht nur beim Kriegsministerium angefragt hatte, ob für die Reparatur des ›Great Aerodrome‹ abermals Geld zur Verfügung stehe, sondern dass der Professor inzwischen auch die gewünschte Unterstützung erhalten hatte. Erneut müssen die Wrights davon ausgegangen sein, dass ihnen womöglich die Ehre genommen würde, als Erste ein Motorflugzeug zu fliegen.

Am 16. November gab Orville Wright zum weiteren Fortgang folgende Einschätzung: »Anlage in Flugapparat wird an einem Tag mit 175 gehandelt und am nächsten mit ungefähr 17. In der letzten Nacht fiel sie auf 3, aber vor der Schlafenszeit war sie wieder auf ungefähr Pari gestiegen, wo sie sich nun hält.«[15]

Am 19. November gingen sie davon aus, dass sie, um die »Vogelnummer« zu machen, »the bird act«, wie Orville Wright schrieb, nicht vor dem Ersten des nächsten Monats zu Hause wären.[16]

Am Tag darauf, als sich der Winter schon drohend ankündigte, erhielten sie endlich die neuen Propellerwellen. Wieder ereignete sich jedoch einer jener ärgerlichen kleinen Unfälle, die Wilbur Wright vielleicht vorausgesehen hatte und die alles gefährden konnten. Beim Einbau stellte sich heraus, dass die Zahnräder auf den Wellen nicht fest hielten. Was war zu tun? Um Metallteile zu bearbeiten hätten sie ihre Daytoner Werkstatt gebraucht. Die Lage schien aussichtslos. Doch diesmal wussten sie sich in einer Weise zu helfen, die ebenfalls zu einer Anekdote ihrer Biografie geworden ist. Sie hatten einen bestimmten Klebstoff dabei, ›*Arnstein's hard cement*‹, mit dem man alles reparieren konnte, wie Orville Wright an Taylor schrieb, »von einer Stoppuhr bis zur Dreschmaschine«, und tatsächlich verwendeten sie diesen Kleber um die Zahnräder auf den Wellen zu fixieren. Der Kleber hielt so fest, dass Orville Wright daran zweifelte, ob sie sich jemals wieder lösen ließen.[17] Bezeichnend an diesem Vorgang ist einmal mehr die hemdsärmelige Art der Wrights, sich durch nichts unterkriegen zu lassen und aus dem hohlen Bauch heraus zu improvisieren.

Trotzdem überließen sie nichts dem Zufall. Immer wieder testeten sie den *Flyer* auf Druck, Zug, lose Teile, Schwachstellen. Einmal hängten sie ihn sogar an den Flügelenden auf um die Stärke des Rahmens zu prüfen. Bezeichnend ist, was sie in einem anderen Fall kontrolliert haben wollten: Chanute als erfahrener Ingenieur hatte ihnen versichert, dass der Leistungsverlust des Motors durch die Reibung der Ketten 20 Prozent betrage.[18] Das musste die Wrights ziemlich sorgen, weil sie einen wesentlich niedrigeren Wert einkalkuliert hatten. Nun könnte man davon ausgehen, sie hätten spätestens beim ersten Flugversuch erfahren, ob die Leistung des Systems ausreichen würde. Doch die beiden Brüder überließen tatsächlich nichts dem Zufall. Bloß wie sollten sie an dem Ort, wo sie waren, die Reibungsverluste der Ketten bestimmen? Die Lösung erinnert an das sprichwörtliche Ei des Kolumbus. Sie nahmen einfach einen Teil der Ketten, die sie benutzten, und legten es über ein beweglich aufgehängtes Zahnrad. Dann befestigten sie an beiden Enden dieses Teils Sandsäcke, die dem Gewicht des Kettenzugs entsprachen. Schließlich beschwerten sie einen der Sandsäcke zusätzlich mit mehr und mehr Gewicht, so lange, bis sich diese Art Flaschenzug bewegte. So konnten sie leicht den Reibungsverlust errechnen, der etwa fünf Prozent betrug – eben der Wert, von dem sie ausgegangen waren.

Als sie mit allem so weit zufrieden sein konnten und den Start planten, trotzdem aber alles noch einmal gründlich überprüften, besahen sie sich auch noch einmal aufmerksam die Propellerwellen, die einer besonderen Belastung ausgesetzt waren. Wie müssen sie sich da plötzlich angesehen haben! Eine der Wellen zeigte einen feinen Riss! Es muss ihnen kalt den Rücken hinuntergelaufen sein. Denn dieser Riss bedeutete, dass sie im Flug unter Umständen von Propellern, Ketten und Zahnrädern erschlagen worden wären. Und er bedeutete wegen der Reparatur abermals eine tagelange Verzögerung.

Eigentlich war es nun an der Zeit aufzugeben. Zehn Tage lang hatten sie das letzte Mal auf die erneuerten Wellen gewartet. Auch würde Langley bald seinen nächsten Startversuch unternehmen. Und das Wetter wurde immer ungeeigneter. Gewiss hätten andere in dieser Lage nicht lange gezögert den Flugversuch zu wagen. Andere hätten wahrscheinlich schon den Haarriss nicht weiter beachtet. Nicht so die Brüder Wright! Sie gingen auf Nummer sicher und beschlossen, die Wellen komplett neu zu fertigen, und zwar aus solidem Stahl, nicht mehr aus Stahlrohren wie zuvor. Und damit nicht wieder so viel Zeit für den Transport verginge, würde selbst einer der beiden nach Dayton fahren. Es war Orville Wright, der sich schließlich auf den Weg machte.

Und eben in der Zeit, als die Wrights fliegerisch nichts bewegen konnten, startete nur dreihundert Kilometer entfernt Samuel P. Langley mit dem ›Great Aerodrome‹ seinen zweiten Versuch. Diesmal gab er sich keine Mühe mehr die Angelegenheit geheim zu halten. Er wusste zu gut, dass die Presse alles in die Wege leiten würde, sich diese Sensation nicht entgehen zu lassen. Und diesmal war er auch selbst anwesend. Das ganze System seines Flugapparats, der immer nur *eine* Chance zum Fliegen hatte, brachte wohl auch eine Alles-oder-Nichts-Haltung mit sich. Denn jener Tag, der 8. Dezember, war alles andere als für einen Flugversuch geeignet.

Es ging ein böiger Wind mit Geschwindigkeiten bis zu 30 Kilometern in der Stunde.[19] Das ›Great Aerodrome‹, das weitgehend eigenstabil sein sollte und kaum über geeignete Steuerungsmechanismen verfügte, war jedoch prinzipiell für ruhiges Wetter vorgesehen. Abermals brach auch der Winter an und den Fluss Potomac drifteten Eisschollen hinunter. Nachdem das Hausboot erneut an eine geeignete Stelle geschleppt worden war, ließ man dem Schicksal da seinen Lauf? Fast hat es den Anschein, denn auch der Start erfolgte erst um 16:45 Uhr, als es bereits dämmerte. Der weitere Fortgang muss für die vielen Zuschauer am Ufer dann wirklich obskur gewirkt haben. Die gewaltige Kraft des Katapults ließ das dröhnende Gerät vorwärts schießen. Sofort erzeugten die leicht angestellten Tragflächen so viel Auftrieb, dass sich das ›Great Aerodrome‹ diesmal aufbäumte, der hintere Teil abknickte und sich die Flügel nach oben falteten. Für einen Augenblick verharrte der Apparat wie Hilfe suchend in der Luft, ehe er mit dem Schwanz zuerst aufs Wasser schlug. Als sich Manly nicht gleich an der Oberfläche zeigte, sprang einer der Mechaniker hin zum Wrack, unter dem Manly um sein Leben kämpfte. Seine Rettungsweste hatte sich an den metallenen Teilen des Pilotenstandes verfangen. Verzweifelt musste er sich zunächst aus der Weste befreien und dann, als ihm das endlich gelungen war, durch den Wirrwarr aus Holmen, Stangen und Segeltuch tauchend an die Oberfläche aufsteigen. Dort stieß er zu allem Überfluss noch mit dem Kopf an eine Eisscholle, ehe ihn der Mechaniker greifen und man beide aus dem Wasser ziehen konnte.

Da hier Langley so eindeutig den Schaden hatte, brauchte er sich um den Spott wahrlich nicht mehr zu sorgen. Die aus Geheimhaltungsgründen von dem Professor stets übergangene Presse und dazu der Kongress höchstselbst waren voller Hohn, wobei die ›New York Times‹ das Denken der Zeit exemplarisch auf den Punkt brachte: »Das lächerliche Fiasko, mit dem der Versuch der Luftschifffahrt mit Langleys Flugmaschine geendet hat, ist nicht unerwartet gekommen. Die Flugmaschine, die wirklich fliegen wird, könnte durch die vereinten und fortgesetzten Bemühungen von

Mathematikern und Technikern in ein bis zehn Millionen Jahren entwickelt werden.«[20] Gibt es einen Vergleich in der Geschichte, wo das Menschenunmögliche zur gleichen Zeit behauptet und in die Tat umgesetzt wurde, wo ein derart grotesker Vergleich zwischen jenen vereinten und fortgesetzten Bemühungen von Mathematikern und Technikern in ein bis zehn Millionen Jahren und den drei- bis vierjährigen Bemühungen zweier Fahrradhändler möglich wäre? Und sollte es dann für die Geschichte der heutigen Zeit nicht bezeichnend sein, dass Langley postum doch Recht gegeben wurde, als man nämlich das ›*Great Aerodrome*‹ doch zum Fliegen brachte? Und sollten dazu nicht die Wrights selbst Grund gegeben haben? Doch davon später ...

Drei Tage nach Langleys spektakulärem Fehlschlag, der ihn wohl geradewegs ins Grab brachte, da er, deprimiert, bereits drei Jahre später starb, kam Orville Wright mit den neuen Wellen aus massivem, hoch elastischem Federstahl zurück an die Kill Devil-Hügel. Auf seinem Weg hatte er von dem neuerlichen Fehlschlag Langleys in der Zeitung gelesen. Als hätte das Schicksal den direkten Vergleich verweigert, waren die Wrights also nicht in der Lage gewesen, gleichzeitig mit Langleys letztem Versuch ihr eigenes Flugzeug zu starten.

Jedenfalls brachte Orville Wright mit dem Wissen um Langleys Misserfolg außer den neuen Wellen eigentlich auch Ruhe mit nach Kitty Hawk. Es war bereits Zeit für ein Resümee, und zwar zu der Frage, was sie die Entwicklung des Motorflugzeugs bis dahin gekostet hatte. Orville Wright kam auf eine Summe von unter 1000 Dollar, wobei er die Kosten für die neuerliche Zugreise eingerechnet hatte.[21] Dazu sei einmal wieder Max Weber zitiert: »: [...] so fällt als das Eigentümliche in dieser ›Philosophie des Geizes‹ das Ideal des kreditwürdigen Ehrenmannes und vor allem: der Gedanke der Verpflichtung des einzelnen gegenüber dem als Selbstzweck vorausgesetzten Interesse an der Vergrößerung seines Kapitals auf. In der Tat: daß hier nicht einfach Lebenstechnik, sondern eine eigentümliche ›Ethik‹ gepredigt wird, deren Verletzung nicht nur als Torheit, sondern als eine Art von Pflichtvergessenheit behandelt wird: dies vor Allem gehört zum Wesen der Sache. Es ist nicht nur Geschäftsklugkeit, was da gelehrt wird [...] – es ist ein Ethos, welches sich äußert.«[22]

Was die Wrights jedenfalls auch errechneten, war die Zeit, die ihnen bis Weihnachten noch bliebe. Denn vor allem auch dazu waren sie fest entschlossen, nämlich »Weihnachten zu Hause zu sein«.[23] So trieb sie doch besonnene Eile.

Nachdem sie die Wellen eingebaut hatten, testeten sie abermals das gesamte Antriebssystem. Alles funktionierte und schon am nächsten Tag, am Samstag, den 12. Dezember, waren sie bereit. Doch es ging nur eine schwache Brise, die es ihnen nicht erlaubt hätte, von ebener Erde zu starten. Dass in jenen Tagen das Wetter ›stimmte‹, dass also möglichst ein kräftiger Wind ginge, muss noch ihre größte Sorge gewesen sein. Sie hätten nicht wissen können, *wie* sehr die Wetterverhältnisse stimmen mussten. An ihrem Flugzeug stimmte bis dahin alles.

Am nächsten Tag erhob sich ein stärkerer Wind mit 25 Kilometern pro Stunde, was bestens hätte ausreichen sollen, damit das Flugzeug nach ihren Berechnungen abhöbe. Sicherlich unterhielten sie sich auch intensiv über die jeweils verschiedenen Bedingungen bei dem tageweise je verschiedenen Wind. Immerhin konnten sie den *Flyer* auch eine der Dünen hinauftragen und von dort starten, wenn der Wind wieder abflaute. Ein wirklicher Motorflug hätte im Unterschied zu einem Gleitflug zwar darin bestehen müssen, dass der Landepunkt nicht tiefer als der Startpunkt läge; was aber wenn die Strecke nur weit genug wäre? Der Benzintank, gerade einmal 30 Zentimeter lang, fasste nicht mehr als 2 Liter. Nach ihrer Berechnung reichte das für einen Flug von 18 Minuten Dauer über eine Distanz von 15 Kilometern. Die Seenotrettungsstation von Kitty Hawk lag 6½ Kilometer entfernt – bis dahin hätte es der *Flyer* eigentlich schaffen müssen. Nach einer solchen Strecke wäre es vollkommen einerlei gewesen, dass der Startpunkt ein wenig erhöht gewesen war.

Mit solchen Überlegungen muss der Sonntag vergangen sein, mit Spaziergängen im recht warmen Wind, mit Ordnen und Aufräumen und Lesen. Denn es war Sonntag und die Wrights hätten nicht gegen die religiöse Bestimmung verstoßen, an diesem besonderen Tag alle Arbeit ruhen zu lassen.

Am Montag, den 14. Dezember, sollte es doch so weit sein. Zwar war der Wind wieder abgeflaut, doch würden sie dann eben die Dünen zum Start nutzen. An diesem Morgen ließen sie eine Signalfahne über dem Flugzeugschuppen wehen, für die Mitglieder der Seenotrettungsstation das Zeichen, dass die beiden Brüder aus Dayton bereit waren. Zum einen brauchten die Wrights Zeugen, zum anderen Hilfskräfte um das schwere Flugzeug überhaupt von der Stelle zu bewegen. Das aber ging relativ leicht vonstatten, da sie zum Transport einfach die Startschienen nutzen, die jeweils von hinten wieder nach vorn gelegt wurden. Fünf Männer halfen mit, wobei auch zwei Jungen aus Kitty Hawk gekommen waren und ein Hund. Nach vierzig Minuten stand der *Flyer* in Startposition.

Im Grunde muss man sich fragen, was es eigentlich zu bedeuten hatte, dass nicht alle Bewohner von Kitty Hawk zusammenströmten. Waren sie die Flüge der Daytoner Brüder leid oder derart gewohnt? Verkannten sie die Bedeutung des Augenblicks? Oder waren sie alle gerade mit wichtigeren Arbeiten beschäftigt? Es war auch niemand aus der Tate-Familie erschienen.

Jedenfalls war der Apparat bald ausgerichtet und mit einem Halteseil gesichert, damit er sich nicht von allein bewegte. Klopfte den Wrights nun das Herz im Hals? Es kann nicht anders gewesen sein, schon weil sie die Flugeigenschaften des *Flyer* nicht kannten. Und es muss ihnen doch unfassbar erschienen sein, als sie sicherlich darüber sprachen, wo derjenige, der flöge, fern in Kitty Hawk landen würde, wie hoch er flöge, nämlich möglichst niedrig, wie weit, vielleicht noch über Kitty Hawk hinaus, und wer derjenige wäre. Die letzte Frage entschieden sie so, wie es wohl kaum anders ›gerecht‹ sein konnte: Sie knobelten es aus. Wer immer als Erster ein Motorflugzeug steuerte, würde einer besonderen Gefahr ausgesetzt sein, aber auch besonderen Ruhm ernten. Wer ›gewann‹, war Wilbur Wright.

Vielleicht zeigte sich den Helfern das Ungeheuerliche der Maschine erst, als der Motor anlief und sich die beiden Propeller drehten. Plötzlich war etwas zum Leben erwacht, was kaum zu bändigen schien. Der Apparat drängte auf der Startschiene vorwärts, als hätte er den Moment seiner Luftgeburt nicht abwarten können. Dazu dröhnte der Motor mit solcher Gewalt, dass die zwei Kinder vor Schrecken davonliefen. Beide Brüder müssen da wie Hexenmeister gewirkt haben, die noch um ihren *Flyer* herumliefen und genau horchten und äugten, ob irgendetwas schief lief. Dann turnte Wilbur Wright durch die Streben und Verspannungen, legte sich bäuchlings auf den unteren Flügel in das Hüftgestell für die Quer- und Seitensteuerung, sah sich noch einmal um, dachte wohl nicht mehr nach und wollte das Halteseil lösen. Das allerdings stand so unter Zug, dass er es nicht freimachen konnte. In dem ohrenbetäubenden Lärm wird er seinem Bruder zugewinkt und geschrien haben, der aber selbst wohl längst erkannt hatte, welches Problem bestand. Alles muss nun hektisch gewesen sein. Die Männer zogen den *Flyer* gegen den Druck der Propeller zurück, ließen los und Wilbur Wright löste das Seil. Das Flugzeug schoss so schnell vorwärts, dass sein Bruder, der die eine Flügelseite hielt, nicht Schritt halten konnte. Wilbur Wright stellte, wie er es kannte, das Höhenruder an und das Flugzeug stieg auf. Sofort verlor es an Fahrt, kam ins Trudeln und kam 30 Meter weiter unsanft auf. Einige Teile brachen. Der Motor lief noch eine Weile, ehe Wilbur Wright daran dachte ihn abzustellen. Die Propeller drehten aus, als wäre plötzlich der Wind abgestellt. Der aber blies weiter schwach die Düne hinauf. 3½ Sekunden hatte der Flug gedauert – wenn es überhaupt einer gewesen war. In anderen Zusammenhängen hätte man später durchaus darüber gestritten, diese 3½ Sekunden als Flug zu zählen. Doch die Frage stellte sich gar nicht. Für die Wrights selbst war es kein Flug gewesen. Ihr Ziel war nicht der Fuß des Hügels gewesen, sondern die wenigen Häuser von Kitty Hawk in weiter Ferne.

So müsste man annehmen, dass sie enttäuscht waren. Vielleicht waren sie es für den Moment, allerdings nur, weil das Flugzeug erst wieder repariert werden musste, weil die Tage bis Weihnachten sich zusammenschnürten. Denn worauf es ankam, hatte sich erfüllt. Der *Flyer* hatte problemlos die Startschiene verlassen.

Für die Wright-Brüder gab es nun erst recht keinen Zweifel mehr an ihrem Erfolg. Sie hatten alles richtig berechnet und das einzige Moment, das schlecht einzukalkulieren war, lag in der fehlenden Flugerfahrung mit dem neuen schweren Apparat. Wilbur Wright schilderte seiner Familie die Folgen dieses Versuchs so: »Ein paar Stangen am Frontruder sind gebrochen, was wahrscheinlich ein oder zwei Tage Reparatur erfordern wird. Es war eine schön leichte Landung für den Piloten. Das ganze System funktionierte völlig zufrieden stellend und es scheint verlässlich. Leistung ist genug vorhanden und ohne einen leichtfertigen Fehler, der seinen Grund in dem Mangel an Erfahrung mit diesem Apparat und mit dieser Startmethode hat, wäre der Apparat zweifellos wunderbar geflogen. Der abschließende Erfolg ist nun keine Frage mehr. Die Stärke des Apparats ist in Ordnung, die Schwierigkeit mit dem Frontruder leicht beseitigt. Wir erwarten keinen weiteren Ärger beim Landen. Wahrscheinlich werden wir einen weiteren Versuch gemacht haben, bevor ihr das hier erhaltet, außer es gibt widriges Wetter.«[24]

Ihre unglaubliche Zuversicht drückt sich auch exemplarisch in einem Telegramm aus, das Orville Wright an den Vater nach Dayton schickte: »Fehleinschätzung beim Start reduzierte Flug auf einhundertundzwölf [Fuß]. Leistung und Steuerbarkeit ausreichend. Ruder nur beschädigt. Erfolg sicher. Seid still.«[25] Die letzte Anweisung klingt so drastisch wie merkwürdig, erklärt sich aber wohl daraus, dass die Familie darauf vorbereitet war die Presse zu informieren. Eben in dieser Hinsicht sollten sie sich noch still verhalten.

Schon zwei Tage später war der *Flyer* repariert. Diesmal legten sie ihre Startschiene gleich neben den Schuppen aus. Wenn nur der Wind richtig wehte, musste es sich auf der Ebene sogar gefahrloser starten und fliegen lassen. Doch spielte der Wind nicht mit und als sie noch darauf warteten, ob er auffrischte, tauchte plötzlich ein fremder Mann bei ihnen auf. In Orville Wrights Erinnerungen heißt es zu dieser Begegnung: »Als er die Maschine einige Sekunden betrachtet hatte, erkundigte er sich, was das sei. Als wir ihm antworteten, es sei ein Flugapparat, fragte er erneut, ob wir etwa damit fliegen wollten. Wir antworteten: ›Ja, sobald wir einen brauchbaren Wind haben.‹ Er schaute ihn noch einige Minuten an, und dann bemerkte er, wohl in der Absicht höflich zu sein, daß er so aussähe, als ob er bei brauchbarem Wind fliegen würde. Wir amüsierten uns köstlich, denn ohne Zweifel dachte er an den kürzlichen 75-Meilen-Sturm, als er unsere Worte ›ein brauchbarer Wind‹ wiederholte.«[26]

Was für ein skurriler Vorgang! Da ging ein Mensch am sprichwörtlichen Ende der Welt die verlassenen Dünen entlang und sah plötzlich ein Gerät, von dem behauptet wurde, es sei ein Flugapparat und man warte nur auf den passenden Wind um damit zu fliegen. Der Mann akzeptierte die Antwort nicht nur, sondern legte sie sich auch noch passend zurecht – und ging weiter. Die Geschichte klingt, als wäre da noch ein letzter Bote aus dem Reich der Rationalität erschienen um die Wrights in ihrem Vorhaben zu bestärken. Auf jeden Fall mussten sie nur noch auf brauchbaren Wind warten aber ein solcher erhob sich an jenem Tag nicht mehr.

Als sie am nächsten Morgen erwachten, hatte das Wetter umgeschlagen. Es war so kalt geworden, dass die Pfützen gefroren waren – und es ging ein starker Nordwind. Der war den beiden Brüdern nun aber zu stark und sie warteten und beobachteten das Wetter. Doch als nach einiger Zeit keine Aussicht bestand, dass sich die Bedingungen ändern würden, trafen sie die Entscheidung es doch zu versuchen. Sie hatten kalkuliert: Zwar bestand wegen des starken Windes ein größeres Flugrisiko, doch würde eben der starke Wind helfen das Flugzeug schnell aufsteigen zu lassen.

Die Männer der Seenotrettungsstation werden ihren Augen nicht getraut haben, als sie an diesem Morgen des 17. Dezember 1903 die Signalfahne über dem großen Schuppen der Wright-Brüder flattern sahen. Es war lausig kalt und der Wind drang durch alle Nähte.

Trotzdem machten sich drei von ihnen auf den Weg, deren Namen waren: John Daniels, Will Dough und Adam Etheridge; außerdem gesellte sich noch ein gewisser W. C. Brinkley dazu, der auf dem Weg war um Holz aus einem Schiffswrack zu sammeln, und ein Junge namens Johnny Moore, der ebenfalls gerade die Station besucht hatte.

Die Wrights hatten inzwischen die Startschiene ausgelegt, diesmal gleich 30 Meter neben dem ›Hangar‹ des Flugzeugs, auf der Ebene. Immer wieder hatten sie sich in den Schuppen ans Feuer zurückziehen müssen um sich aufzuwärmen. Der kalte Wind ging mit einer Geschwindigkeit von etwa 40 Kilometern in der Stunde. Sie wussten, dass die Eigengeschwindigkeit ihres *Flyer* nicht viel höher wäre.

Diesmal dauerte es nicht lange das Flugzeug zum Startplatz zu bringen. Die Männer mussten höchstens aufpassen, dass es sich in dem starken Wind nicht überschlüge. Schnell war alles bereit. Der Apparat wartete geradezu darauf, endlich eingesetzt zu werden. Die Wrights vergaßen nicht, ihren Erfolg, der so wahrscheinlich war, zu dokumentieren. Dazu hatten sie eine Kamera mitgebracht, die Orville Wright so postierte, dass sie auf das Ende der Startschiene gerichtet war. Dazu erklärte er John Daniels, wann er den Verschluss auszulösen habe, nämlich in dem Moment, da das Flugzeug von der Schiene abgehoben hätte. Daniels erwähnt in seiner Erinnerung, dass sich die beiden Brüder nach einer Weile die Hände schüttelten und »es sah aus, als ob sie Angst gehabt hätten, einander wieder loszulassen; es sah so aus, als wenn sich zwei Menschen voneinander verabschieden, die nicht sicher waren, ob sie sich jemals wiedersehen würden.«[27] Angesichts der Bedeutung des Vorgangs erscheint diese Erklärung einleuchtend. Nur kann man kaum annehmen, dass sich die beiden Brüder wegen einer möglichen Gefahr derart verhielten. Eher wünschte der ältere Bruder dem jüngeren Glück, da es diesmal Orville Wright zustand, den nächsten Versuch zu wagen. Zwar mag es in diesem Moment einen Anflug von Pathos bei den beiden gegeben haben, da doch die Krönung ihres Werks bevorstand,

Wegen der langsamen Geschwindigkeit des Flugzeugs über Grund ist die Aufnahme des ersten Motorflugs in der Menschheitsgeschichte gestochen scharf.

doch spricht nichts dagegen, dass weiterhin nüchternes Kalkül den Vorgang bestimmte. Das lässt sich auch aus einer anderen Erinnerung von Daniels schließen, wonach Wilbur Wright die Zuschauer kurz vor dem Start aufgefordert habe, »nicht so traurig dreinzublicken, sondern zu lachen und fröhlich zu sein, um Orville etwas aufzumuntern.«[28]

Um 10.35 Uhr war es so weit: Der Motor knatterte gleichmäßig, Orville Wright legte sich auf die untere Tragfläche in das Hüftgestell, fasste mit einer Hand den Hebel für das Höhenruder und löste das Halteseil. Langsam, in Schrittgeschwindigkeit, bewegte sich der *Flyer* vorwärts und lange vor dem Ende der Schiene hob er ab, stieg tatsächlich in die Luft auf. Gleichwohl blieb Daniels ruhig genug um in diesem Moment den Verschluss auszulösen. Eines der berühmtesten Dokumente der Welt war im Kasten.

Kaum ein Bild hat wohl solche Geschichte geschrieben wie diese eine Aufnahme, die noch dazu so gut getroffen ist. Sie drückt tatsächlich die ganze Dynamik des Vorgangs aus. So gebannt wie fasziniert, im Lauf gerade innehaltend, starrt Wilbur Wright zu seinem Bruder, der wie verloren zwischen den großen Tragflächen des Flugzeugs liegt. Und dieses Flugzeug hat deutlich abgehoben, wie auch der diffuse Schatten über dem völlig flachen Grund zeigt. Die Fotografie ist trotz der langen Belichtungszeit gestochen scharf und absolut authentisch – nichts daran hätte montiert sein können, und gefälschte Fotografien von fliegenden Flugapparaten gab es damals genug. Trotzdem gelang diese Aufnahme lange nicht an die Öffentlichkeit. Sie war *zu* deutlich, nämlich auch in Hinsicht auf die ganze Konstruktionsart des wrightschen Flugzeugs.

Wie dieser erste Flug zu Ende ging, war allerdings kaum der Rede wert. Wichtig war vor allem, dass der *Flyer* aus eigener Kraft abgehoben hatte. Orville wird unter den herrschenden Bedingungen auch nicht davon ausgegangen sein, bis nach Kitty Hawk zu fliegen. Wie zuvor sein Bruder konnte er das riesige Höhenruder nicht richtig handhaben. In seiner Dynamik reagierte es zu empfindlich, sodass der *Flyer* sofort hochstieg und, nachdem Orville Wright die Bewegung mit dem Höhenruder korrigiert hatte, ebenso schnell wieder herunterkam. Das Ergebnis war zwar nur eine Strecke von 36½ Metern, doch hatte der Flug in starkem Wind stattgefunden und immerhin 12 Sekunden gedauert. Und es war ein Flug gewesen, der erste motorgetriebene Flug der Geschichte.

Muss man sich nun vorstellen, dass sich die Wrights in die Arme fielen, dass ihre Helfer sie umarmten? Es gibt keinen Hinweis darauf, dass sich danach irgendjemand über Gebühr gefreut hätte. Für die Helfer, die sich mit dem Rücken gegen den kalten Wind stellten, bedeutete das Erlebnis vielleicht nicht mehr als das, was sie von den Wrights längst kannten: dass die sich mit einem ihrer Apparate in die Luft erhoben, der diesmal eben von einem Motor angetrieben war. Und für die Wrights selbst? Sie hatten eigentlich nur bestätigt, dass sie das Flugproblem gelöst hatten. Alles war so eingetreten, wie sie es vorausberechnet hatten.

Die Unaufgeregtheit des Vorgangs zeigt auch eine nette Erinnerung von Orville Wright: Als sich nach dem ersten Flug alle zum Aufwärmen in den Schuppen zurückzogen, sah Johnny Moore unter dem Tisch eine Kiste voll mit Eiern. Da er als ›Fischerjunge‹ wahrscheinlich noch nie so viele Eier auf einem Haufen gesehen hatte, fragte er einen Mann der Rettungsstaffel, woher die vielen Eier stammten. Der Mann verwies auf die kleine Henne, die draußen herumlief, und sagte, die lege acht bis zehn Eier am Tag. Der Junge ging daraufhin wirklich nach draußen um sich dieses Tier genauer zu besehen, kam zurück und sagte, das Huhn sehe doch ganz gewöhnlich aus.[29] Wie die Männer da wohl gelacht haben! Es war Zeit für Späße, die zwar darauf abzielten, dass den Wrights das Besondere zustand, die aber auch zeigten, dass alle Zeugen gerade *nicht* den Ernst der Stunde heraufbeschworen.

Es gibt außerdem den Bericht von Carrie Grumbach, der Hausdame der Wrights, wie die Familie auf die Nachricht reagierte, dass »die Jungs« den ersten Motorflug der Menschheit geschafft hatten. Frau Grumbach bereitete gerade das Abendessen vor, als das später so berühmte Telegramm ausgeliefert wurde, das die beiden Brüder noch am Tag ihres Erfolgs dem Vater nach Hause schickten. Es lautet im Original: »*Success four flights thursday morning all against twenty one mile wind started from Level with engine power alone average speed through air thirty one miles longest 57 seconds inform Press home Christmas. Orevelle Wright.*« (»Erfolg – vier Flüge Donnerstag Morgen – alle gegen einundzwanzig Meilen Wind – gestartet von Ebene nur mit Motorkraft – Durchschnittsgeschwindigkeit in der Luft einunddreißig Meilen – längster 57 Sekunden – benachrichtige Presse – Weihnachten zuhause.«)

Dieses Telegramm brachte Frau Grumbach hoch zu Milton Wright ins erste Stockwerk. Der kam nach einer Weile herunter und sagte: »Nun, sie haben einen Flug gemacht.« Beim Abendessen waren Milton Wright und seine Tochter Katharine dann sehr guter Laune, das aber eher wegen der Gewissheit, dass »die Jungs« zu Weihnachten nach Hause kämen.[30] Sie hatten eben etwas Geschäftsmäßiges gemacht und dabei, wie vorausgesehen, Erfolg gehabt. Eigentlich bestand nun erst die größere Unsicherheit darin, wie es mit ihrer Erfindung weiterginge.

Jedenfalls gab es zu überschäumender Freude schlicht keinen Grund, denn alle ihre Berechnungen hatten sich als »absolut exakt erwiesen«[31], wie Wilbur Wright später schrieb.

Wie war der ›Flugtag‹ des 17. Dezember 1903 weiter verlaufen? Eine knappe Stunde nach dem ersten Flug machte sich Wilbur Wright fertig. Doch wie sein Bruder bewegte auch er das große, empfindliche Höhenruder zu stark, er ›überzog‹, stieg schnell auf und wieder ab und hielt sich kaum länger in der Luft. Schon zwanzig Minuten später stand der dritte Flug an. Die beiden Brüder besprachen die Schwierigkeiten mit dem neuen Höhenruder und Orville Wright steuerte dann ruhiger durch die Luft. Nach seinen Worten war er bis auf vier Meter aufgestiegen, als ihn eine Seitenbö traf und zur Landung zwang. Wieder war er ein wenig länger geflogen als zuvor. Es war keine Frage, dass der *Flyer* flog und steuerbar war; die einzige Frage war das Wie. Ohne lange zu warten machte sich Wilbur Wright zu seinem zweiten Start bereit. Wieder ging es auf und ab, doch konnte der ältere Bruder die heftigen Nickbewegungen auf einmal ausgleichen und flog und flog weiter. Was muss ihm da durch den Kopf gegangen sein? Immer weiter ging es in der Luft dahin. Fast eine Minute flog er, ehe er wegen einer kleinen Erhebung auf dem Boden das Höhenruder ein wenig anstellte und es danach zu stark hinunterdrückte. Das Flugzeug schlug auf den Sand. Bei der geringen Geschwindigkeit bestand kaum die Gefahr, dass der *Flyer* wirklich ›abstürzen‹ konnte. Allerdings war das Höhenruder gebrochen. Wenn es noch eines Beweises für den ersten kontrollierten Motorflug bedurft hätte – spätestens damit war er erbracht. 259½ Meter waren in der Luft zurückgelegt und das in einer Flugzeit von fast einer Minute. Nicht nur dem Piloten muss diese Zeit wie eine Ewigkeit erschienen sein. Wiederum war kaum Zeit zur Besinnung. Denn der *Flyer* musste ›gesichert‹ und zur Reparatur zurückgebracht werden. In dem starken Wind war es gewiss nicht leicht den großen Apparat zu bewegen.

Das Höhenruder wäre sicherlich bald repariert, mussten sich die Wrights gesagt haben. Ob sie dann zusammenstanden und doch den weiten Flug nach Kitty Hawk planten? Ob sich der jüngere Bruder nicht herausgefordert fühlte? Sie wussten, dass sie ›besser‹ fliegen konnten, wenn sie höher flögen. Doch »unter den vorherrschenden Bedingungen hielten wir es nicht für sicher, weit über den Boden aufzusteigen«, schrieb Wilbur Wright später an Chanute. So jedoch hatten sie einfach zu wenig Raum zum »Manövrieren«.[32]

Doch bestimmte plötzlich ein äußerer Faktor den Fortgang der Ereignisse. Ausgerechnet der Wind, der ihnen so sehr Helfer gewesen war, machte auf einen Schlag alle weiteren Planungen zunichte. Als alle noch herumstanden und beratschlagten, wie man weiter vorgehen wollte, erhob sich plötzlich der *Flyer,* langsam, als wollte er nur warnen. Ein starker Wind hatte unter seine Tragflächen gegriffen. Alle rannten los um das Flugzeug festzuhalten, doch richtete es sich immer mehr auf. Orville Wright beschrieb in seinem Tagebuch, was weiter passierte: »Herr Daniels, der keine Erfahrung im Umgang mit einem Apparat dieser Art hatte, hing daran auf der Innenseite und wurde in der Folge heruntergedrückt und im Weiteren immer wieder überschlagen. Seine Rettung war ein Wunder, da er sich mitten zwischen dem Motor und den Ketten befand. Das Gestell war ganz abgebrochen, die Kettenführungen schwer verbogen, eine Zahl der Streben und fast alle hinteren Rippenenden gebrochen.«[33]

Was für ein Ende! Derselbe Apparat, der gerade noch kontrolliert durch die Luft geflogen war, hatte sich plötzlich wie ein Lebewesen selbständig gemacht. Vielleicht war es den Männern der Rettungsstation wirklich so erschienen, als wäre das seltsame Gerät zum Leben erwacht. Es klingt fast so, liest man die Erinnerung von Daniels selbst: »Ich war in den Seilen und Drähten gefangen, als die Maschine über den Strand in Richtung Meer geweht wurde, wobei sie immer wieder auf dem Boden hart aufschlug. Ich war zu Tode erschrocken; als das Wrack eine halbe Sekunde lang liegen blieb, habe ich fast alle Drähte und Streben zerrissen, um mich zu befreien.«[34]

Welcher Vorgang! Da wurde ein Zeuge plötzlich gegen seinen Willen von diesem Ungetüm mitgerissen. Man kann sich lebhaft vorstellen, wie sich der arme Daniels dann aus den Klauen dieses Riesenvogels befreite.

Als hätte der Apparat seinem Leben damit ein Ende gesetzt, war die Zeit der Wrights in Kitty Hawk auf diese Weise endgültig abgelaufen. Es gab für sie keinen Grund mehr an den Kill Devil-Hügeln den Wind als Helfer zu nutzen. Sie hatten scheinbar den Teufel, der über das Geheimnis des Fliegens gewacht hatte, an jenem 17. Dezember 1903 erschlagen.

Nachdem der halb zerstörte *Flyer* wieder im Schuppen untergebracht war, aßen die Brüder zu Mittag, machten noch den Abwasch und gingen dann erst nach Kitty Hawk, um bei der Wetterstation jenes Telegramm an den Vater aufzugeben. Schon dabei kam es zu einem Vorgang, der für den weiteren Umgang der Wright-Brüder mit ihrer Erfindung bezeichnend war. Da ein Telegramm nur über die Wetterstation zur nächsten Dienststelle nach der Stadt Norfolk und von dort erst zum nächsten Telegrafenamt vermittelt werden konnte, schaltete sich der aufmerksame Posten in Norfolk ein und fragte zurück, ob er die Meldung des zur Weiterleitung bestimmten Telegramms einem Reporter der lokalen Zeitung übergeben könne. Als die Brüder das gefragt wurden, war ihre Antwort: »Ausdrücklich nein.«[35] Die Meldung wurde trotzdem weitergegeben und die Wrights sollten zum ersten Mal einen Einblick bekommen, nach welchen Maßstäben die Presse ihres Landes handelte.

Denn noch ehe sie wieder in Dayton waren, konnten sie in verschiedenen Zeitungen fantastische Berichte über sich lesen, von einem Drei-Meilen-Flug in einer Höhe von fast zwanzig Metern, in einem Apparat mit zwei Propellern, deren einer zur Fortbewegung diene, der andere dazu, Höhe zu gewinnen, weswegen er unter dem

Flugapparat montiert sei. Zudem waren beide zitiert, nämlich so: »»Es ist ein Erfolg‹, verkündete Orville Wright am Strand der Menge, nachdem die erste Meile zurückgelegt war.« Dagegen ließ sich »Wilber« [!] folgendermaßen vernehmen, als er nach seinem Drei-Meilen-Flug gelandet war: »›Heureka‹, rief er aus, so wie es der Alchimist der Alten getan hatte.«[36]

Diese Geschichte war von der Nachrichtenagentur ›Associated Press‹ weitergegeben worden, wobei sich deren örtlicher Vertreter in ihrer Heimatstadt allerdings ganz anders verhalten hatte. Wie von Orville und Wilbur Wright bestimmt, hatte sich Lorin Wright als ihr »Presseagent« aufgemacht um in Dayton die verschiedenen Zeitungen über den Erfolg seiner Brüder zu informieren. Beim ›Journal‹ war der zuständige Redakteur zugleich auch Vertreter der ›Associated Press‹, also der bestmögliche Vermittler der sensationellen Nachricht. Doch dieser Herr reagierte auf Lorin Wrights Schilderung mit den Worten: »59 Sekunden; wenn es 59 Minuten wären, würde es sich zu berichten lohnen.«[37] Er hatte angesichts dieser Bemerkung wohl im Sinn, dass bereits Monate zuvor Alberto Santos-Dumont in Paris ganze Straßenzüge durch›flogen‹ war. Wie so viele Zeitgenossen konnte auch er nicht zwischen einem Luftschiff und einem Flugzeug unterscheiden. Auch die Schlagzeile einer anderen Daytoner Zeitung, die sehr wohl über die Flüge der Wrights berichtete, lautete: »DAYTON JUNGS FLIEGEN LUFT-SCHIFF.«[38] Jedenfalls kann man sich vorstellen, wie Lorin Wright sich bei dieser Begegnung gefühlt haben muss – wie ein Narr, der dem König die tollsten Geschichten aufzutischen versuchte. Noch lange Zeit später erinnerte sich seine Tochter an den »niedergeschlagenen Gesichtsausdruck meines Vaters, als er zurückkam«.[39] Wie muss allein dieses Erlebnis die ganze Familie beeinflusst haben!

Orville und Wilbur Wright brauchten dann an den Kill Devil-Hügeln noch einige Tage, ehe sie die Rückreise antreten konnten. Alles von Wert musste in Kisten verstaut und zur Weiterverfrachtung nach Kitty Hawk transportiert werden, besonders auch ihr

Flyer, das erste erfolgreiche Motorflugzeug der Welt, das später regelrecht ins Exil gehen sollte. Wie sie wohl die Gegend verließen, die sie mit Mücken, Stürmen und Kälte so gepeinigt und ihnen doch zu solchem Erfolg verholfen hatte? Sie hätten wohl nie daran gedacht, dass sie sich jemals wieder dorthin zurückziehen würden ...

Als sie endlich am 23. Dezember rechtzeitig zu Weihnachten in Dayton eintrafen, verwundert es kaum, wie sie dort empfangen wurden: nämlich von Reportern am Bahnhof und vor ihrem Haus, das schon seit längerem von den Pressevertretern belagert worden war. Die beiden ersten wahren Flieger der Welt äußerten sich jedoch nicht zu ihrer Erfindung und ihrem Erfolg und schickten die Reporter fort. Auch im Umgang mit den Medien, mit der Öffentlichkeit, wollten sie ganz eigene Wege gehen.

Zu ihrer Ankunft zuhause findet sich noch die Überlieferung, dass die Hausdame Carrie Grumbach zu ihrem Empfang ein opulentes Mahl bereitet hatte. Doch Orville Wright verlangte es zunächst so nach Milch, auf die er wochenlang hatte verzichten müssen, dass er mehrere Gläser auf einmal trank. Als Frau Grumbach merkte, dass die restliche Milch in der Küche vielleicht nicht ausreichen würde, goss sie etwas Wasser dazu. Das aber schmeckte Orville Wright sofort und er beschwerte sich bitterlich. Es heißt, bis zum Ende seines Lebens habe er dies Frau Grumbach, die seine Hausangestellte blieb, nicht verziehen.[40]

Weihnachten 1903 war die Episode ›Kitty Hawk‹ abgeschlossen. Doch dass die Wrights damit längst noch nicht am Ziel waren, hatten sie sich wohl anders ausgerechnet.

12.

Die Praktikabilität
Frustration und Vervollkommnung

Das Jahr 1904 bedeutete für die Wright-Brüder zunächst, dass der Winter vergehen musste, ehe sie erneut die Möglichkeit hätten zu fliegen. So konnten sie am Anfang ganz ihren Geschäften nachgehen, wozu noch immer der Fahrradhandel gehörte. Die Entscheidung fiel, dass dieses Geschäft nun zurückzutreten hatte, stand doch ein Geschäft ganz anderen Ausmaßes an. Sie stellten den Fahrradhandel ein, indem sie keine neuen Aufträge mehr annahmen.

Zusätzlich verlangten diese Geschäfte von Wilbur Wright, sich einmal wieder für seinen Vater in die Bresche zu werfen und dafür sogar zum Hauptsitz der *United Brethren* nach Huntington in Indiana zu fahren.

Im Übrigen jedoch ging es in der ein oder anderen Form ausschließlich ums Fliegen. So erkundigten sie sich doch genau nach den Bedingungen für jenen Flugpreis in St. Louis, auch ein Geschäft – dem sie dann aber entsagten, weil ihnen das finanzielle Risiko, der Arbeitsaufwand, den sie hätten erbringen müssen, zu groß erschien.

Zu ihrem neuen Geschäft gehörte vor allem, dass sie sich endlich einen Patentanwalt nahmen, der ihre Erfindung sicherte. Denn wie gut sie sich absichern mussten, erfuhren sie gleich zu Beginn des neuen Jahres. Sie erhielten ein Schreiben von Augustus M. Herring, das absurd klang und doch ernst gemeint war. Herring behauptete, der eigentliche Erfinder des Flugzeugs zu sein und auf seine Erfindung ein Patent zu besitzen. Dafür sei ihm bereits eine »beträchtliche Summe« geboten worden.[1] Um möglichen Rechtsstreitigkeiten aus dem Weg zu gehen schlug er vor, dass sie zusammen eine Gesellschaft bildeten um den *Flyer* zu vermarkten. Die Basis sollte sein, dass ihnen davon zwei Drittel und ihm ein Drittel gehörten. Wilbur Wright sandte das Schreiben Herrings an Chanute weiter und bemerkte dazu: »Dass er die Unverschämtheit besitzen würde uns so einen Brief zu schreiben, nachdem seine anderen schurkischen Pläne gescheitert waren, war wirklich ein bisschen mehr, als wir erwartet haben. Wir werden überhaupt nicht antworten.«[2]

Drastisch zeigte sich da für die Wrights, womit sie es zukünftig zu tun haben würden. Wie sie es im Fall ihres Vaters kannten, gab es Leute, die offenbar keinerlei Scheu hatten zu lügen um einen Vorteil zu wahren.

Doch war Herring längst nicht der Einzige, an dem zu lernen war, was »Unverschämtheit« bedeutete. Das Medium, das damit arbeitete, war die Presse, und sie lernten die Wrights bald besonders gut kennen. Zwar mussten sie immer wieder unglaubliche Geschichten über ihre Flüge in den Zeitungen lesen, doch sollten auch diese Berichte noch eine Steigerung finden. Im Februar 1904 kam es zu einem Vorgang, den Wilbur Wright in einem Schreiben an den Herausgeber einer Zeitung namens ›Independent‹ folgendermaßen zusammenfasste: »Heute wurde ich auf einen Fall von höchst ausgemachter Unverschämtheit im *Independent* vom 4. Februar aufmerksam. Auf Seite 242 wurde unter meinem Namen ein Artikel veröffentlicht, den ich nicht geschrieben und den ich noch nie gesehen habe. Der größte Teil des Artikels bestand aus nachlässig zusammengeschriebenen oder zurechtgestutzten Auszügen zweier Reden, die ich vor der *Western Society of Engineers* gehalten habe und die im *Journal* dieser Gesellschaft in den Ausgaben vom Dezember 1901 und August 1903 veröffentlicht wurden. Dann folgten noch Auszüge aus zwei Pressemitteilungen, die am 19. Dezember 1903 und am 7. Januar 1904 in der Tagespresse erschienen sind. Dazwischen wurden ein paar Sätze aus unbekannter Quelle eingeschoben, in denen versucht wurde, die Methode zu beschreiben, mit der der Motorapparat in der Luft gehalten und angetrieben wird. Dieser Teil war vollkommen der Phantasie entsprungen und falsch. Die Bilder zu dem Artikel kamen nicht von uns, noch stammten sie von irgendwelchen unserer Fotografien. Ich habe keiner Person jemals die Erlaubnis oder auch nur den Anreiz gegeben, Auszüge aus diesen urheberrechtlich geschützten Vorträgen und den Zeitungsmitteilungen als Original zu verfertigen. Weder habe ich dem *Independent* oder jemand anderem auch nur irgendeine Erlaubnis erteilt oder Rechtfertigung gegeben, meinen Namen zur Unterstützung eines solchen Betrugsversuchs zu benutzen; noch habe ich die geringste Erlaubnis gegeben, meinen Namen unter irgendeinen Artikel irgendwelcher Art in irgendeiner Zeitung zu setzen, mit Ausnahme der Erklärung, die mein Bruder und ich am 6. Januar 1904 den Zeitungen übergaben. Schon früher sind uns Fälle bekannt geworden, wo gewissenlose, doch geschäftstüchtige Reporter meine Vorträge als Quelle benutzt hatten um sich daraus Material für angeblich gegebene Interviews zu ziehen; es blieb aber dem *Independent* vorbehalten, sie in Form eines gefälschten, angeblich von mir unterschriebenen Artikels zu präsentieren.«[3]

Wie schockiert Wilbur Wright angesichts des Verhaltens einer solchen Zeitung noch reagierte, deren Titel ja bereits Lüge war! Die beiden Brüder lernten ›die Welt‹ kennen – und wie sie ihr noch vertrauten, zeigte sich eben auch daran, dass Wilbur Wright sich überhaupt die Mühe machte sich gegen jemanden zu wehren, dessen täglich Brot es war, die Wahrheit zu verdrehen. Dabei bestand einfach der Zwiespalt, dass man in der ›interessierten Öffentlichkeit‹ wusste, dass da zwei Brüder aus Dayton etwas Außerordentliches geleistet hatten. Doch wollten die beiden keine Bilder oder genauen Berichte liefern. Also behalf man sich selbst, ein Vorgang, der sich ja bis heute nicht geändert hat.

Wiederum meinten die Wrights, *sie* könnten die Medien irgendwie steuern, und sie wollten sie so benutzen, wie es deren ganzem Wesen eigentlich zuwider war, nämlich nichts als die Wahrheit zu berichten. So wandte sich Wilbur Wright noch am 5. Januar 1904 mit folgenden Zeilen an die ›*Associated Press*‹: »Wir hatten eigentlich nicht beabsichtigt, eine detaillierte Stellungnahme zu unseren privaten Flugversuchen mit unserem motorbetriebenen *Flyer* vom 17. Dezember des letzten Jahres zu geben. Aber da der Inhalt eines privaten Telegramms, das unserer Familie den Erfolg unserer Versuche mitteilte, unerlaubterweise an die Zeitungsleute im Norfolker Büro weitergegeben worden ist und so zu einer Veröffentlichung einer erfundenen und in fast jeder Einzelheit ungenauen Geschichte durch Personen führte, die den *Flyer* oder seine Flüge nie gesehen haben, und da dann auch noch diese Geschichte zusammen mit mehreren fingierten Interviews und Stellungnahmen, die schlicht und einfach Fälschungen waren, weit verbreitet worden ist, fühlen wir uns zu einigen Korrekturen genötigt. Die tatsächlichen Fakten waren wie folgt: [...] am Morgen des 17. Dezember, zwischen 10.30 und 12 Uhr mittags wurden vier Flüge durchgeführt, zwei von Orville Wright und zwei von Wilbur Wright. Die Starts wurden alle vom flachen Strand aus gemacht, ungefähr 60 Meter westlich von unserem Camp, das 400 Meter nördlich der Kill Devil-Düne liegt, in Dare County, North Carolina. Zur Zeit der Flüge herrschten folgende Windgeschwindigkeiten, 42 Kilometer in der Stunde um 10 Uhr und 38 Kilometer in der Stunde um 12 Uhr, wie der Windmesser in der Wetterstation Kitty Hawks aufzeichnete.«[4]

Doch auch diese Meldung wurde wieder manipuliert, indem der eigentliche Grund des Schreibens, nämlich der Bezug auf die »Fälschungen«, unter den Tisch fiel und nur der letzte Teil, die »Fakten«, veröffentlicht wurde. Und auch die lieferten dann den Zeitungen wieder Material um die Sensation des ersten Motorflugs ein wenig auszuschmücken.

Mit einigen Zeilen eines Telegramms hatte sich für die Wright-Brüder alles geändert. Sie hatten ›die Welt‹ herausgefordert und ihr eines der letzten großen Geheimnisse entrungen, doch reagierte diese mittlerweile auf sie. Hatten sie bis dahin im Stillen vor sich hin tüfteln können, mussten sie fortan Stellung beziehen, sich rechtfertigen und ihr Privatleben schützen. Nun ging es ums Geschäft und sie lernten von der wahren Verfasstheit der Welt, der sie ehrlich begegneten und die ihnen das doch nicht lohnte. Fortan war keinem mehr zu trauen und wenn sie bis dahin Erfolg gehabt hatten, indem sie nur auf ihre eigenen Fähigkeiten vertrauten, so musste ihnen das nun erst recht angebracht erscheinen. Allerdings war das Verhalten eines Herring oder ›*Independent*‹ erst der Anfang. Wenn die Wrights gewusst hätten, was ihnen im Kampf mit ›der Welt‹ noch bevorstand! Und in welchem Dilemma sie sich überhaupt befanden!

Sie wollten, dass sich ihre Erfindung bezahlt machte. Dazu musste sie bekannt werden. Wenn sie allerdings zu bekannt würde, konnten andere ihnen die Früchte ihrer Arbeit stehlen. Wiederum hatten sie bisher kaum mehr vorzuzeigen als ein Gerät, das noch nicht wirklich praktikabel war; und nicht nur anhand der Reaktion jenes Reporters der ›*Associated Press*‹ in Dayton wussten sie, dass kaum jemand wirklich begreifen konnte, was ihr Flug im Vergleich zu dem eines Santos-Dumont bedeutete. Sie wollten auf jeden Fall ein funktionsfähiges Flugzeug. Damit begann ein Taktieren und dem sollten sie sich ihr Leben lang nicht mehr entwinden können.

Zunächst ging es ihnen darum, der Öffentlichkeit genug Informationen zu geben um ihre Ansprüche zu beweisen, und dabei zugleich zu erreichen, dass sie fortan weiter in Ruhe forschen konnten. So luden sie für den 23. Mai 1904 Vertreter der wichtigsten lokalen Zeitungen zur Huffman Prairie um ihre Erfindung vorzustellen. Welches Unglück und welches Glück das dann für sie bedeutete!

Die Huffman Prairie war Teil eines Farmgeländes, das über zehn Kilometer außerhalb von Dayton lag, an einer Bahnlinie mit dem Bahnhof Simms Station. Auch unter diesem Namen ist der erste ›Flugplatz‹ der Wrights später bekannt geworden. Es war nicht mehr als eine gepachtete Kuhweide.

Die beiden Flugzeug-Erfinder hatten bis dahin einen neuen *Flyer* gebaut, der sich nicht grundlegend von dem in Kitty Hawk unterschied. Er war vor allem stabiler und hatte einen stärkeren Motor. Von den Mitgliedern der Wright-Familie und einigen Freunden abgesehen, die an jenem Tag nach Simms Station fuhren – was müssen die Journalisten gedacht haben? Da erklärten ihnen zwei aufrichtige

Männer frei heraus, dass sie ein Flugzeug fliegen sehen würden. Die einzige Bitte sei allerdings, dass keine Aufnahmen gemacht würden und die späteren Berichte nicht »sensationell« sein sollten.[5] Doch hätte man sich eine größere Sensation vorstellen können?

Es muss schon beeindruckend genug ausgesehen haben, wie die beiden Brüder ihren Apparat aus dem großen Schuppen zogen, den sie sich wieder einmal gebaut hatten, wie sie den Wind beobachteten, wie sie eine lange Startschiene auslegten, wie sie dabei routiniert und gewissenhaft vorgingen. Doch als alles vorbereitet war, ließ der Wind nach, und die Brüder erklärten, alle müssten warten. Der Tag verging und der Wind flaute immer mehr ab. Man kann sich vorstellen, wie die Journalisten da untereinander gemunkelt haben! Man hatte sie sozusagen in die Wüste geschickt um dort einen Apparat zu betrachten, der angeblich fliegen können sollte und der nur aufgrund der Wetterverhältnisse nicht gestartet wurde? Waren nicht auch jene Berichte vom Jahresende über den ersten Motorflug der Geschichte nur aufgrund von Behauptungen zustande gekommen? Immerhin hatte alles Hand und Fuß, was ihnen die beiden Brüder erklärten. Und die sagten ihnen nach Stunden des Wartens doch einen Versuch zu, der wegen des fehlenden Windes allerdings eher als Anschauung über das Prinzip dienen sollte. Dass alles gut gemeint war, müssen all diejenigen Journalisten gedacht haben, die sich nicht an der Nase herumgeführt fühlten. Tatsächlich wagten die Wrights einen Versuch. Unter ohrenbetäubendem Lärm raste der *Flyer* jedoch nur die Startschiene entlang und rutschte an ihrem Ende über die Wiese.

Die Wrights erklärten, dass sie am nächsten Tag einen neuen Versuch machen wollten. Da kamen aber schon längst nicht mehr alle Journalisten. Es heißt immerhin, die folgenden Berichte in den Zeitungen seien wohlwollend ausgefallen. Aber man hatte es eben mit einer kauzigen Angelegenheit zu tun gehabt. Dabei gelang es den Wrights am nächsten Tag, wirklich abzuheben und eine Strecke von 18 Metern in einer Höhe von eineinhalb Metern zurückzulegen[6]. Doch es war weit weniger, als sie sich selbst und ihrem Publikum versprochen hatten. War so etwas ein Flug?

Man muss davon ausgehen, dass sich die Wrights an jenen zwei Tagen der angekündigten Demonstrationsflüge sehr unbehaglich fühlten. Ihre Rechnung war nicht mehr aufgegangen. Sie hatten ihren Flugapparat verbessert, hatten vor allem einen stärkeren Motor eingebaut und kamen doch nicht in die Luft. Was da wie ein riesiges Insekt gebaut war, konnte lediglich ein wenig über den Boden huschen – so musste es den Ahnungslosen erscheinen. Die Konsequenz war, dass sich fortan die Zeitungen nicht mehr für sie interessierten, auch dann nicht, als sie schließlich doch flogen und über der Huffman Prairie ihre Kreise zogen, als das von den Vorortzügen aus gesehen werden konnte und deswegen die lokalen Zeitungen sogar zur Berichterstattung gedrängt wurden.[7] So hatten die Wrights die Ruhe, die sie wollten. Später, als man wusste, *wie* das Verhältnis der beiden Brüder zur Presse war, hat man sogar angenommen, dass sie jene beiden Tage bewusst inszeniert hätten um die Öffentlichkeit zu täuschen beziehungsweise zu enttäuschen, damit sie fortan unbelästigt wären. Immerhin hatten sie ihren neuen *Flyer* bis dahin nicht einmal ausprobiert. Doch der ganze Vorgang zeugt nur davon, dass die Wrights sich einmal mehr darauf verließen, alles richtig berechnet zu haben. Nur schien plötzlich die Rechnung nicht mehr aufzugehen. Auf welche Weise sie es fortan auch versuchten: Der *Flyer* flog nicht mehr, wie sie es wollten.

Was müssen die beiden Brüder da gegrübelt haben! Sie hatten ganz praktische Schwierigkeiten. Da sie auf ihrer Weide keinen so starken Wind wie an den Dünen von Kitty Hawk erwarten konnten, musste die Startschiene entsprechend länger sein um dem Flugzeug genug Geschwindigkeit zum Abheben zu verleihen. Sie versuchten es zunächst mit einer über 70 Meter langen Startschiene, schließlich mit einer knapp 50 Meter langen. Welche Frustrationen sie dabei erlebt haben müssen! Es war schon nicht leicht, auf der holprigen Wiese die Schiene überhaupt eben auszulegen. Nach den Worten Wilbur Wrights war der Boden früher ein Sumpf gewesen und so voll mit grasigen Erdhaufen, dass er einer »Präriehunde-Siedlung« glich.[8] Außerdem mussten sie jedes Mal die Kühe und auch ein Dutzend Pferde von der Weide treiben. Wenn sie endlich so weit waren, konnte es leicht sein, dass der Wind bis dahin gedreht hatte, sodass die gleiche Arbeit wieder anstand. Und selbst wenn sie es einmal richtig getroffen hatten, kam der *Flyer* kaum vom Boden hoch. Gewiss, sie konnten nicht auf starken Wind setzen – dafür aber auf ihre Berechnungen. Danach brauchten sie mit ihrem stärkeren Motor einen Gegenwind von knapp 18 Kilometern pro Stunde.[9] Bei ihren ersten Flügen an den Kill Devil-Hügeln war der Wind über 40 Kilometer pro Stunde stark gewesen, wobei allerdings ihr Motor nur höchstens 12 PS geleistet hatte. Nun verfügten sie über etliche PS mehr. Warum konnten sie so den Unterschied nicht ausgleichen?

Die Erklärung lag an einem Phänomen, das mit der heute so genannten Luftdichtenhöhe zu tun hat. Als die Wrights ihren ersten Flug machten, hatten sich in Kitty Hawk ganz bestimmte Wetterverhältnisse durchgesetzt. Es war so kalt geworden, dass es in der Nacht gefroren hatte. Als sie ihren ersten Flug auf der Huffman Prairie machen wollten, war es Frühsommer und die Temperatur betrug am frühen Nachmittag 27 Grad Celsius.[10] Das heißt, dass die Luft in Kitty Hawk wesentlich schwerer, also dichter war. Dadurch konnten nicht nur die Tragflächen mehr Auftrieb erzeugen, sondern auch die Propeller mehr Schub und sogar der Motor mehr Leistung. Hinzu kam, dass Kitty Hawk auf Meereshöhe liegt, ihr neues Fluggelände jedoch auf 244 Metern Höhe, was ebenfalls eine veränderte Luftdichtenhöhe zur Folge hatte. Rechnet man diese beiden Faktoren zusammen, so ergab sich folgende Situation: Die Temperatur in Kitty Hawk entsprach einer Luftdichtenhöhe von 540 Metern unter dem Meeresspiegel, die in Huffman Prairie von 870 Metern über dem Meeresspiegel, sodass zwischen dem einen und anderen Start eine unterschiedliche Luftdichtenhöhe von über 1400 Metern bestand.[11] Hinzu kam der starke Wind, der an jenem 17. Dezember 1903 an den Kill Devil-Hügeln geweht hatte. Diesen versuchten die Wrights zwar durch einen stärkeren Motor zu kompensieren, doch blieb nun einmal das Phänomen bestehen, dass der *Flyer* wegen der niedrigeren Luftdichte weniger Auftrieb erzeugte. Natürlich könnte man es auch anders wenden: An einem bestimmten einzigen Tag in Kitty Hawk hatten alle Bedingungen zusammengespielt um den ersten Motorflug der Menschheitsgeschichte zu erlauben.

Der ganze Sommer auf der Huffman Prairie muss für die Wrights eine einzige Plackerei und Frustration gewesen sein. Wenn sie den *Flyer* wirklich einmal gegen den Wind starten konnten, wurde er schnell wieder zu Boden gezwungen. Die einzige Lösung konnte für sie nur darin liegen, die Startgeschwindigkeit beträchtlich zu erhöhen. Sie bauten daher das Gerät, das für ihr Flugzeug*system* so charakteristisch wurde: einen Katapult.

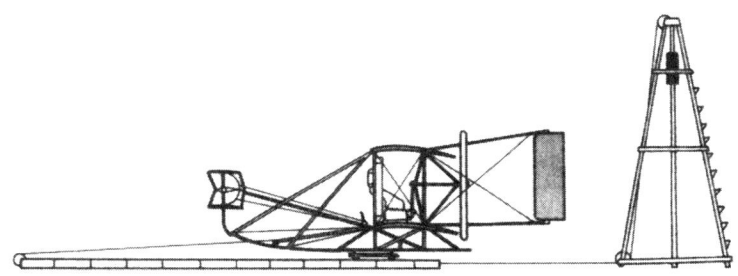

Sie konstruierten ein fünf Meter hohes Holzgerüst, in dessen Innerem ein über 700 Kilogramm schweres Gewicht aufgezogen wurde, das über ein langes Seil entlang der Startschiene mit dem Flugzeug verbunden war. Klinkte der Pilot die Haltevorrichtung aus, fiel das Gewicht im Gerüst nach unten und gab dem *Flyer* nach dem Flaschenzugverfahren die gewünschte Startgeschwindigkeit. So reichten dann gewöhnlich 15 Meter, damit das Flugzeug abhob.[12] Entsprechend konnte die Startschiene verkürzt werden.

Vor allem mit Hilfe dieses Systems, das sie am 7. September zum ersten Mal einsetzten, dazu der weiteren Verbesserung des Motors und schließlich der im Spätherbst zunehmenden Luftdichte konnten sie endlich an ihre Erfolge von Kitty Hawk anknüpfen. Hatten sie bis dahin nicht einmal 40 meist erfolglose Starts gemacht, so konnten sie ihre Leistungen nun rasch verbessern.[13] Bald konnten sie den längsten Flug von Kitty Hawk überbieten und am 20. September gelang der erste geflogene Kreis. Als sie im Jahr 1904 ihre Versuche einstellten, hatten sie es immerhin auf zwei Flüge von mehr als fünf Minuten Dauer gebracht.

Mit Sicherheit hatten sie sich viel schnellere Fortschritte erhofft, konnten sie doch nicht wissen, welcher Zufall sie eigentlich im Vorjahr hatte abheben lassen. Und wie sie es kaum besser hätten haben können, waren sie auf ihrer Weide die ganze Zeit über nahezu ungestört geblieben. Nichts ist in dieser Hinsicht so bezeichnend, als dass der erste Augenzeugenbericht eines Motorflugs in einer Zeitschrift erschien, deren Titel bereits absurd klingt: ›Gleanings in Bee Culture‹ – Gesammeltes zur Bienenkultur. Der Herausgeber Amos J. Root war einer der wenigen, die von sich aus begriffen, was da vor den Toren Daytons wirklich geschah. Es berührt auch heute noch, wie er ihre Flüge beschrieb: »Der Apparat wird gehalten, bis er durch eine Art von aufspringendem Verschluss starten kann; mit einem ungeheuren Schlagen und Knallen des Vier-Zylinder-Motors springt der Apparat hoch. Als er zuerst den Kreis drehte und nahe zum Startpunkt kam, war ich genau davor; und ich sagte dann, und ich glaube es noch immer, es war einer der großartigsten Anblicke, wenn nicht der großartigste Anblick meines Lebens. Stellt euch eine Lokomotive vor, die aus der Spur geraten ist und die in die Luft steigt, genau auf euch zu – eine Lokomotive ohne irgendwelche Räder, sagen wir einmal, stattdessen jedoch mit weißen Flügeln ... die mit dem ungeheuren Schlagen der Propeller genau auf euch zukommt, und ihr werdet einen Begriff davon haben, was ich sah. Der jüngere Bruder bat mich zur Seite zu gehen, aus Angst, dass der Apparat plötzlich herunterkommen könnte; aber ich sage euch, Freunde, das Gefühl, das man in einer solchen Krise hat, ist schwer zu beschreiben.«[14]

Doch auch wenn man angesichts der Tatsache, dass es einem Imker vorbehalten blieb, die ersten Motorflüge der Menschheit zu beschreiben, den Kopf schütteln möchte, wenn man außerdem weiß, dass ›die‹ Presse, auch nach Aufforderung, Hinweise auf die unglaublichen Vorgänge in der Nähe von Dayton immer wieder abtat, wie etwa auch die Wissenschaftszeitschrift ›Scientific American‹, so muss man doch bedenken, dass die Brüder Wright die Öffentlichkeit zu jener Zeit von sich aus nicht suchten. Und war dabei ein Argument so verkehrt wie das des ›Scientific American‹, wo man von folgender Überlegung ausging: »Leider sind die Brüder Wright kaum geneigt, irgendeinen Beweis zu veröffentlichen oder öffentliche Experimente zu machen, aus Gründen, die ihnen selbst am besten bekannt sind. Falls solche sensationellen und ungeheuer wichtigen Experimente in einem nicht zu entlegenen Teil des Landes durchgeführt werden, ist es dann möglich zu glauben, dass der unternehmungslustige amerikanische Reporter, der bekannt dafür ist, dass er noch den Kamin hinunterkommt, wenn ihm die Tür vor der Nase versperrt wird – auch wenn er dafür einen fünfzehnstöckigen Wolkenkratzer hinabsteigen müsste –, nicht längst alles über sie ermittelt und veröffentlicht hätte?«[15]

Lange vor ihrem ersten erfolgreichen Motorflug hatten sich die beiden Brüder einen strategischen Plan über den zukünftigen Umgang mit ihrer Erfindung zurechtgelegt und dazu gehörte an erster Stelle, dass sie deren »Geheimnis« unter allen Umständen wahren wollten. Schon im Oktober 1904 deutete Wilbur Wright die Entwicklung an, auf die sie unvermeidlich zusteuerten, als er an Chanute schrieb: »Bisher haben wir viel Glück in unserem Verhältnis zu Zeitungsreportern, aber die Nachrichten über unser Tun verbreiten sich allmählich in der Nachbarschaft und wir fürchten, dass wir das Experimentieren bald unterbrechen müssen. [...] Da wir beschlossen haben unsere Experimente vorläufig streng geheim zu halten, beunruhigt es uns immer mehr, ob wir sie an unserem gegenwärtigen Ort noch viel länger fortführen sollen.«[16]

Die Wrights kämpften gewiss nicht um ihre Anerkennung in der Öffentlichkeit. Worum die Wrights im Geheimen entschieden kämpften, war auch nicht die Entwicklung des Flugzeugs, das seine Fähigkeit zu fliegen bewiesen hätte, sondern eines Flugzeugs, das praktikabel wäre, das man sinnvoll nutzen, das man kaufen könnte, das sie verkaufen könnten. Und auf diesem Weg waren sie Ende 1904 so weit gekommen, dass sie es zum ersten Mal anboten, nämlich zum Verkauf, und zwar ihrer Regierung, genauer dem Kriegsministerium.

In einem Brief, den sie dem Kongressabgeordneten von Dayton zur Weiterleitung übergaben, schrieben sie:»Die Reihe aeronautischer Experimente, mit denen wir uns seit den letzten fünf Jahren beschäftigen, hat zur Produktion eines Typs von Flugapparat geführt, der zum praktischen Gebrauch geeignet ist. Er fliegt nicht nur mit hoher Geschwindigkeit durch die Luft, sondern landet auch ohne dabei zu Bruch zu gehen. [. . .] Die zahlreichen Flüge in gerader Linie, in Kreisen und auf ›S‹-förmigen Kursen, bei Wind und Windstille, macht es sehr gewiss, dass das Fliegen an einem Punkt angelangt ist, wo es auf verschiedene Weise zu großem praktischem Nutzen gemacht werden kann; einer ist die des Erkundens und der Nachrichtenübermittlung in Kriegszeiten.«[17]

Gewiss waren die Wrights voller Hoffnung, dass man ihnen nun von offizieller Seite aus Angebote machen würde. Doch vielleicht konnten sie sich in diejenigen gar nicht mehr hineinversetzen, die nicht an die Möglichkeit eines Flugapparats nach dem Prinzip Schwerer-als-Luft glaubten. So war die Antwort in gewisser Weise typisch für eine Behörde, für deren Vorgehen, für den Zeitgeist. Sie lautete, wobei die kursiven Teile handschriftlich eingefügt wurden: »Da uns schon viele Bitten um finanzielle Unterstützung zur Förderung von Konstruktionen für Flugapparate zugegangen sind, habe ich die Ehre Ihnen mitzuteilen, *dass es das Amt für nötig hält, Zuwendungen für die experimentelle Entwicklung von Geräten für den mechanischen Flug abzulehnen,* und es hat bestimmt, dass das Gerät auf einen Stand praktischer Verwendbarkeit ohne Auslagen für die Vereinigten Staaten gebracht sein muss, ehe Verhandlungen über das vorliegende Projekt erwogen werden. *Es geht aus dem Brief der Herren Wilbur und Orville Wright hervor, dass ihr Apparat noch nicht auf den Stand praktischer Verwendbarkeit gebracht ist,* aber sobald er vollendet sein wird, wird diese Abteilung gern bereit sein, weitere Vorschläge von ihnen in dieser Richtung zu erhalten.«[18]

Auch wenn man über die Ignoranz einer solchen Behörde, *das* zukünftige Kriegsinstrument abzulehnen, das nicht als Hirngespinst, sondern als praktisch verwendbar vorgestellt wurde, vielleicht erst recht den Kopf schütteln mag, so kann eine solche Geste allerdings nur mit dem Wissen derjenigen erfolgen, die zurückblicken können. Es spricht für sich, dass man für solche Fälle, wie das Schreiben der Wrights, vorformulierte Antwortformulare verwendete. Denn zu jener Zeit war die schlichte Behauptung, jemand habe das Flugzeug erfunden, zum einen etwas Alltägliches und zum anderen eine Angelegenheit, die den Absender nun einmal als Kauz erscheinen ließ. Doch für die Wrights war der Fall damit erledigt. Sie verstanden keinen Spaß.

Zwar entsprach es ganz ihrem puritanischen Wesen, nicht marktschreierisch aufzutreten und überdies zu meinen, die korrumpierte Welt würde sie nicht verstehen, doch war es mit dem ablehnenden Schreiben des Kriegsministeriums auch dahin gekommen, dass für die beiden Brüder die moralische Verpflichtung entfiel, ihre Erfindung zuerst und möglicherweise ausschließlich dem eigenen Militär zu überlassen. Vielleicht waren sie deswegen über jenes vorformulierte Schreiben gar nicht unglücklich. Denn nun konnten sie guten Gewissens mit allen Ländern der Welt über den Verkauf ihres sensationellen Produkts verhandeln – und das taten sie. Nicht nur kümmerten sie sich zu jener Zeit intensiv um ausländische Patente, sondern auch um ausländische Käufer, darunter besonders die britische und französische Regierung. Es ist eine eigene Geschichte, eine an Diplomatie, wie die Wrights in den nächsten Jahren mit offiziellen und inoffiziellen Vertretern, Gesandten und Agenten fast aller Regierungen der großen Industriestaaten verhandelten. Sie konnten dabei bald immer stärker auftreten, weil auch ihr Produkt mit der Zeit immer besser wurde.

1905 hatten die Wright-Brüder wieder ein neues Flugzeug gebaut, den *Flyer III* in der Reihenfolge, wie es meist bezeichnet wird.

Auch wenn man es auf den ersten Blick nicht sähe, hatten sie die Konstruktion diesmal so vollständig überarbeitet, dass nur der Antrieb unverändert geblieben war. Allerdings hatten sie unter der Anleitung ihres Mechanikers Taylor natürlich auch den Motor weiterentwickelt, der inzwischen bereits 20 PS Leistung lieferte. Er musste vor allem zuverlässig sein um die Einsatzfähigkeit des Flugzeugs weiter zu erhöhen. Doch die entscheidenden Entwicklungen betrafen immer noch das Steuerungssystem. Diesmal hatten sie, was sie später wieder rückgängig machten, die Bedienung von Flügelverwindung und Seitenruder voneinander getrennt um das Flugzeug aus dem Rollen besser aufrichten zu können, sie hatten abermals die Flügelwölbung verändert, den Schwanz noch weiter nach hinten verlegt, hatten eine Art Flossen zwischen den oberen und unteren Flächen des Höhenruders angebracht, alles um die Stabilität im Flug, besonders im Kurvenflug, zu erhöhen.[19] Trotzdem wurde es auch in jenem Jahr erst wieder später Sommer, ehe der neue *Flyer* seine Fähigkeiten zeigen konnte.

Bis dahin war die Zeit mit Verhandlungen vergangen, und nicht nur über den Verkauf des Flugzeugs, sondern auch wieder über die noch immer nicht beigelegte Kontroverse des Vaters mit seiner Kirche. Milton Wright gelang es schließlich mit der Unterstützung seines Sohnes Wilbur, doch als Bischof in Rente zu gehen, und zwar im Mai, womit dieser Kampf immerhin aus der Welt war.[20]

Andere Schwierigkeiten hatten einfach darin bestanden, dass in Dayton das Wetter nicht mitspielte, weil es auch nach der Schneeschmelze im Frühjahr immer wieder stürmte und regnete. Als sich die Bedingungen endlich besserten, kamen die ganz praktischen Schwierigkeiten mit dem neuen *Flyer* hinzu, dessen Steuerung erst wieder gelernt sein wollte. Bei den ersten Flügen ab Ende Juni gab es dann wahrlich viel Bruch. Trotzdem mussten alle diese Unfälle eigentlich glimpflich verlaufen, schon wegen der geringen Fluggeschwindigkeit von etwa 60 Kilometern pro Stunde und der Tatsache, dass die beiden Brüder immer nur in einer Höhe von etwa zehn Metern flogen.

Als endlich auch die schweren Regenfälle aufhörten, die in den ersten beiden Augustwochen fast jeden Tag niedergegangen waren und die Huffman Prairie unter Wasser gesetzt hatten[21], stand mit dem abermals verbesserten *Flyer* das erste wirklich ausgereifte Flugzeug der Welt bereit. Auf einmal ging es schnell voran. Am 6. September machte Orville Wright einen Flug von fast 5 Minuten Dauer über eine Strecke von fast 5 Kilometern. Am 26. September gelang Wilbur Wright bereits ein Flug von mehr als 18 Minuten Dauer, wobei er den Platz 16 Mal umrundete. Dieses Kreisefliegen, das etwa Franz Kafka später in seiner ganzen Stupidität so anschaulich beschrieb – wie noch zu sehen sein wird –, blieb noch lange das gängige Verfahren um neue Rekorde aufzustellen. Die Rekorde, die nun die Wrights aufstellten, waren schließlich nur noch darin begrenzt, dass ihnen irgendwann das Benzin ausging oder irgendwelche Lager überhitzten. Am 5. Oktober 1905 gelang Wilbur Wright dann der Rekord, der für die nächsten Jahre ungebrochen bleiben sollte: Er umkreiste den Platz 29 Mal und legte so in 39 Minuten und 23 Sekunden eine Strecke von 39 Kilometern zurück.[22]

Da hatten sie also die Praktikabilität ihres Flugzeugs bewiesen, und in der Folge war ihr nächster Schritt, unglaublich noch immer in seiner Konsequenz: Sie stellten das Fliegen ein.

Der Grund dafür war, dass ihre Erfolge mittlerweile wirklich nicht mehr zu übersehen waren und die Zeitungen doch wieder entsprechend darüber berichteten; und mit den Berichten kamen auch die Reporter wieder und überhaupt alle möglichen Zuschauer, die nicht bestellt waren. Wilbur Wright schrieb dazu Chanute, den sie noch immer als ihren wichtigsten Zeugen wollten: »Einige Freunde, denen wir leider gestatteten bei einigen der Flüge dabei zu sein, konnten das versprochene Schweigen nicht halten, und am Abend des 5. brachte die *Daily News* einen Artikel, in dem über unsere täglichen sensationellen Flüge berichtet wurde. Der Artikel wurde am nächsten Tag in der *Cincinatti Post* nachgedruckt. Deshalb haben wir erst einmal alle Flüge eingestellt [. . .]«[23]

Einige Freunde hatten das versprochene Schweigen nicht gehalten – unter dieser Bedingung hatten also die Flüge bei Simms Station stattgefunden. Die Wrights hatten durchaus Zeugen bestellt und von ihnen verlangt, dass sie das Gesehene für sich behielten. Doch wer hätte da auf Dauer schweigen können? Und wem muss das einsichtig gewesen sein? Die Wrights jedoch wollten das Geheimnis ihrer Erfindung so lange für sich behalten, bis es sich in klingender Münze ausgezahlt hätte. Chanute übrigens, der im Jahr zuvor nur einen erfolglosen Flug der Wrights gesehen hatte, kam tatsächlich Anfang November nach Dayton um den »letzten Flug der Saison« zu erleben.[24] Bis dahin hatten aber schon die Herbststürme eingesetzt.

Die Wrights nahmen das Fliegen dann nicht wieder auf, zweieinhalb Jahre lang nicht, und man kann trefflich darüber spekulieren, wie sehr sie damit die weitere Entwicklung der Fliegerei geradezu blockierten.

13.

Die Verkaufsverhandlungen
Glaubwürdigkeitsfragen und wachsende Konkurrenz

Während auf der Welt die Menschen nach Möglichkeiten suchten, dem Menschen das Fliegen zu ermöglichen, suchten die Wrights
in den Jahren 1906 und 1907 nach Käufern für ihren *Flyer*. Ihre
Bedingungen dabei waren: Sie würden ein Flugzeug liefern, das
bestimmte, festzulegende Bedingungen erfüllte, nämlich kriegerische Bedingungen, also einen Apparat, der »zwei Mann und Treib-
stoff für einen 50-Meilen-Flug tragen«[1] könne. Der Preis dafür
stehe fest. Dieser sollte im Fall der USA 200 000 Dollar betragen[2],
im Fall Frankreichs eine Million Francs[3], beides dem heutigen
Wert nach in Euro ein zweistelliger Millionenbetrag.

Immer wieder ist in einschlägigen Darstellungen davon die Rede,
auf welche Ignoranz die Wrights getroffen seien, dass da Bürokraten
nicht sehen wollten, welche sensationelle Erfindung ihnen angeboten wurde. Doch wie ist es, wenn man sich in die Lage dieser ›Bürokraten‹ versetzt? Es gehörte nämlich auch zu den Geschäftsbedin-
gungen der Wrights, dass der potentielle Käufer nicht eher, als bis ein
Vertrag unterzeichnet wäre, das Flugzeug überhaupt zu Gesicht be-
käme, auch keine Zeichnungen und Aufnahmen davon, geschweige
denn es fliegen sähe.[4] Angesichts all der Vorschläge über Flugapparate, die zu jener Zeit an jede Regierung herangetragen wurden,
nahmen sie sich heraus, die ›Lösung des Flugproblems‹ erarbeitet zu
haben. Welcher ›Bürokrat‹ hätte sich ohne weiteres auf einen solchen
Vertrag einlassen können, ohne befürchten zu müssen sich lächerlich
zu machen? Wer konnte in den USA etwa an dem Argument vorbei,
dass erst vor einiger Zeit der ambitionierteste Versuch, einen Appa-

rat Schwerer-als-Luft fliegen zu lassen, nämlich Langley und sein mit reichlich staatlichen Geldern finanziertes *Aerodrome*-Projekt, ein Schlag ins Wasser gewesen war? So zogen sich die Verhandlungen hin, und zwar auch mit den europäischen Regierungen.

Von Chanute darauf aufmerksam gemacht, dass es eigentlich ihre ›nationale Pflicht‹ sei, das Flugzeug zuerst dem eigenen Land anzubieten, zeigten sich die Wrights ganz als Geschäftsleute. Sie legten Chanute genau dar, wie ihr konkretes Angebot vom Kriegsministerium zurückgewiesen wurde, und erklärten dazu: »Es ist für uns kein angenehmer Gedanke, dass irgendein ausländisches Land von Amerika irgendeinen Teil der Ehre bekommen sollte, das Flugproblem überwunden zu haben, aber wir meinen, dass wir unseren vollen Teil dazu geleistet haben, dies zu einer amerikanischen Erfindung zu machen, und falls diese nun zur weiteren Entwicklung ins Ausland gebracht wird, liegt die Verantwortung dafür nicht bei uns. Wir haben uns große Mühe gegeben, damit die ›Gelegenheit‹ ein deutliches Klopfen an der Tür des Kriegsministeriums vernehmen ließe. Es ist seit Jahren unsere Geschäftspraxis, an diejenigen zu verkaufen, die kaufen möchten, anstatt zu versuchen, Leuten eine Ware aufzuzwingen, die sie nicht wollen. Wenn die amerikanische Regierung entschieden hat, kein Geld mehr für Flugapparate auszugeben, bis sich ihr praktischer Nutzen auswärts in wirklichen Diensten erwiesen hat, tut es uns Leid, aber wir können dagegen keinen vernünftigen Einwand vorbringen. Sie sind die Richter.«[5]

Es zeigte sich angesichts dieser rigorosen Einstellung auch wieder typisch das Wesen der beiden Brüder: Ihr Wort galt und wer sich darauf nicht verlassen wollte, war sozusagen selbst schuld. Wiederum fühlten sie sich ihrem Vaterland verpflichtet, doch wenn dieses sie derart überging, zählte eben ausschließlich der Markt. Die Wrights verkörperten geradezu das moderne Zeitalter, das alles über die Verkäuflichkeit seiner Produkte regelt, nur dass sie Ehrlichkeit erwarteten.

Zusätzlich wollten sie dabei auch »alles kontrollieren«[6] und da sie in ihrem eigenen Land weiter hingehalten wurden und aus der Ferne schlecht verhandeln konnten, machten sie sich im Sommer 1907 selbst nach Europa auf, Wilbur zuerst, dem dann sein Bruder nachfolgte. Auch einen *Flyer* schifften sie nach Europa, in Kisten verpackt, in denen ein Apparat ruhte, der damals noch immer das einzige praktikable Flugzeug der Welt war. Erst ein Jahr später sollte Wilbur diese Kisten öffnen, schlugen die Wrights doch bis dahin alle Angebote aus. Immer wieder fühlten sie sich übervorteilt, abgespeist, hintergangen oder aber »kaltgestellt«, wenn andere über ihre Firma die Kontrolle hätten und über sie dann in kurzer Zeit bestimmen könnten[7]. Wiederum versuchten sie sogar, die nationalen Interessen der europäischen Länder gegeneinander auszuspielen, indem sie etwa in Frankreich damit drohten, ihr System nach Deutschland zu verkaufen.[8] Es blieb ein Drahtseilakt: Wie sollten sie mögliche Käufer überzeugen, wenn die sich allein auf Versprechungen verlassen mussten, und wie sollten sie schließlich ihr Produkt vorführen, wenn sie damit zugleich dessen Geheimnis lüften würden? Ihr Flugzeug hatte einen Preis, der absolut war, weil er dem Wert ihres neuen Systems entsprach – und das hielten sie geradezu für sakrosankt. Und was die Leistungsfähigkeit ihres Flugzeugs anging, so galt ihr Wort, unterstützt noch durch die Worte so vieler anderer, die bis dahin versucht hatten, die Glaubwürdigkeit jener amerikanischen Handelsreisenden zu überprüfen.

Wie ein solches Verfahren aussehen konnte, hinter die Geheimnisse der Wrights zu kommen, beschrieb etwa der Lehrer im ›Königlich Preußischen Luftschiffer-Bataillon‹ Alfred Hildebrandt, der deswegen im Herbst 1907 in die USA gereist war: »Demnächst begab ich mich mit einem berufenen Aeronauten, dem seit 15 Jahren in New York lebenden deutschen Ingenieur Karl Dienstbach, nach Dayton in Ohio und besuchte hier den Vater der Brüder, den alten anglo-amerikanischen Bischof Milton Wright. Der etwa 70jährige Greis bestätigte mir mit einfachen Worten, dass er dem längsten Fluge beigewohnt hätte. Er sei zufällig dazu gekommen; von ständiger Sorge um das Schicksal seiner Söhne gequält, die sich so wagehalsigen Flugübungen hingegeben hätten, sei er häufig auf das Ver-

suchsfeld gegangen und so Zeuge verschiedener Aufstiege geworden. Ueber nähere Einzelheiten wollte er sich nicht äussern. Hätte
ich nach den Unterredungen mit den beiden Konkurrenten der
Wrights noch irgend welche Zweifel gehabt, sie wären nach dem Be-
suche des Vaters zerstreut worden. Ich meine, es kann nur wenige
misstrauische Leute geben, die diesem alten, ehrwürdigen Priester
nicht Glauben schenken. Doch das persönliche Gefühl sollte bei
dieser wichtigen Sache kein bestimmendes Wort mitsprechen; es
galt daher, auch gänzlich unparteiische Leute aufzusuchen. Wir
›verhörten‹ des weiteren Mister C. S. Billmann, Sekretär eines
Bankinstituts. In lebhafter Weise rief er aus: ›Well, sie fliegt!‹ Dann
schilderte er, wie überwältigend es ausgesehen habe, als die Flugmaschine vom Boden emporgestiegen und in leicht wellenförmiger
Bahn etwa in Baumhöhe über die Felder dahingeflogen sei; wie
leicht sie dem Steuer gehorcht hätte und zur Landung gekommen
sei; ›wie eine Ente‹ habe sie sich auf den Boden niedergelassen. Auf
nähere Einzelheiten über die Konstruktion liess er sich jedoch auch
nicht ein. Er schloss mit den Worten, den Brüdern sei auch bester
pekuniärer Erfolg zu wünschen, sie seien feingebildete Leute, die
in harter Arbeit gross geworden wären. Weit mitteilsamer war ein
junger Apotheker, namens Reubens Schindler, der als ungebetener
Gast seinerzeit einem längeren Fluge beigewohnt hatte. Er sei an
einem Tage, an dem er einen Probeflug vermutet habe, dem Vater
Wright von weitem gefolgt und so Zeuge einer tadellosen Fahrt geworden. Zufällig kam in die Apotheke auch ein Arbeiter, der ebenfalls als Zaungast bei einem Flugversuch zugegen gewesen war und
uns unter breiter Darstellung auch der nebensächlichsten Umstän-
de die Angaben des Herrn Schindler bestätigte. Von hier aus lenkten
wir unsere Schritte zu einem alten Spenglermeister, Henry Web-
bert, der die Flugmaschine häufig in der Werkstatt seines Sohnes
gesehen hatte. Dieser biedere Handwerksmeister behandelte uns
mit grosser Zurückhaltung, machte uns aber doch höchst interessan-
te Angaben über den Flug selbst und über die Landung. Das Luftschiff sei so sanft auf den Boden heruntergekommen, ›wie ein Trut-

196

hahn, der vom Baume herabfliegt‹. In bezug auf die Geschwindigkeit übertrieb der alte Herr allerdings etwas mit der Behauptung,
50 Meilen (80 Kilometer) seien in einer Stunde zurückgelegt.«[9]

In dieser Form gab es genug Berichte, die es schwer machten, an
den Worten jener Bischofskinder zu zweifeln. Trotzdem hielt sich
die Skepsis angesichts der von den Wrights versprochenen Leistungen, blieb doch bei möglichen Käufern auch die Sorge, dass sie
auf die Tricks zweier ausgebuffter amerikanischer Geschäftsleute
hereinfielen. So machten sich immer wieder Regierungsvertreter,
Flugenthusiasten und nicht zuletzt Journalisten auf um die sensationellen Berichte über ihre Flüge zu überprüfen.

*Alberto Santos-Dumont hebt 1906 in Europa zum ersten Mal mit einem
Flugzeug ab, das schon angesichts seiner Form vor allem von der Leistungsfähigkeit der bis dahin entwickelten Motoren kündete.*

Während durch diese ›Überprüfungen‹ allerdings die Glaubwürdig-
keit der Wrights wuchs, lasen sie selbst von den Fortschritten der
Europäer, von Santos-Dumont, dem im November 1906 sein erster
Flug gelang, jedoch in einer skurrilen Drachenkonstruktion, die
nicht mehr erlaubte, als ein paar hundert Meter geradeaus über den
Boden zu fliegen. So konnte Wilbur Wright noch im Oktober 1906

an Chanute schreiben: »Wenn wir sehen, wie andere sich Jahr um Jahr mit Problemen abmühen, die wir in wenigen Wochen bewältigt hatten, ohne dass sie jemals so weit gekommen wären, auf die dahinterliegenden schlimmsten Probleme zu stoßen, so wissen wir, dass wir ihre Rivalität & Konkurrenz für viele Jahre nicht fürchten müssen [...] Wir glauben nicht an eine Möglichkeit von eins zu hundert, daß irgendjemand einen Apparat von dem geringsten *praktischen* Nutzen innerhalb der nächsten fünf Jahre besitzen wird.«[10]

Die Wrights wussten, wie alle anderen versuchten, sich in die Luft zu erheben, nämlich ohne Systematik, ohne Analyse, ohne das grundlegende Erforschen von Theorie und Praxis. Trotzdem standen mittlerweile alle möglichen Heißsporne bereit, das Flugzeug zu entwickeln, und der Unterschied zu früher war, dass es aufgrund der Berichte über die US-amerikanischen Brüder keinen vernünftigen Zweifel mehr daran gab, dass der Mensch fliegen konnte. Auch wenn sie dabei eher intuitiv vorgingen – sie kamen doch voran, und das viel schneller, als die Wrights gedacht hatten. Wie diese dabei selbst ihren Vorsprung berechneten, liest sich treffend in einem Schreiben Orville Wrights an Chanute vom Juni 1907, worin er auf die Leistungen der französischen Flieger einging: »Ich bin nicht beunruhigt, dass uns irgendjemand von denen, über die wir in den Zeitungen lesen können, zu dicht folgen würde. Es ist jetzt länger als ein Jahr her, seit Santos seinen ersten Versuch machte; sein längster Flug dauerte nur zwanzig Sekunden; der nächstbeste weniger als zehn Sekunden. In weniger als einem Jahr, seit wir unseren ersten Versuch hatten, haben wir 37 Flüge über zwanzig Sekunden gemacht – diese 37 belaufen sich auf etwas über 41 Minuten oder auf einen Durchschnitt von jeweils mehr als einer Minute und sechs Sekunden. Aufgrund dessen scheint es nicht so, dass ihr Fortschritt so schnell wie unserer wäre.«[11]

Auch wenn es sich Orville Wright anders ausgerechnet hatte, so gab es am Ende des Jahres 1907 in Frankreich bereits acht ›Piloten‹, die es irgendwie geschafft hatten, mit einem rein aerodynamisch bewegten Fluggerät abzuheben. Zwar war man bis dahin scheinbar hoffnungslos zurückgeblieben, auch weil man immer noch nicht erkennen wollte, was das Besondere des *Systems* der Brüder Wright ausmachte, das der später erfolgreiche Flugzeugbauer Robert Esnault-Pelterie 1905 sogar vollständig diskreditiert hatte, nämlich durch den Nachbau ihres Gleiters, an dem er vermeintlich zeigen konnte, dass der Apparat gar nicht fliegen könne[12] – jedoch hatte man insbesondere über den Anreiz von gut dotierten Preisen das Fliegen sehr wohl vorangetrieben. Und am 13. Januar 1908 war es so weit: Dem in Frankreich aufgewachsenen Henry Farman, dem Sohn eines britischen Journalisten in Paris, gelang es an einem ruhigen Tag, den Großen Preis von Deutsch-Archdeacon zu gewinnen, der seit März 1904 von Ernest Archdeacon und Henri Deutsch de la Meurthe ausgeschrieben und mit 50 000 Francs dotiert war, indem er den ersten Kreisflug vollführte. Dazu musste er abheben, zwischen zwei Masten hindurchfliegen, dann einen anderen, 500 Meter entfernten Masten ansteuern, diesen umrunden, wieder durch die zwei Masten am Start hindurchfliegen und landen – eine Übung, wie sie die Wrights schon drei Jahre zuvor mit Leichtigkeit bewältigt hätten. Farman gelang dieses Manöver allerdings nur durch große Geschicklichkeit, da sein Flugzeug über keinerlei Querruder verfügte. Das Prinzip der Steuerung um alle drei Achsen war immer noch nicht verstanden. Farman flog schlicht einen weiten Kreis um den äußeren Masten und glich alle Ansätze von Rollbewegungen seines Flugzeugs durch Seitenruderausschläge aus.

Angesichts von Leistungen dieser Art mussten die Wrights doch immer unruhiger werden. Denn einerlei, wie die Franzosen es schafften voranzukommen, einerlei, ob sie das *Prinzip* des Fliegens verstanden oder nicht – sie flogen. Und sie lernten aus ihren Fehlern.

Wie die beiden Flugzeug-Erfinder in Wartestellung über diese Vorgänge im fernen Europa dachten, zeigt sich in einem Brief, den Wilbur Wright im Januar 1908 an Chanute schrieb. Er bezog sich dabei auf einen – eigentlich frivolen – Gedanken, wonach ihnen ein ernster Flugunfall in Frankreich von Nutzen sein würde. »Die Schwierigkeiten der französischen Experimentatoren hat *uns* viel mehr Schwierigkeiten gebracht als ihnen Erfolge, indem dadurch mehr und mehr Zweifel angesichts der Verwendbarkeit irgendeines Flugzeugs aufgeworfen werden. Falls Farman durch einen Absturz getötet werden sollte, würde uns das bis zu einem Betrag von Tausenden von Dollar schädigen, glauben wir.«[13] Die Wrights dachten nach wie vor geschäftsmäßig und dabei erkannten sie, wie schnell ihr Vorsprung plötzlich dahinschmolz. Bis dahin müssen ihnen sehr wohl Zweifel gekommen sein, ob sie ihr Flugzeug zu ihren Bedingungen verkaufen könnten. Wie noch zu sehen sein wird, setzten sie jedoch um so mehr darauf, dass ihre Patente ihr System völlig schützen würden.[14]

Nach zweieinhalb Jahren des Abwartens und Verhandelns war die Entwicklung jedoch derart vorangeschritten, dass die Wrights mit ihrem Flugzeug nun an die Öffentlichkeit treten mussten, wollten sie nicht plötzlich mit leeren Händen dastehen. Doch als wirkten die Erfolge der Franzosen auf sie zurück, indem dadurch gezeigt war, dass Fliegen *prinzipiell* möglich war, gewann die Ernsthaftigkeit an Bedeutung, mit der sie nicht nur irgendeinen Flugapparat anboten, sondern ein voll funktionsfähiges Flugsystem. Plötzlich nahm alles an Fahrt zu. Im Februar 1908 akzeptierte die US-Armee ihre Verkaufsbedingungen, verschärfte sie allerdings in einer Weise, dass sie wie aus einem Zukunftsmärchen zu stammen schienen. Das Flugzeug sollte mit einem Passagier 200 Kilometer weit fliegen können, mit einer Geschwindigkeit von über 60 Kilometern pro Stunde.[15] Nun hatte man die Wrights wirklich beim Wort genommen und hatte es gewagt, einen Vertrag aufzusetzen, dessen Verfasser deswegen in der kalt planenden Armee eigentlich auf seinen Geisteszustand hätte untersucht werden müssen. Doch war Fliegen bis dahin eben kein Ding der Unmöglichkeit mehr, und dass die Wrights sich auf solche Bedingungen einließen, die gar nicht dem Stand ihrer Leistungen entsprachen, zeugt nur davon, dass sie sich eingeholt zu werden wähnten.

Dann kam einen Monat später auch mit einem französischen Konsortium ein Vertrag zustande. Einige wichtige Industrielle wie insbesondere Deutsch de la Meurthe hatten sich bereit erklärt, das Flugzeug der Wrights in Frankreich zu verkaufen und die Generalvertretung für sie zu übernehmen. Nur wären auch hier die Abmachungen erst nach erfolgreichen Demonstrationsflügen gültig.

Die Wrights mussten nun also zeigen, was sie konnten, was sie zu können behaupteten. Doch darauf mussten sie sich erst noch vorbereiten.

Bis dahin hatten sie ihren *Flyer* sehr wohl weiter verbessert, hatten einen noch stärkeren Motor entwickelt und hatten vor allem die Position des Piloten entscheidend verändert. Noch auf ihren letzten Flügen war die Position des Piloten liegend gewesen. Doch für militärische Flüge, als deren Hauptzweck sie ihren *Flyer* ansahen, musste die Position bequem und das Sichtfeld frei sein – und es musste Platz für einen ›Beobachter‹ geben. Entsprechend hatten sie ihr Flugzeug bis dahin verändert und ehe sie nun an die Öffentlichkeit treten konnten, mussten sie diese Veränderungen erproben. So machten sie sich im April 1908 erneut an jenen einzigen Ort auf, an dem sie sich abgeschieden genug wähnten, nach Kitty Hawk. Doch so bekannt, wie die Wrights bis dahin waren, konnten sie voraussehen, dass der Presse auch dort kaum zu entkommen wäre. Es muss dann ein absurdes Katz-und-Maus-Spiel gewesen sein, als sich die Journalisten, wie die Wrights wussten, zwischen den nahen Kiefergehölzen versteckten und mit Ferngläsern das Geschehen an den Kill Devil-Hügeln beobachteten. Die beiden Flugzeugerfinder konnten deren Anwesenheit nicht unterbinden, doch wollten sie das Beste daraus machen: Die Journalisten sollten zwar sehen, dass sie flogen, aber nicht wie, und sie sollten dann darüber berichten. Vor allem sollten sie keine Fotografien machen können, sodass sie unbedingt auf Distanz bleiben mussten. Wilbur Wright beschrieb danach seinem Bruder noch einmal den Vorgang: »Es scheint, dass wir die Zeitungsleute völlig davon überzeugt hatten, dass wir nicht fliegen würden, wenn sie auch nur irgendwie nahe kämen. Es ist manchmal gut, wie ein Schullehrer einen widerlichen Ruf zu haben.«[16]

Während die Wrights auf diese Weise noch mit der Gründlichkeit, die sie auszeichnete, ihr Flugzeug erprobten, auch zum ersten Mal einen Passagier mitnahmen, war die Entwicklung in Frankreich abermals vorangeschritten. Léon Delagrange konnte die zurückgelegten Strecken mit seinen von den Brüdern Voisin gebauten Flugzeugen immer mehr steigern, von eineinhalb Kilometern im März auf fast vier Kilometer im April, und schon Ende Mai flog er über zwölf Kilometer weit.[17] Auch Farman war schon im März über zwei Kilometer weit geflogen.[18] Und nicht nur in der Alten Welt erwuchs den Wrights Konkurrenz.

Am 12. März 1908 hatte es eine Mannschaft unternehmungslustiger junger Männer um den Erfinder des Telefons, Alexander Graham Bell, geschafft, auf einem gefrorenen See im Staat New York ein Flugzeug bemannt abheben und eine Strecke von fast einhundert Metern fliegen zu lassen. Es galt dies als erster öffentlicher Flug der USA. Dieser Aspekt mag den Wrights gleichgültig erschienen sein, nicht jedoch die Tatsache, dass der verwendete Flugapparat ein Doppeldecker mit Schubpropeller und vornliegendem Höhenruder war, kurz, dass er wie eine Kopie ihres *Flyer* aussah.

Der Hintergrund der Geschichte war, dass Bell sich als Forscher des Flugproblems angenommen und ernsthaft ein Flugzeug zu entwickeln begonnen hatte. Dazu hatte er die ›*Aerial Experiment Association*‹ gegründet, kurz *AEA*, und eine Gruppe junger Luftfahrtenthusiasten um sich versammelt, unter ihnen zwei Männer, deren Lebensläufe sich dann fatal mit dem der Brüder Wright schneiden sollte: Glenn Hammond Curtiss und Thomas Selfridge. Die Wrights müssen bass erstaunt gewesen sein, als sie von diesem ersten Flug lasen – und inzwischen wussten, dass gerade ein weiterer mit einem besseren Flugapparat bevorstand. Denn eben jener Curtiss hatte die beiden Brüder 1906 aufgesucht um ihnen einen leistungsstarken Motor zu verkaufen, den er selbst entwickelt hatte. Curtiss kam bezeichnenderweise wie die Wrights aus dem Fahrradgeschäft, war allerdings in seiner Art deren genaues Gegenteil: Er war ein Abenteurertyp. Nachdem er bereits etliche Motorradrennen bestritten hatte, erreichte er 1907 auf einem seiner eigenen Fabrikate eine Geschwindigkeit von über 200 Kilometern pro Stunde. Und nun war er zu einem der wichtigsten Forscher jener *AEA* geworden – und wurde bald zu ihrem wichtigsten Piloten.

Thomas Selfridge wiederum hatte den Wrights im Namen der *AEA* Anfang des Jahres 1908 geschrieben und angesichts von Segelflugversuchen, die sie gerade begonnen hätten, um die Beantwortung einiger Fragen gebeten. Diese lauteten, welche Ergebnisse die Wrights über die Druckpunktwanderung erzielt hätten, wie man Tragflächenstreben so baue, damit sie ihre Krümmung behalten, und wie man dann Holme und Bespannung am besten an den Streben befestige. Die Wrights hatten darauf detailliert Antwort gegeben und auch auf die veröffentlichten Vorträge Wilbur Wrights vor der Chicagoer Ingenieursvereinigung verwiesen.

Nun erfuhren sie plötzlich, dass jene *AEA* nicht nur ein Flugzeug gebaut hatte, das dem ihren sehr ähnelte, sondern dass zu den Mitgliedern der Gesellschaft auch Curtiss und Selfridge zählten. Da war ein Feuer entfacht, das sich im Leben der Wright-Brüder zu einem Brand ausweiten sollte – und das in Folge sogar die gesamte weitere Luftfahrtgeschichte der USA bestimmte.

Vor diesem Hintergrund beschleunigte sich die Lage abermals, als die Beauftragten der Wrights in Frankreich meldeten, sie müssten schleunigst ihr Flugzeug vorführen. Auf einmal war keine Zeit mehr zu verlieren. Insbesondere Farman zog in der Zwischenzeit alle Aufmerksamkeit auf sich. Immer länger wurden seine Flüge, immer großartiger, und angetrieben von einer euphorischen Öffentlichkeit forderte er inzwischen die Wrights zu einem Wettbewerb heraus. Jeweils 5 000 Dollar sollte der Pilot für die weiteste Strecke und die höchste Geschwindigkeit erhalten.[19]

Für die Wrights war da aber bereits entschieden, dass ihre Probeflüge in Kitty Hawk beendet wären. Denn Wilbur Wright hatte bei einem Flugmanöver die Steuerhebel verwechselt und der *Flyer* hatte sich mit hoher Geschwindigkeit in den Sand gebohrt. Unverletzt ließ er selbst alles zurück, das beschädigte Flugzeug und auch seinen Bruder, was vielleicht die schwerste Entscheidung war. Zum ersten Mal seit vielen Jahren mussten sie sich ausgerechnet angesichts ihrer größten Herausforderung trennen, um der Neuen wie der Alten Welt vorzuführen, was wirkliches Fliegen hieß. Wilbur Wright blieb nicht einmal mehr die Zeit um nach Dayton zurückzufahren. Er wollte jedoch in seinem Heimatland sein, wenn sein Bruder bis dahin die Vorbereitungen für die Demonstrationsflüge vor der Armee abgeschlossen hätte. Immerhin war dafür noch ein neues Flugzeug zu bauen. Doch dieser Zeitplan war völlig illusorisch, schon angesichts dessen, was Wilbur Wright in Europa erwartete. Am 29. Mai traf er in Paris ein und hätte sich wohl nicht träumen lassen, dass er erst ein ganzes Jahr später in den trauten Kreis seiner Familie zurückkehren würde.

14.

Der Triumph
Erfolge, Bestätigung und Geschäfte

Es wäre nicht übertrieben zu behaupten, Wilbur Wright habe sich in die Höhle des Löwen begeben, als er nach Frankreich kam. Dort hatte man bis dahin Erfolg an Erfolg reihen können und es war keine Frage mehr, dass man dort flog. Wie zu einer überheblichen Begrüßung des anscheinend so überheblichen Wilbur Wright nahm Farman am 29. Mai bereits zum zweiten Mal einen Passagier mit in die Luft, nämlich Ernest Archdeacon, und einen Tag später legte Delagrange eine Strecke von über zwölf Kilometern zurück.[1] Nun sollte jener Amerikaner einmal zeigen, was er all die Zeit behauptet hatte! – das war die Stimmung in Frankreich, von den Zeitungen noch angefacht. Etliche Persönlichkeiten, an erster Stelle der fliegerisch so engagierte Archdeacon, zweifelten ihre Leistungen grundsätzlich an. Wilbur Wright war in keiner angenehmen Lage und was im Weiteren geschah, ist wahrlich eine dramatische Geschichte.

Auch wenn ›die Welt‹ nun darauf wartete, das Flugzeug der US-Amerikaner endlich zu sehen, in der Luft oder doch nur als bodenhaftendes Fantasiefahrzeug, so war Wilbur Wright nicht nach Europa gekommen um für dieses Produkt langjähriger Arbeit Beifall zu erheischen, sondern um es zu verkaufen. Es war dieser Gesichtspunkt, unter dem er Erfolg haben musste und nichts sollte dabei dem Zufall überlassen bleiben. Schon den ›Flugplatz‹ wählte er danach aus, dort später nicht nur Demonstrationsflüge abzuleisten, sondern auch gleich die zukünftige potentielle Kundschaft im Fliegen auszubilden.[2] Dabei war es nicht leicht, eine entsprechende

Fläche zu finden, die eben und möglichst frei von Bäumen und Büschen war und die nicht ohne weiteres von jedermann besucht werden konnte. Ein französischer Automobilfabrikant, Léon Bollée, machte dem spröden Amerikaner dann das Angebot, zum Zusammenbau des Flugzeugs einen Raum seiner Fabrikhallen zu nutzen, die sich bei der Stadt Le Mans befanden, über 150 Kilometer von Paris entfernt. Darauf ließ sich Wilbur Wright ein. So fand sich in der Nähe schließlich auch ein Platz zum Fliegen, der seinen Ansprüchen genügte. Es war eine Pferderennbahn. Wilbur Wright selbst beschrieb sie so:»Der Platz ist vollständig von Bäumen umgeben und 800 Meter lang und 300 Meter breit. Der Boden ist überhaupt nicht eben, wird aber zum Landen in Ordnung sein. In einer Ecke gibt es mehrere Bäume, die verhindern, dass man der Bahn den ganzen Weg herum folgen kann, außer ich gehe über sie hinweg.«[3] Wie einschüchternd oder großspurig muss schon die Wahl dieses Platzes auf die französischen Aviatiker gewirkt haben, mit Bäumen als Hindernissen!

Es war bereits Ende Juni, als Wilbur Wright endlich darangehen konnte, den *Flyer,* der inzwischen von Le Havre nach Le Mans gebracht worden war, fertig zu montieren. Doch als es eigentlich ›nur‹ noch darum ging, die Teile zusammenzufügen und dann den Motor in Gang zu bringen, als Wilbur Wright also die erste Kiste erwartungsvoll aufbrach, durchfuhr es ihn. Er schrieb dazu seinem Bruder:»Ich habe gestern die Kisten geöffnet und zerbreche mir seitdem den Kopf, wie du zwei volle Tage damit verschwenden konntest sie zu packen. Ich bin mir sicher, dass ich die Sachen mit einer Schaufel in zwei oder drei Minuten da hineinbekommen hätte und eine genauso gute Arbeit geleistet hätte.« Was er zu diesem Zeitpunkt nicht wissen konnte, war, dass französische Zollbeamte den Inhalt der Kisten genau inspiziert hatten.

Für Wilbur Wright stand nun die enorme Arbeit an, die Einzelteile des *Flyer* wieder herzurichten und zu reparieren. Zwar hatte er Mechaniker an seiner Seite, die ihm zur Hand gingen, doch beschwerte er sich immer wieder darüber, dass»es fast unmöglich ist,

Männern mit Worten zu erklären, was ich will, die nur zu einem Viertel Englisch verstehen«[4].

Der Druck war enorm. Denn Wilbur Wright musste sein Flugzeug nicht nur in einen Zustand bringen, der sicherstellte, dass alles möglichst perfekt funktionierte, sondern auch gleichzeitig Verhandlungen über den anstehenden Verkauf des *Flyer* führen. Sein Verhalten zu dieser Zeit hatte dabei etwas derart Geheimnisvolles, dass es bis heute in einem merkwürdigen Licht erscheint. So wurde bereits damals erstaunt darauf hingewiesen, dass Wilbur Wright sich in seinem Betragen kaum von den anderen Arbeitern unterschied, die er angestellt hatte. »Wenn die Sirene zur Mittagspause heulte«, heißt es in der Darstellung von Fred C. Kelly, der gleichsam die ›offizielle‹ Biografie der Wright-Brüder schrieb, »hörte er wie die anderen mit der Arbeit auf und ging im Mechanikeranzug zum Essen.«[5] Auch die Tatsache, dass der Amerikaner neben seinem Flugzeug schlief, liest sich meist anekdotisch. Doch der Hintergrund für dieses Verhalten war simpel: Wilbur Wright, schon weil er bis dahin wusste, warum der Inhalt der Kisten scheinbar so schlecht gepackt war, traute niemandem. Er wollte die besonderen Konstruktionsmerkmale des *Flyer* so lange wie möglich geheim halten.

Als er seinen Arbeitsplatz schließlich direkt zu jener Pferderennbahn verlegte, hatte er sich dort bereits wie in Kitty Hawk einen eigenen Schuppen für das Flugzeug bauen lassen. Welcher Kontrast: Da hätte einer in französischen Himmelbetten schlafen können, hätte sich jeden Tag an raffiniertem Essen erfreuen und auf Empfängen im Mittelpunkt stehen können, ganz abgesehen davon, dass »Hunderte von Frauen« seine Bekanntschaft suchten[6] – und verbrachte all seine Zeit in einem Holzverschlag!

Als endlich ein Ende der Arbeiten in Sicht war, wurde er abermals aufgehalten. Gerade als er den Lauf des Motors testete, löste sich ein Gummirohr des Kühlers. Das heiße Wasser spritzte auf eine Seite seines Körpers und verbrühte ihm den Arm. Es dauerte eine weitere Woche, ehe er mit seinen Arbeiten überhaupt fortfahren konnte.

Zu allem Überfluss meldeten dann auch noch die Zeitungen, dass Farman beabsichtige, ausgerechnet in den USA Flüge zu machen. Er würde dort am 29. Juli eintreffen. Sogar Orville Wright mahnte da seinen Bruder sich zu beeilen.[7] Es wäre eine eigene Geschichte, wie sich die Spannung in all den Wochen immer weiter aufbaute, wie manche Zeitungen, gerade wenn ihre Reporter auch noch dabei ertappt worden waren, heimlich Fotos von dem geheimnisvollen *Flyer* zu machen, die Ressentiments gegen den Amerikaner verstärkten. »*Le bluff continue*« [Der Bluff geht weiter], schrieb eine Zeitung; auch wurde Wilbur Wright mit den Worten wiedergeben, seine anstehenden Tests seien nicht mehr als ein »Kinderspiel«.[8]

Trotzdem ließ er sich durch nichts beeindrucken. Er wusste, auf welchem Stand sich die französischen Flieger befanden, und wenn er nur alles gründlich genug vorbereitete, musste ihm der Triumph sicher sein.

Der 8. August 1908, ein Samstag, war dann der Tag, für den er den ersten Testflug ankündigte. »Ich dachte, es wäre eine gute Sache, einmal ein bisschen was zu tun«[9], schrieb er dazu seinem Bruder. Es lässt doch erstaunen, wie viel Vertrauen er in seinen Apparat hatte, da er bereits zu seiner ersten Erprobung die Öffentlichkeit nicht ausschloss, zumindest insofern, als er die führenden ›Experten‹ der Fliegerei anwesend wusste wie etwa Louis Blériot und Ernest Archdeacon, dazu die meisten der französischen Piloten, die es bis dahin geschafft hatten, sich ein paar Meter über den Boden zu erheben, den französischen ›Flugberichterstatter‹ François Peyrey, auch zwei Angestellte der russischen Botschaft, weitere Vertreter des ›*Aéro-Club de France*‹ und natürlich die notorischen Zeitungsreporter. Doch war er sich nun einmal sicher, dass sein Flugzeug funktionierte. Das Einzige, was hätte schief gehen können, war, dass er beim Fliegen oder sogar schon beim Starten einen Fehler machte. Immerhin war er dieses Modell des *Flyer* noch nicht geflogen und bei seinem letzten Flugversuch in Kitty Hawk hatte er einen so schweren Fehler gemacht, dass er abgestürzt war.

All diese Zuschauer mussten lange warten. Erst am Nachmittag ließ Wilbur Wright sein eigenartiges Gerät auf der wieder eigens konstruierten Startanlage ausrichten. Wie muss dieser Flugapparat bestaunt worden sein, der da zum ersten Mal von allen zu sehen war, diese völlig schmucklose Konstruktion, die kein Vorne und Hinten zu haben schien, ganz aus Holz und Stoff und Draht verfertigt und mit einem primitiven Motor versehen! Wer hätte da noch meinen können, dass jener Amerikaner ein Hochstapler sei! Dazu umgab das Ereignis zu viel Ernst, aber auch Selbstverständlichkeit. Wilbur Wright hatte nicht einmal besondere Kleidung angezogen, etwa eine Lederjacke zu seinem Schutz, sondern trat in seinem üblichen Anzug auf, mit weißem Hemd und hohem, gesteiftem Kragen, als ginge er zur Arbeit an den Schreibtisch einer Poststelle. Trotzdem erklärte etwa Archdeacon noch kurz vor dem Start ein paar Zuschauern, dass der Apparat wegen bestimmter Konstruktionsfehler wohl nicht fliegen werde.[10] Zwar musste Wilbur Wright tatsächlich fast gegen ein Übermaß an Skepsis anfliegen, doch man kann sich vorstellen, dass die Unruhe unter den französischen Zuschauern inzwischen beinahe größer war als bei ihm selbst. Denn welches Licht fiele auf sie, wenn sich erweisen würde, dass jener Amerikaner Recht hätte, dass die von ihm behaupteten Leistungen stimmten?

Dann war es so weit. Zwei Helfer rissen an den beiden Propellern und der Motor sprang an. Plötzlich jedoch rutschte Wilbur Wright auf der unteren Tragfläche, auf der er saß, eigenartig hin und her – und die Maschine verstummte. Sein hinterer Kragenknopf hatte sich in einem Steuerdraht verfangen. Doch diesmal war die Verzögerung kurz. Bald drehten sich wieder gemächlich die Propeller, Wilbur Wright hielt den linken Steuerhebel umfasst, löste mit der rechten Hand den Katapult aus und fasste, als der *Flyer* nach vorn schoss, sofort den anderen Steuerhebel. Mühelos stieg das Flugzeug auf. Allerdings flog es wirklich direkt auf die Bäume zu, die da im Weg standen. Doch auf einmal legte es sich zur Seite, machte eine Linkskurve und richtete sich wieder auf, als wäre es ein Fahrrad. Zehn Meter über dem Boden flog es dahin wie an Schnüren gezogen, über die Haupttribüne hinweg, legte sich abermals in die Kurve, richtete sich wieder auf und kam zurück. Noch einen Kreis nach rechts flog es und setzte dann auf.

Alle, die es gesehen hatten, waren von diesem Eindruck überwältigt. Man muss sich vorstellen, wie für unterschiedliche Gefühlswelten da aufeinander trafen, mit Wilbur Wright auf der einen Seite, der zwar gerührt und vielleicht lächelnd durch die Drahtverspannung seines Flugzeugs stieg, das er am liebsten sofort wieder allen Blicken entzogen hätte – und seinen Zuschauern, die zu ihm gelaufen waren und ihn umarmten und ihn auch küssen wollten. So wie sie ihn hochleben ließen, muss Wilbur Wright diesen Triumph schließlich doch sehr genossen haben. Blass sei er geworden, schrieb François Peyrey in seinem Bericht, in welchem er das geflügelte Wort von dem »großen weißen Vogel« prägte, den er habe fliegen sehen.[11]

Wilbur Wright berichtete dann seinem Bruder nach Hause: »Die Zeitungen und die französischen Flieger wurden fast verrückt vor Aufregung. Bleriot & Delagrange waren so aufgeregt, dass sie kaum sprechen konnten, und Kapferer konnte nur noch nach Luft schnappen und überhaupt nicht mehr sprechen. Du wärst vor Lachen fast gestorben, wenn du sie gesehen hättest.«[12]

Wie sehr Wilbur Wright die Franzosen in Staunen versetzt hatte, wie er sie bis ins tiefste Innere gerührt hatte, zeigen die unterschiedlichsten Aussprüche. Für Blériot, der ständig neue Flugzeuge baute und mit seinem siebten Modell bereits das noch heute gültige Flugzeugdesign geschaffen hatte, ohne freilich hinter die Geheimnisse der Steuerung gelangt zu sein, für ihn, der bald in die Geschichtsbücher eingehen sollte, war »im mechanischen Flug« ein neues Zeitalter angebrochen: »Es ist wunderbar.«[13] René Gasnier, der erst am Tag zuvor mit einem Voisin-Apparat zu fliegen versucht hatte, ließ den Ausspruch verlauten: »Wir sind wie Kinder im Vergleich zu den Wrights.«[14] Und Léon Delagrange, der doch schon kilometerweit geflogen war und den ›offiziellen‹ Streckenweltrekord hielt, erklärte: »*Eh bien, nous sommes battus!*

Nous n'existons pas!«[15] [Nun, wir sind geschlagen. Uns gibt es gar nicht.]

Wilbur Wright hatte mit einem kurzen Probeflug gezeigt, was Fliegen bedeutete, nämlich die vollständige Steuerbarkeit des Flugzeugs. In den nicht einmal zwei Minuten, die er geflogen war, hatte er demonstriert, woran es allen anderen Fliegern bis dahin mangelte: Sie verfügten über kein Mittel, ihren Flugapparat in der Luft wirklich zu beherrschen. Auch wer nichts von irgendwelchen aerodynamischen Vorgängen verstand, begriff augenscheinlich den Unterschied: Ein französisches Flugzeug erhob sich ein paar Meter über den Boden und flog dann tendenziell geradeaus. Um es in eine Kurve zu zwingen musste der Pilot weit ausholen und immer fürchten, dass ihm der Apparat zur Seite wegkippte, wozu schon eine leichte Bö ausreichen konnte. Fliegen bei ›normalen‹ Bedingungen, wenn also Wind ging, war lebensgefährlich. Der wrightsche *Flyer* dagegen stieg auf und konnte nicht nur *irgendwie* die Richtung ändern, sondern gesteuert auf ein Ziel zufliegen.

Natürlich wurde Wilbur Wright noch am selben Tag gedrängt einen weiteren Flug zu zeigen. Doch das lehnte er ab, auch einen Flug für den nächsten Tag, der ein Sonntag war. Auch lehnte er es ab, seinen ›Erfolg‹ zu feiern, da doch die Einladung bestand, ihn noch am selben Abend in Paris zu ehren. Ihm war es in erster Linie darum gegangen, kurz die Funktionstüchtigkeit seines Flugzeugs zu prüfen und unter Beweis zu stellen. Noch früh am selben Abend schlief er an seiner Seite ein.[16]

In der Folge setzte eine Verehrung für seine Taten ein, die keine Grenzen zu kennen schien. Und er selbst setzte die Grenzen immer weiter. Schließlich war es nur ein Kinderspiel gewesen, was er bis dahin gezeigt hatte. Von Tag zu Tag steigerte er die Flugdauer, bestimmt nur von der Zuverlässigkeit des Motors. Am 13. August hatte er über acht Minuten erreicht, gefolgt allerdings von einer Bruchlandung, die tagelange Reparaturen nach sich zog. Ganz Frankreich fieberte seinen weiteren Flügen entgegen.

Inzwischen machte die Armee Wilbur Wright das Angebot, einen anderen, weit größeren Platz zum Fliegen zu benutzen, nämlich ihren Artillerieschießplatz von Auvours, der nicht einmal zwanzig Kilometer entfernt lag. Es ist bezeichnend, wie Wilbur Wright zu diesem Feld umzog, dessen Name zum Synonym für seine Erfolge in Frankreich werden sollte. Sein ›Hangar‹ wurde abgebrochen und in Auvours wieder aufgebaut – und auch der *Flyer,* der für stundenlange Flüge konzipiert war, wurde zerlegt und in Auvours wieder aufgebaut, nachdem man das Flugzeug mit Automobilen über die Landstraße transportiert hatte.[17] Wilbur Wright hatte keinen Sinn für spektakuläre Aktionen und er, der sich wie ein Vogel durch die Luft bewegte, ging kein Risiko ein.

Auvours wurde auf einmal zum Nabel der Welt und zur Grundschule für alle Flugbegeisterten. In Paris kaufte ›man‹ eine Fahrkarte nach Auvours; und die Kutscher in Le Mans konnten einen eigenen Pendelverkehr zum ›Flughafen‹ einrichten. Alle gesellschaftlichen und politischen Größen machten sich auf den Weg nach Auvours und sie kamen aus ganz Europa. Bald musste auch niemand enttäuscht sein den US-Amerikaner nicht fliegen zu sehen. Gerade als Delagrange einen neuen Streckenrekord von fast 25 Kilometern Länge aufgestellt hatte, zeigte Wilbur Wright wie aus Trotz, auch angesichts dessen, was seinem Bruder bis dahin widerfahren war, was sein Flugzeug wirklich leisten konnte. Am 21. September 1908 flog er über eineinhalb Stunden lang[18], eine Zeit, die er schließlich an seinem letzten Flugtag in Auvours auf 2 Stunden, 20 Minuten und 23,2 Sekunden erhöhte[19], wobei er bis dahin, fast jeden Tag fliegend, alle überhaupt bestehenden Rekorde mit Leichtigkeit geschlagen hatte, allein und auch mit Passagier.

Zugleich wurde er mit Ehrungen und Auszeichnungen geradezu überhäuft. Als er, so viel später als angenommen, in die USA zurückkehrte, ließ der Zollbeamte sein Gepäck zwar nur flüchtig durchsuchen, verpflichtete ihn jedoch, all seine Medaillen und Orden zu zeigen.[20]

Mit der grüßenden Geste jener Zeit feiert das französische Publikum Wilbur Wright und die vollständige Eroberung des Luftraums.

Wie bekannt Wilbur Wright bald war und wie er verehrt wurde, geht einmal wieder aus einem Brief an seinen Bruder hervor: »Alle Kinder in einem Umkreis von einem Dutzend Meilen um mein Lager kennen mich und wenn ich die Straßen entlang fahre, nehmen sie höflich den Hut ab und lachen und sagen: ›*Bon jour, Monsieur Wright.*‹ Sie sind außer einigen Freunden wirklich die Einzigen, die wissen, wie man meinen Namen ausspricht. Im Allgemeinen sprechen die Leute meinen Namen ›*Vreecht*‹ aus, mit einem fürchterlichen Röcheln beim ›r‹. Vielerorts nennt man mich mit meinem Vornamen, ›*Veelbare*‹, fast immer.«[21]

Bezeichnenderweise erhielt er auch eine Auszeichnung einer der zu jener Zeit zahlreichen Friedensvereine.[22] Wie sich schon Lilienthal so lebhaft erträumt hatte, herrschte damals bei einigen noch die Vorstellung vor, dass mit dem Mittel des Flugzeugs, das keine Grenzen mehr kennt, ein Krieg nicht mehr möglich wäre. Dabei hatte es der Ausgezeichnete prinzipiell für nichts anderes als eben den Krieg konzipiert. Bei den beiden Brüdern gab es nicht nur keine Skrupel, ihre Erfindung für »Kriegszwecke« zu gebrauchen, sondern auch von Anfang an die Bereitschaft, das Flugzeug als überlegenes Kriegswerkzeug an den höchsten Bieter zu verkaufen – ein Bild, das manche so nicht sehen wollten. Sie machten es daher zur Karikatur der Wirklichkeit, wenn insbesondere ihr ergebener Biograf und Herausgeber ihrer Briefe, Fred C. Kelly, schrieb: »Die Wrights glaubten ernsthaft daran, das Flugzeug könne eine wichtige Rolle in der Kriegsverhinderung spielen, weil es jeder Seite erlaube zu erfahren, was die andere gerade täte, und es daher beiden schwierig mache, die Vorherrschaft zu erlangen.«[23] Es passte wohl nicht so recht in das Bild der wichtigsten Erfinder der Menschheit, dass sie ihr Produkt *an sich* für den Krieg entwickelt hatten, zumal sich bald herausstellte, wie gerade das Flugzeug den Krieg vorantrieb, indem es ihn noch in jedes Haus der Zivilbevölkerung trug. Als das Flugzeug dann seinen zugedachten Zweck erfüllte, sollte Orville Wright ausdrücklich zeigen, wie es um seine Moral in Sachen Kriegsführung bestellt war.

Wie Wilbur Wright selbst den Verehrungskult um ihn sah, geht aus einem Brief hervor, den er seiner Schwester schrieb: »Das Aufsehen ist so groß, dass es schon wieder beschwerlich wird. Ich kann nicht mal ein Bad nehmen, ohne dass hundert oder zwei Leute nach mir Ausguck halten. Zum Glück scheint jeder ganz in freundlicher Stimmung zu sein und das macht es möglich, mit ihnen ohne Aufhebens zu verhandeln. [. . .] Du kannst dir wirklich nicht vorstellen, mit welchem Enthusiasmus die Flüge begrüßt wurden, besonders in Frankreich, aber fast genauso im übrigen Europa. Die gefährliche Sache dabei ist, dass sie zu enthusiastisch werden und dass darauf eine Reaktion einsetzen wird. Ich mag solche Bedingungen nicht.«[24] Einige Tage später beschrieb er noch ausdrücklicher, was er eigentlich gern wollte: »Um uns wird mehr Werbung gemacht, als es wirklich wünschenswert wäre, aber es ist unmöglich, so etwas zu kontrollieren.«[25] Das war aber gerade sein Wunsch: alles zu kontrollieren. Wilbur Wright war nach Europa gekommen um ihre Erfindung zu verkaufen, und vor diesem Hintergrund musste es eher störend wirken, dass man ihn da eher als Zauberer denn als denjenigen sah, als der er gekommen war: als Kaufmann. Allerdings lief das Geschäft, auf das er aus war, nun so schnell an, dass er das Geld gewissermaßen nur noch einzusammeln brauchte. Schon ein paar Tage nach seinem ersten Testflug telegrafierte Deutsch de la Meurthe und garantierte die Gelder für den Kauf des Flugzeugs. In der Alten Welt war das Geschäft gesichert.

Wilbur Wright plagte immer wieder der Gedanke, wie sich sein Bruder wohl angesichts der für ihn anstehenden Demonstrationsflüge verhielt. Wie ein Vater oder Ehemann ermahnte er ihn immer wieder zur Vorsicht, wie etwa umfangreich am 25. August, als hätte er geahnt, was geschehen würde: »Ich rate dir sehr ernsthaft, dich nur an Windstille zu halten, bis du dir sicher bist. Geh nicht hinaus, auch nicht für sämtliche Angestellten der Regierung, außer du würdest es auch in ihrer Abwesenheit tun. *Lass dich nicht zu irgendetwas zwingen, ehe du nicht dazu bereit bist.* Sei sehr vorsichtig und mach langsam bei Flugversuchen zur Tagesmitte, wenn es häufig Windböen gibt. Gib zu verstehen, dass du eher Übungs- als Demonstrationsflüge machen willst und dass du es auf deine eigene Art machen willst. Lass keine Leute den ganzen Tag und die ganze Nacht lang mit dir sprechen. Es wird dich erschöpfen, ehe du für das richtige Geschäft fertig bist. Höflichkeit hat Grenzen. Falls nötig, setze eine Stunde am Tag fest und weigere dich ganz und gar, Besucher auch nur eine Minute lang zu anderen Zeiten zu empfangen. Empfange *überhaupt keinen* nach acht Uhr abends.«[26]

Orville Wright befand sich in einer ganz ähnlichen Lage wie sein Bruder, außer dass er nach dessen Erfolgen bald den Vorteil hatte, nicht von Skepsis, sondern von Euphorie getragen zu werden. Über Wilbur Wrights Flüge in Frankreich wurde in großen Lettern berichtet. Sie waren *das* Thema des Tages.

Trotz der günstigen Bedingungen trieb Orville Wright, auch im brieflichen Austausch mit seinem Bruder, eine bestimmte Frage um: Wie sollten sie sich am besten gegenüber jener *AEA* verhalten, die ihnen bis dahin in ihrem eigenen Land wahrlich die Schau gestohlen hatte? Unter der Führung von Alexander Graham Bell hatte die Gesellschaft bis dahin zunächst ein weiteres Flugzeug gebaut, wie zum Hohn auf den weißen *Flyer* der Wrights, ›*White Wing*‹ genannt, und es war Glenn H. Curtiss, der damit am 21. Mai 1908, dem Tag von Wilbur Wrights Abreise von New York nach Frankreich, eine Strecke von über 300 Metern geflogen und schadlos auch wieder gelandet war. Curtiss selbst konstruierte danach in kurzer Zeit bereits ein weiteres Flugzeug, ›*June Bug*‹ genannt, ›Junikäfer‹, und allein wie er dieses dann vorführte, muss den Wrights die Zornesröte ins Gesicht getrieben haben. Jene Zeitschrift ›*Scientific American*‹, die den Erfolgen der beiden Brüder zunächst so skeptisch begegnet war, hatte einen Preis von 2 000 Dollar für einen Flug ausgeschrieben, der lediglich über eine Strecke von einem Kilometer geradeaus führen musste. Er war nicht anders gemeint denn als Geschenk an die Erfinder des Flugzeugs. Und eben um diesen Preis bewarb sich plötzlich auch die *AEA*. Der Herausgeber der ›*Scientific American*‹ drängte die Wrights daraufhin, um den Preis zu fliegen, doch war Wilbur Wright in Frankreich und sein Bruder bereitete sich auf die Demonstrationsflüge in Fort Myer vor. Es gab für sie keinen Grund, ihre Arbeit deswegen zu unterbrechen. So nutzte Curtiss die Gunst der Stunde. Ausgerechnet am 4. Juli, dem Nationalfeiertag der USA, stellte er sich mit der ›*June Bug*‹ dem Wettbewerb und schaffte die geforderte Strecke. Danach gelang mit diesem Flugzeug sogar ein erster Kreisflug. Die Aufmerksamkeit hätte nicht größer sein können, waren doch bis dahin die Leistungen der Wright-Brüder nichts als Worte – und für sie spitzte sich die Lage noch mehr zu. Denn es hieß dann, die *AEA* würde fortan Flugzeuge produzieren und zu einem Preis von 5 000 Dollar verkaufen.[27] Man kann sich vorstellen, wie dieser Vorgang die Wrights beschäftigte. Da hatte nicht nur jemand offensichtlich *ihre* Erfindung gestohlen, sondern bedrohte auch gleich auf dem eigenen Markt die Geschäfte, die nach ihrer Meinung nur ihnen selbst zustanden. Eine »Unverfrorenheit« für die Wrights.[28]

Orville Wright wies auf Anweisung seines Bruders die *AEA* umgehend darauf hin, dass die Gesellschaft ihr Patente verletze. Zwar hatte die ›*June Bug*‹ ein eigenes System der Quersteuerung, nämlich dreieckige Querruder an den Flügelenden, doch war den Wrights bis dahin in den USA im Grunde jegliche Art der Quersteuerung patentiert.[29] Was man fortan als »Krieg« bezeichnete, hatte begonnen. Wie um diese Auseinandersetzung noch zusätzlich anzufeuern, hatte es der Zufall scheinbar so eingerichtet, dass zu dem Ausschuss in Fort Myer, der Orville Wrights Flüge zu beurteilen hatte, auch der erwähnte Thomas Selfridge gehörte.

So lastete auf Orville Wright von ganz anderer Seite enormer Druck – den er sogar selbst noch erhöhte. Denn da die Abnahmebedingungen angesichts der Unzuverlässigkeit des Motors schwer zu erfüllen waren, ging er davon aus, das Kriegsministerium wäre gegenüber den Demonstrationsflügen »nachsichtiger«, je schneller er damit begönne.[30]

Wochenlang zogen sich die Vorbereitungen hin, die Arbeiten in der Halle, die ihm, seinem Mechaniker Charles Taylor und einem weiteren Mechaniker, überlassen worden war. Wie musste man zu der Zeit über Orville Wright denken! Ein Mitglied der Abnahmekommission schrieb dazu: »Sie schenkten niemandem sonst Beachtung und taten alle Fragen von Zuschauern ab. Sie sprachen nur unter sich, als ob sie sich auf einer kilometerweit von der Zivilisation entfernten Wüsteninsel befänden.« Trefflich ist hier beschrieben, wie auch Orville Wright schlicht das Leben in Kitty Hawk wiederholte.

Immerhin müsste man annehmen, dass sich die Bedingungen für ihn nach den Erfolgen seines Bruders schlagartig verbesserten. Jedoch wurde er nun wie sein Bruder erst recht von Neugierigen bedrängt. Am 27. August, fast drei Wochen nach dem ersten Flug Wilbur Wrights in Frankreich, schrieb er an sein Schwester: »Ich muss meine Zeit opfern um zehntausend närrische Fragen zu beantworten, die mir die Leute über den Apparat stellen. Es gibt eine Anzahl Leute, die den ganzen Tag hier herumstehen. [. . .] Ich habe Schwierigkeiten genug Schlaf zu bekommen.«[31]

Der Druck nahm also eher noch zu, weil die Erwartungen gestiegen waren. Zwar waren die Menschen im eigenen Land ihm gegenüber weniger skeptisch eingestellt als seinem Bruder gegenüber in Frankreich, jedoch war ihr Wesen pragmatisch: Zunächst einmal hatte er auf eigenem Boden zu zeigen, wozu er fähig war. Allerdings hatte man eigentlich keinen Zweifel daran, dass Orville Wright die Bedingungen leicht erfüllen würde. Wie er selbst an seine Schwester schrieb, bekamen die Reporter von ihm zwar keine Informationen, doch würde er den Eindruck völliger Zuversichtlichkeit vermitteln.[32] Orville Wright wusste, dass sein *Flyer* funktionieren würde, nur war die Frage, ob auch auf die geforderte Dauer. Denn bis dahin hatte er wie zuvor sein Bruder nur einige Flüge von mehr als einer halben Stunde absolviert, und auch die hatten sie sich ›erarbeiten‹ müssen, und zwar vor zweieinhalb Jahren!

Am 3. September war auch Orville Wright so weit. Auch er machte zunächst einen kurzen Testflug von etwas über einer Minute, machte Fehler im Umgang mit der neuen Steuerung, brach bei der Landung sogar die Kufen – und doch: Auch bei ihm gerieten die Leute außer sich. Es heißt, sogar einige der ›harten‹ Reporter, die danach zu ihm eilten, hätten Tränen in den Augen gehabt.[33] Trotzdem war der Widerhall in den Zeitungen zunächst weit weniger laut als in Frankreich, da doch im Vergleich ein solcher Flug nichts von Sensation oder Rekord an sich hatte. Aber auch damit konnte Orville Wright bald dienen. Die Zahlen lesen sich wie folgt: Am 9. September flog er 57 Minuten lang, anschließend sogar über eine Stunde. Dann nahm er einen Passagier über 6 Minuten lang mit in die Luft, womit er alle Rekorde für Flüge mit und ohne Passagier gebrochen hatte. So ging es weiter. Am 12. September flog er mit einem Passagier 9 Minuten und 6 Sekunden lang, dann noch einmal allein eine Stunde und 15 Minuten, wobei er das Feld 71 Mal umrundete.[34] Doch schien der Erfolg dieser Flüge im Nachhinein nur wie der Prolog der folgenden Tragödie.

In den nächsten Tagen frischte der Wind stark auf und so wurde die Zeit genutzt um den Motor zu überholen. Man muss sich vorstellen, wie Orville Wright bei all diesen Gelegenheiten immer wieder bedrängt wurde, mit Fragen, Anfragen und Angeboten aller Art. Er hatte schließlich etwas unter den Händen, was nach der Entwicklung des Automobils das größte Geschäft der Welt zu werden versprach. Und es waren eben auch Mitglieder der *AEA* anwesend, auch Curtiss und insbesondere Selfridge, der als Soldat zur Abnahmekommission der Armee gehörte. Ihm traute Orville Wright am wenigsten und er schrieb seinem Bruder: »Ich werde froh sein, Selfridge aus dem Weg zu haben. Ich traue ihm nicht im Geringsten. Er ist an der Sache ungemein interessiert und plant mich oft auf Essen etc. zu treffen, um dort zu versuchen mich auszufragen. Er hat eine gute Erziehung und einen klaren Verstand. Ich habe gehört, dass er mich hinter meinem Rücken ziemlich schlecht macht.«[35]

Doch ausgerechnet dieser Leutnant Selfridge hatte sich als sein nächster Passagier gemeldet. Da zu den Abnahmebedingungen der Armee auch gehörte, dass zwei Piloten ausgebildet würden, ließ er sich, der selbst schon auf den Modellen der *AEA* geflogen war, diese Gelegenheit nicht entgehen. So befand sich Orville Wright in der Lage, dass er am 17. September als seinen nächsten Passagier einen seiner stärksten Konkurrenten mitnehmen musste, der offensichtlich die Informationen, die er von Wilbur Wright erhalten hatte, rücksichtslos für die Entwicklung eines eigenen Flugzeugs benutzt hatte. Unter diesen Voraussetzungen kletterte Selfridge an einem strahlend schönen Tag auf den Passagiersitz des *Flyer*, voller Vertrauen und sicherlich gewillt, so viel wie möglich über die wrightsche Kunst des Fliegens zu erfahren. Orville Wright hatte den Flug gut vorbereitet, wollte er doch dem Konkurrenten neben ihm gewiss die absolute Überlegenheit des eigenes Systems vorführen. Er hatte auch einen neuen Propeller montieren lassen, der größer war als der übliche und zusätzlichen Vortrieb erzeugte. Immerhin war Selfridge fast 80 Kilogramm schwer.[36]

Was dann geschah, hat in seiner ganzen Nüchternheit Orville Wright selbst beschrieben: »Wir hatten drei Runden über dem Boden gemacht und uns innerhalb von Gebäuden, Bäumen etc. gut gehalten, sodass die Kehren notgedrungen ziemlich eng waren. Bei der vierten Runde, als alles anscheinend viel besser und ruhiger ging als bei allen früheren Flügen, startete ich zu einem größeren Kreis mit weniger abrupten Kehren. Es war bei der ersten langsamen Kehre, als die Schwierigkeiten begannen. Gerade als ich über unser Gebäude flog, das ich 30½ bis 33½ Meter hoch schätze [. . .], hörte ich ein leichtes Klopfen am Heck des Apparats. Ein schneller Blick nach hinten zeigte nichts Unstimmiges, aber ich beschloss, den Motor abzustellen und niederzugehen, sobald der Apparat in eine Richtung gewendet werden konnte, die eine Landung ermöglichte. Diese Entscheidung war kaum getroffen – genau genommen vermute ich, dass seit dem ersten Klopfen nicht mehr als zwei oder drei Sekunden vergangen waren –, als zwei große Schläge, die den Apparat furchtbar erschütterten, anzeigten, dass etwas gebrochen war. In dem Moment dachte ich nur an die Kettenführung. Der Apparat drehte plötzlich nach rechts und ich stellte sofort den Motor ab. Dann merkte ich, dass der Apparat nicht auf die Steuer- und Seitenruderhebel ansprach, was ein höchst seltsames Gefühl von Hilflosigkeit hervorrief. Trotzdem drückte ich weiter die Hebel, als der Apparat plötzlich nach links drehte (der rechte Flügel hob sich hoch in die Luft), bis er genau auf das Feld zeigte. Ich nahm die Hebel zurück um das Drehen zu stoppen und die Flügel in die Waagerechte zu bringen. Im Nu drehte der Apparat nach vorn und flog genau auf den Boden zu. Auf einer Strecke von 15 Metern war unser Kurs bis auf ein paar Grade senkrecht. Leutnant Selfridge hatte bis dahin kein Wort gesagt, obgleich er schnell nach hinten sah, als der Propeller brach, und er drehte sich ein oder zwei Mal zu mir, offensichtlich um zu sehen, was ich über die Situation dachte. Aber als der Apparat sich kopfüber zu Boden neigte, schrie er ›Oh! Oh!‹ mit einer kaum hörbaren Stimme.«[37]

Es sollten Selfridges letzte Worte gewesen sein. Obgleich sich der *Flyer* auf den letzten Metern über dem Boden wieder aufzurichten begann, schlug er doch fast kopfüber auf. Wie vor allem Wilbur Wright später minutiös rekonstruierte, war die Ursache für das Unglück eindeutig. Der rechte Propeller hatte einen Riss bekommen, wie es schon bei einem anderen Propeller passiert war. Während des Flugs hatte sich der Riss erweitert, sodass der Schub der beiden Propeller ungleichmäßig wurde. Das dabei entstehende Geräusch hatte Orville Wright als leichtes Klopfen wahrgenommen. Durch die Vibration löste sich ein Spanndraht, der zum Seitenruder führte. Er verwickelte sich im Propeller, sodass dieser abbrach, was als die zwei großen Schläge zu hören war. Die eigentliche Ursache des Absturzes war jedoch, dass sich das Seitenruder gelöst und quer gestellt hatte, sodass es wie ein Höhenruder wirkte.[38]

Orville Wright und Thomas Selfridge wurden beide bewusstlos geborgen und sofort in ein Krankenhaus gebracht. Selfridge hatte sich eine Schädelfraktur zugezogen und obwohl er sofort operiert wurde, starb er noch am selben Tag. Orville Wright dagegen hatte überlebt. Seine linke Hüfte war gebrochen, auch mehrere Rippen, und er sollte deswegen noch sein Leben lang Schmerzen haben. Im Grunde jedoch hatte er Glück im Unglück gehabt. Es folgte ein mehrwöchiger Krankenhausaufenthalt, bei dem Katharine Wright bezeichnenderweise nicht von seiner Seite wich. Sogar in der Nacht wachte sie über ihren Bruder.

Wie wohl die Wrights als Familie über Selfridges Tod gedacht haben, lässt sich aus den Quellen nicht erschließen. Immerhin hatte das Schicksal dafür gesorgt, dass jener Selfridge fortan aus dem Weg

Während Orville Wright schon aus dem Wrack des Flyer *geborgen ist (rechts), arbeiten sich die Helfer zu Thomas Selfrige vor.*

war, und es war wirklich ein Wunder gewesen, dass Orville Wright den Absturz überlebt hatte –

Die Nachricht vom Absturz des *Flyer* ging um die Welt. Es war eben das passiert, was Wilbur Wright stets befürchtet hatte, was er von Anfang an hatte ausschließen wollen, dass sich nämlich ihr Flugzeug als nicht praktikabel erweisen würde. Doch war die Reaktion überall bestimmt von Verständnis und Mitgefühl. Nach dem, was beide Wrights bis dahin demonstriert hatten, konnte niemand daran zweifeln, dass ihr System an sich funktionierte. Doch wie reagierte Wilbur Wright auf die Nachricht des Absturzes? Der Franzose Peyrey berichtete darüber, dass Wilbur Wright, als er von dem Unfall hörte und davon ausgehen musste, dass sein Bruder lebensgefährlich verletzt wäre, in seinem Flugzeugschuppen wortlos um den *Flyer* herumging und mit den Fingern wie abwesend ein Stück Draht verdrehte. Dann verkündete er, dass er mit dem Fahrrad nach Le Mans fahren werde, wo ihn die neusten Meldungen schneller erreichen würden.[39] Was wird er auf dem Weg gedacht haben, der es ihm erlaubte, seine Trauer für sich zu behalten? Da war zunächst der persönliche Moment, dass er sich schwere Vorwürfe machte seinen Bruder allein gelassen zu haben. Wie sich ja schon vorher in seinen Briefen ausgedrückt hatte, war er über ihn, der im Grunde sein Lebensgefährte war, stets besorgt gewesen. »Ich kann nicht anders als immer und immer wieder zu denken, ›Wenn ich da gewesen wäre, wäre es nicht passiert‹«, schrieb er seiner Schwester aus Frankreich. »Die Sorgen darüber, Orville wegen jener Tests allein zu lassen, waren einer der Hauptgründe dafür, dass ich vor ein paar Wochen fast zusammengebrochen wäre.«[40]

Dann jedoch muss ihn auch immer wieder der Gedanke bewegt haben, was der Unfall sie wohl *kosten* würde, was wohl die geschäftlichen Konsequenzen daraus wären. Denn trotz ihrer Erfolge bestanden vor allem in Frankreich durchaus prinzipielle Einwände gegen das wrightsche System, nämlich die mangelnde Eigenstabilität des *Flyer.* Es ist bezeichnend, dass einmal eine Zirkusfamilie Wilbur Wright vorgestellt werden wollte, mit der Begründung, sie würden im selben Geschäft arbeiten.[41] Viele hielten es eher für eine artistische Leistung, wie die Wrights flogen.

Allgemein aber hinderte das Unglück von Fort Myer das wrightsche Flugzeuggeschäft nicht – im Gegenteil. »Sag ›Bubbo‹ [Orville Wright], dass die Flüge die Meinung der Welt über die Praktikabilität des Fliegens revolutioniert haben«, schrieb er ebenfalls in jenem Brief an die Schwester. »Sogar solche konservativen Zeitungen wie die Londoner *Times* widmen seinem Werk Leitartikel und fassen den menschlichen Flug als etwas auf, was als normaler Bestandteil des zukünftigen Lebens in der Welt gelten wird. Die Berichte der Zeitungen zu dem Desaster sind fast alle sehr wohlwollend und optimistisch. Ich habe Dutzende von Telegrammen erhalten, die Mitgefühl und Vertrauen in uns und unsere Apparate ausdrücken. Angebote mit mir zu fliegen sind zahlreicher als je zuvor.«[42]

Vielleicht ließe sich konstatieren, dass Wilbur Wright das Fliegen fortan erst recht als Geschäft betrachtete, das es eben durch das Fliegen zu befördern galt. Irgendein Traum davon war da wohl längst auf der Strecke geblieben. »Ich werde nicht nur achtsam und achtsamer sein«, schrieb er seiner Schwester noch, »sondern auch am achtsamsten, und außerdem vorsichtig. Du brauchst also keine Angst um mich zu haben.«[43] Die Wrights hatten ein Verfahren entdeckt um den Menschen in die Luft zu bringen, doch es entsprach nicht ihrem Wesen, sich daran auch zu erfreuen. Es war für sie schlicht zu gefährlich.

Wie Wilbur Wrights Gedanken auch waren, Tatsache ist, dass er vier Tage nach dem Unfall in Fort Myer nicht nur seine eigenen Flüge wieder aufnahm, und das in einer Weise, dass er nicht etwa ›vorsichtig‹ geflogen wäre, sondern alle bis dahin bestehenden Rekorde noch brach. Er demonstrierte eindrucksvoll die Zuverlässigkeit des *Flyer* und flog weiter von Erfolg zu Erfolg.

Der Wright-Gesellschaft in Frankreich standen rosige Zeiten bevor und Wilbur Wright begann, gleich drei Franzosen als Piloten auszubilden. Da aber das Wetter in Auvours zu kalt und nebelig wurde, zog man zu Anfang des neuen Jahres an einen Ort namens Pau um, im Süden Frankreichs an den Pyrenäen gelegen, der damit wie aus einem Dornröschenschlaf erwachte. Wieder wohnte Wilbur Wright dort im Flugzeugschuppen, ein Kontrast ohnegleichen, als bald auch nach Pau die Würdenträger Europas kamen. Von größter Wichtigkeit muss für ihn jedoch gewesen sein, dass schließlich auch Orville und Katharine Wright dort eintrafen. Sie hatten Anfang Januar 1909 nach der Genesung des jüngeren Bruders nach Europa übergesetzt und bezogen nun immerhin das beste Hotel im Ort. Die wenigen Monate in jener abgeschiedenen Gegend, wohin ›die Welt‹ trotzdem pilgerte, muss für die Wrights zur schönsten Zeit ihres Lebens gehört haben. Sie als eingefleischte Republikaner konnten wirkliche Könige empfangen wie den englischen König Eduard VII. mit Gefolge oder den spanischen König Alfons XIII., ebenfalls mit Gefolge, dazu vor allem Vertreter von Regierungen und kapitalkräftigen Kreisen. Und endlich konnten sie mit ihren Flugschülern einmal ihre Erfahrungen über den Umgang mit ihrer Erfindung austauschen, wobei wohl die Krönung von alledem weniger der

Wilbur Wright fliegt mit einem Passagier in Pau – eine spektakuläre Aufnahme über den (bewusst gewählten) Kontrast zwischen Alt und Neu.

hohe Besuch als die Anwesenheit der Schwester und *ihr* erster Flug war.

Wilbur Wright war mittlerweile schon Monate von zuhause fort und immer weiter zögerte sich die Heimreise hinaus. Da waren weiterhin die Geschäfte, die es zu erledigen galt. Die Wrights verfügten über ein Produkt, für das *sie* keine Käufer mehr suchen mussten. Die Käufer suchten sie. Die Dimensionen, in denen sie dabei dachten und die sich eröffneten, nämlich ein weltweiter Handel, und was dabei zu gewinnen war, zeigt stellvertretend für andere ein Brief Wilbur Wrights, noch im November 1908 an seinen Bruder geschrieben: »Wir haben ein Angebot von 500 000 Franc in bar und 25 % der Gewinne für unser Italien-Geschäft. Ich meine, wir sollten es annehmen. Wenn wir es tun, werde ich wahrscheinlich die meiste Zeit des Winters in Europa verbringen, da es wichtig sein wird, die

Dinge so schnell wie möglich voranzubringen um dann im Frühjahr für eines der nördlichen Länder bereit zu sein. Wir haben Russland ein Angebot gemacht, 10 Apparate für 100 000 Dollar auszurüsten, und ihnen zu erlauben, zusätzliche Apparate für einen Gewinnanteil von je 2 500 Dollar zu bauen. Es gibt da einige Geschäftsaussichten. Das erste russische Patent ist genehmigt worden, gerade erst. Die französische Firma wird eingerichtet, sobald die rechtlichen Formalitäten erfüllt sind. Das Aktienkapital wird 800 000 Franc betragen, wovon wir 250 000 halten werden.«[44]

Immer wieder gingen Geldanweisungen nach Hause, mit persönlichen Anweisungen, was damit zu geschehen habe, so etwa vom 20. März 1909, als Wilbur Wright seinem Bruder Lorin schrieb, der in der Familie inzwischen als Finanzverwalter tätig war: »Ich schicke beiliegend einen Wechsel auf New York [die ›New York Bank‹] über $ 5 797. Um Himmels willen verliere ihn nicht, da ich dafür sieben Franc und über eine Stunde Zeit aufwenden musste um ihn zu bekommen.«[45] – oder vom 2. April: »Ich schicke beiliegend einen Wechsel auf New York über $ 21 297,19. Bitte lege es in Baugenossenschaften zu 4 % an. Ich glaube, es ist am besten, es etwas zu streuen.«[46]

Doch hielt sie auch ein anderes Geschäft noch in Europa, und zwar das der Wettkämpfe, der hohen Preise, die es dabei, meist mit Leichtigkeit, einzuheimsen galt, und wiederum der Werbung, die sie dabei jedes Mal für ihr Produkt machen konnten. »Es tut mir leid, dass ich Weihnachten nicht nach Hause kommen konnte«, schrieb Wilbur Wright im Januar 1909 an seinen Vater, »aber ich konnte es mir nicht leisten den Michelin-Preis zu verlieren, da der Prestigeverlust viel schwerwiegender gewesen wäre als die direkte Niederlage. Falls ich abgereist wäre, hätten die anderen Kerle so ziemlich alles unternommen um alle von mir aufgestellten Rekorde zu überbieten. Doch die Tatsache, dass sie wussten, dass ich bereit war alles zu schlagen, was sie auch schlagen wollten, entmutigte sie.«[47]

In gewisser Weise wollte Wilbur Wright alle fliegerischen Bestrebungen der Franzosen im Keim ersticken, indem er das eigene

System als derart überlegen herausstellte, dass alle Konkurrenten den Mut verlören. Wie muss man sich unter diesen Bedingungen etwa seinen Rekordflug vom Ende des Jahres vorstellen? Wie hat er ihn aufgestellt? Sicher nicht mit Leichtigkeit, geschweige denn Freude. Und doch forderte er damit den Enthusiasmus, den Nationalstolz und die Erfindergabe der Franzosen nur weiter heraus.

Vorerst aber lag den beiden Wright-Brüdern die Welt zu Füßen. Ausgiebig berichteten die Zeitungen über ihr Leben, versuchten ihr Wesen zu fassen, das von so großer Ernsthaftigkeit bestimmt war und in gewisser Weise das ausschweifende Leben so vieler in jener fiebrigen Zeit, wo jeder Tag an Lebensfreude zählte, da doch der große Krieg zwischen den führenden Industrienationen wie unausweichlich bevorstand, beschämte. Eine umfangreiche Charakterisierung gab etwa der erwähnte Hildebrandt: »Ihre vielseitige Bildung wurde ebenfalls anerkannt, und man konnte sich in ihrer Gesellschaft davon überzeugen, wie gut sie beschlagen waren in der Literatur, in der Musik, Kunst und selbst in der Malerei. Sie sind nicht einseitige fanatische Flugtechniker, sondern verfolgen alle Fortschritte der Luftschiffahrt und brechen keineswegs etwa den Stab über die Konkurrenten, die auf dem Gebiete der aerostatischen Luftschiffahrt tätig sind. Sie haben in ihrer eigenen Fabrik auch wie gewöhnliche Arbeiter gelernt, und die Franzosen waren überrascht, als sie sahen, wie Wilbur Wright in Le Mans eigenhändig und ohne jede fremde Hilfe im Arbeiterkittel seine Maschine zusammensetzte. Allerdings besass er ein gewisses Misstrauen, das sich auf mancherlei schlechte Erfahrungen stützte. So zum Beispiel wollte er als Klaviersaitendraht nur das Material verwenden, das er sich aus Amerika mitgebracht hatte. Er war sich eben auch bewusst, dass es bei einer so heiklen Maschine, wie es ein Drachenflieger ist, auch auf das Unwesentlichste ankommt, wenn man Erfolg erzielen will. Die Pünktlichkeit der Brüder ist ebenfalls ganz hervorragend. Allen Verabredungen folgen sie zur Minute, und nie braucht ein bestellter Arbeiter auch nur eine Sekunde auf ihr Erscheinen zu warten. In den Einöden bei Kill Devil hatten sie gelernt, ein äußerst einfaches Feldleben zu führen. In Le Mans schlief Wilbur Wright in einem einfachen Bett, eigentlich nur in einer grossen Kiste, die bei Tage mittels einer Leine an die Decke gezogen wurde und bei Nacht auf dem Fussboden neben seinem Flieger Platz fand. Dabei bestand der Fliegerschuppen nur aus roh zusammengezimmerten Brettern, und der Raum war keineswegs behaglich, da der Wind über die Ebene des Schiessplatzes zu Auvours mit ungeschwächter Kraft dahinbrausen kann. In Pau bewohnten sie allerdings schon ein komfortableres Quartier, jedoch immer noch gegen das einfachste Zimmer eines einfachen Hotels bescheiden zu nennen. Beide Brüder sind von grosser Zurückhaltung; sobald sie jedoch jemand bei näherer Bekanntschaft schätzen gelernt haben, so tauen sie etwas mehr auf. Man hat das Gefühl, dass man Leute vor sich hat, auf die man sich in jeder Beziehung und in allen Lagen des Lebens verlassen kann. Ihre Schweigsamkeit ist ja genügend bekannt geworden. Ihre Physiognomie ist meistens sehr ernst; aber bei näherem Verkehr hellt sich das freundliche Auge Wilbur Wrights lebhaft auf. Ihre Ruhe verlieren sie nie. Ob auf den Feldern Tausende von Zuschauern auf einen Flug warteten, ob Prinzen oder Geschäftsleute, die ihre Patente zu erwerben gedachten, sich unter ihnen befanden, nie liessen sie sich zu etwas drängen, das sie nicht wollten; nie liessen sie sich verleiten, einen Flugversuch zu wagen in einem Wetter, das ihnen ungünstig war. Die Statur der beiden ist mittelgross. Wilbur ist mit 1,80 Meter etwas grösser als sein Bruder Orville. Beide sind sehr schlank und zeigen nur Muskeln und Sehnen. Man sieht ihnen an, dass sie sich ihr ganzes Leben lang mit einem Sport beschäftigt haben, bei dem es hauptsächlich auf ein sicheres Auge und grosse Geistesgegenwart ankommt. In ihrer Lebensweise sind sie stets überaus nüchtern und enthaltsam gewesen. Auch bei den feierlichsten Anlässen waren sie nicht zu bewegen, Alkohol zu sich zu nehmen. Sie sind fromm, nicht äusserlich vor den Augen der Leute, sondern aus innerem Gefühl. Dies ist leicht verständlich, wenn man an den alten Bischof Wright, der als Priester höchstes Ansehen genießt, denkt. So haben sie, die heute doch nicht mehr jung sind, in ihrem Leben noch nie eine Andachtsstunde versäumt und es als selbstverständlich erachtet, die Sonntage von jeder Art Arbeit freizuhalten.«[48]

Da war also der Respekt vor der Tugendhaftigkeit der beiden Brüder, die immer wieder mit so viel Staunen wie Unverständnis herausgestellt wurde. Am Wesen der Brüder Wright war abzulesen, was die Alte Welt von der Neuen schied. Nicht umsonst beherrschte in Europa jener Zeit der Ausdruck ›Dekadenz‹ das Vokabular.

Wiederum waren sich die Wrights selbst bewusst, dass sie als Vertreter der Neuen Welt auftraten, darin bestärkt von der Person, die sie immer auf dem rechten Weg leitete: ihrem Vater, dem Bischof Milton Wright. So schrieb er ihnen einmal nach Frankreich: »Ich habe nicht erwartet, dass einer von euch zügellos oder verderbt würde, aber ich möchte, dass ihr den Ausländern zeigt, dass ihr Abstinenzler seid und auf jede Art den hohen Charakter wahrt, den zu haben es sich geziemt und der in den Augen der Besten in Amerika am meisten Anklang findet.«[49]

Die Wertmaßstäbe moralischer Lebensführung des Vaters waren rigoros und sie prägten die beiden Brüder bis an ihr Lebensende. Schon bei seinem ersten Aufenthalt in Frankreich hatte Wilbur Wright seinem Vater aus Paris geschrieben: »Was das Trinken und Ausschweifungen verschiedener Art betrifft, kannst du völlig beruhigt sein. Der ganze Wein, den ich angerührt habe, seit ich von zuhause abgereist bin, würde nicht ein einzelnes Glas füllen. Ich bin sicher, dass Orville und ich darauf achten werden, nichts zu tun, was die Erziehung [im Original: *training*], die wir von dir und von Mutter erhalten haben, entehren würde.«[50]

Wie übermächtig der Vater im Hintergrund wirkte, zeigt in aller Deutlichkeit ein weiterer Brief, den er seinem Sohn Wilbur nach dessen Erfolgen und dem Unfall seines Bruders 1908 nach Frankreich schrieb: »Du kannst versichert sein, dass ich deine Lage in Frankreich tief mitfühle. Die Einsamkeit, so weit von zu Hause und von Freunden zu sein, deine mangelhafte Ausstattung mit Teilen deines Apparats, dein verbrannter Arm, deine Arbeitsüberlastung und deine ganz allein zu ertragenden Mühen, die ärgerliche Anwesenheit der Volksmenge, die rücksichtslose Anwesenheit und die Forderungen von Berühmtheiten, die ungeheure Verantwortung allein auf deinen Schultern – alles ist vereint um es dir schwer zu machen. Und die Donner des Beifalls der Welt konnten dich nur schlecht trösten angesichts der Einschränkungen und Zwischenfälle und Herabsetzungen, auf die du treffen musstest. Es erforderte großen Mut der Belastung standzuhalten. Den meisten Menschen wäre es ergangen wie eurer Propellerwelle 1903 in Kitty Hawk. Aber du wirst alles durchstehen, sicher und glorreich. Wir werden dich doch hier im Triumph sehen. [. . .] Welches Erbarmen Jesus gegenüber der Menge zeigte, die es aus Neugier hinauszog! Kein Zweifel, nicht wenige hätten eine Chance (wegen deines Unfalls) willkommen geheißen um dich zu verspotten, obwohl sie dann deinem Erfolg gemeinsam mit der Menge zujubelten. Die Menschen sind grausam.«[51]

Alles vereint um es dir schwer zu machen! Diese Sicht bestimmte das Leben seiner beiden Söhne und sie sollte es erst recht bestimmen, als sich dann scheinbar tatsächlich alles gegen sie verschwor. Die Welt als feindliche Umgebung, in der man zu bestehen hatte! Entsprechend schützten sie sich, indem sie sich von dieser Welt abschlossen, und das auch, als sie in deren Mittelpunkt standen – oder gerade dann. So schrieb Wilbur Wright seiner Schwester aus Frankreich, als sein Bruder nach dem Absturz in Fort Myer alle nur mögliche Betreuung erhielt: »Orville hat eine Art, direkt in die Gefühle freundlicher Leute, die er trifft, hineinzutreten, und sie werden zuerst seinetwegen und dann auch deinetwegen freundlich zu dir sein, denn du hast in der Hinsicht auch deine kleinen Tricks. Ich bin froh, dass du da bist um mit deinen Adleraugen auf die hübschen jungen Damen zu achten. Ich würde das Schlimmste befürchten, wenn er unbewacht bliebe. Sei auch selbst vorsichtig.«[52]

Es ist immer wieder darauf verwiesen worden, dass Orville und Wilbur Wright gleichsam verheiratet waren. Eine fremde Person durfte in ihrem Leben keinen Platz haben. Nach Wilbur Wrights

Tod betraf das desgleichen die Schwester Katharine, die seinen Platz übernahm. 1926 heiratete sie noch im Alter von 52 Jahren – und lieferte damit den Anlass für Orville Wright, sich völlig von ihr loszusagen. Die Wrights verließen sich auf niemanden sonst und waren daher auf Gedeih und Verderb aufeinander angewiesen. Diese enge Welt war nach dem Tod des Vaters 1917 und des ältesten Bruders Reuchlin 1920 noch enger geworden. Und angesichts der Rolle Orville Wrights, der in einem neuen, überdimensionierten Haus in Dayton die Führung der Familie übernahm, lässt sich vermuten, dass seine Schwester dieser Welt dann schließlich entfloh. Für ihn muss sie aber zum Verräter geworden sein. Erst zweieinhalb Jahre später sah er sie wieder, dann allerdings auf ihrem Sterbebett. Sie war an einer Lungenentzündung erkrankt. Immerhin war Orville Wright in ihren letzten Stunden noch an ihrer Seite.

In Frankreich hatten die Wrights ihre schöne Zeit in Pau inzwischen beendet. Die ersten drei französischen Flugschüler waren ausgebildet, die Produktion ihres Flugzeugs war längst aufgenommen und viele weitere Verträge geschlossen, darunter schließlich auch mit einem deutschen Konsortium. Später sollte Orville Wright deswegen nach Berlin kommen.

Ein anderer Vertrag war bereits so handfest, dass die Wrights im April in Rom zusammentrafen. Dort erwartete sie dasselbe Programm wie zuvor in Frankreich, mit dem Empfang durch die höchsten Würdenträger, darunter einmal mehr durch den König des Landes, Viktor Emanuel (der so klein war, wie Wilbur Wright schrieb, dass »seine gnädige &c« mit den Füßen beim Sitzen ungefähr dreißig Zentimeter [*by about a foot*] über dem Boden blieb[53]), und abermals mit Ehrungen, Auszeichnungen, Vertragsverhandlungen und der Ausbildung der ersten beiden italienischen Piloten. Schließlich folgte noch, nach abermaligem Aufenthalt in Frankreich, der für jeden US-Amerikaner geradezu obligatorische Besuch Englands, von wo es im Mai 1909 endlich in ihr Heimatland zurückging. Dort wurden sie nun ebenfalls als Helden empfangen.

Die Stadt Dayton hatte eine grandiose Feier zu Ehren der beiden Flugzeugerfinder vorbereitet, eine Feier, die wegen Orville Wrights Unfall und der Abwesenheit seines Bruders bis dahin aufgeschoben worden war. Es kann kaum überraschen, wie die beiden Brüder über eine solche Veranstaltung dachten, so wenn Wilbur Wright dazu schrieb: »Unter dem Vorwand einer Ehrung für uns hat man die Dayton-Präsentation zur Rechtfertigung für einen vollendeten Karneval und zu einer Werbungsveranstaltung für die Stadt gemacht.«[54] Für sie gingen die *ernsthaften* Geschäfte wieder einmal vor. Noch in jeder freien Minute des ersten Tages der zweitägigen Feiern, eines Samstags, arbeiteten sie in ihrer Werkstatt.[55]

Sofort nach Ende der Feiern reisten die beiden Brüder auch schon wieder ab um die durch Orville Wrights Unfall unterbrochenen Vorführungen für die Armee nachzuholen, für die sie neun Monate Aufschub erhalten hatten[56]. Sie erfüllten diesmal die Anforderungen und machten endlich auch mit derjenigen Institution ihr Geschäft, die sie von Anfang an favorisiert und von der sie sich so übergangen gefühlt hatten. Dabei gingen sie so sorgfältig und bedächtig vor, dass einige Beobachter schlicht die Nerven zu verlieren schienen. An einem Tag hatte die Armee den gesamten Kongress eingeladen, damit die Senatoren und Repräsentanten zum ersten Mal ein Flugzeug fliegen sähen. Doch wurden sie nicht einmal in die Nähe des *Flyer* vorgelassen, wo ja wie sonst das Verbot bestand zu fotografieren. Ein anderes Mal erlitt der *Flyer* bei einem kurzen Testflug Schaden und jemand von der Armee wollte Aufnahmen davon machen. Als Wilbur Wright das sah, nahm er ein Stück Holz, warf es nach dem Herrn und forderte vehement die Fotoplatte. Noch immer sollte das Besondere des Flugzeugs bewahrt bleiben. Jedenfalls ließen sich die beiden Brüder auch durch die Anwesenheit der Volksvertreter nicht drängen und verschoben für den angekündigten Tag den ersten Demonstrationsflug wegen zu starken Windes. Sie gingen kein Risiko ein, unter keinen Umständen, und sie verließen sich ganz auf sich und ihre Erfahrungen.

Es ist immer wieder bezeichnend, wie andere ihr Wesen erlebten, so einer der Passagiere, den sie dann ›transportierten‹: »Wenn man die beiden ansprach, war es immer Orville, der antwortete, während Wilbur in seiner Art zu bekräftigen, was sein Bruder gesagt hatte, entweder zustimmend nickte oder einen unvollständigen Satz hinzufügte. Nie habe ich einen von beiden eine vorschnelle oder schlecht bedachte Antwort zu irgendeiner Frage von mir geben hören und manchmal brauchten sie so lange für eine Antwort, dass ich mich fragte, ob sie mich überhaupt verstanden hatten.«[57]

Einen Monat dauerten die Vorbereitungen, deren Ergebnis dann allerdings spektakuläre Leistungen waren. Wie von der Armee gefordert, wo man wie stets nüchtern abwog, ob ein Instrument deren mörderischen Zwecken genügte oder nicht, zeigten die beiden berühmten Brüder, dass auch in der Kriegsführung mit dem Jahr 1909 ein neues Zeitalter angebrochen war. Orville Wright, der alle diese Flüge unternahm, flog über eine Stunde lang mit einem Passagier, flog über einhundert Meter hoch und flog ebenfalls mit einem Passagier eine weite Strecke übers Land.

Nun war an Rast nicht mehr zu denken. Das Geschäft ging weiter.

15.

Das Deutschland-Geschäft
Flugzeuge und Zeppeline

Unmittelbar nach dem erfolgreichen Geschäftsabschluss mit dem US-amerikanischen Militär schiffte sich Orville Wright mit seiner Schwester Katharine ein um in Berlin die dort im Mai gegründete ›Flugmaschine Wright GmbH‹ sozusagen starten zu lassen. Denn zu den Verkaufskonditionen der Gesellschaft musste zwangsläufig gehören, dass mit jedem verkauften Flugzeug auch ein Pilot ausgebildet würde, und Ausbilder konnte am Anfang nur einer der Wright-Brüder sein. Über 20 000 Mark kostete ein *Flyer*[1], was zu jener Zeit dem 20fachen Jahreslohn eines ungelernten Arbeiters entsprach[2]. Bruder und Schwester wurden in *dem* Berliner Luxushotel ›Esplanade‹ am Potsdamer Platz untergebracht, was Wilbur Wright von zuhause aus allerdings zu der Mahnung veranlasste: »Wenn ihr dort, wo ihr seid, zu lange bleibt, wird Swes [Kosename nach dem Deutschen ›Schwester‹] niemals von dem Gehalt leben können, das sie bekommt, wenn sie nach Weihnachten wieder an der Schule unterrichtet.«[3]

Im September 1909 erlebten nun auch die Berliner zum ersten Mal ein ›wirkliches‹ Flugzeug. Auf dem Tempelhofer Feld, das damals noch Exerzierplatz war, führte Orville Wright seine Flüge vor, und die Leute gerieten außer Rand und Band. Bis dahin hatte es in der Hauptstadt zu Beginn des Jahres nur die Schauflüge des Franzosen Armand Zipfel gegeben, die nicht wirklich befriedigen konnten. Wegen nebeligen Wetters und eines oft aussetzenden Motors waren ihm nur an zwei Tagen Flüge in wenigen Metern Höhe über mehr als einen Kilometer gelungen, Flüge, die zu jener Zeit bei allen anderen als den Wrights noch unbeholfen wirkten.

So war es für Orville Wright ein Leichtes die Menschen zu begeistern. Angeblich wollten sie ihn nach seinen Flugvorführungen sogar anfassen, ihn wie einen Heiligen berühren, sodass er dann von Soldaten geschützt werden musste.[4] Wie ein Fisch im Wasser bewegte dieser Amerikaner sich durch die Luft. Es war Schwindel erregend. Sogar der Kaiser wollte ihn sehen. Trotzdem war Orville Wright eigentlich zu einem ungünstigen Zeitpunkt gekommen. Denn am Tag seiner Ankunft in Berlin hatte die Stadt etwas ungleich Größeres erlebt. Am 29. August war Graf von Zeppelin mit seinem neusten Luftschiff in der deutschen Hauptstadt eingetroffen, eine nicht zu überbietende Sensation: Der Zeppelin kam vom 600 Kilometer entfernten Bodensee. Und Orville Wright war mit dem Erschaffer dieser Fluggeräte bekannt gemacht worden – welch ein Zusammentreffen!

Mit den Zeppelinen hatte man bis dahin in Deutschland einen unvergleichlichen Entwicklungsstand erreicht. Mit keinem Luftfahrtzeug der Welt war es bis dahin möglich, auch nur annähernd derart lange Strecken zurückzulegen wie mit dem Zeppelin. Dabei war die Skepsis gegenüber dieser Art Luftschiff noch immer groß, zumindest in den ›offiziellen‹ Kreisen, ganz im Gegensatz zur ›einfachen‹ Bevölkerung. Wie ein Schauspiel, mit Exposition und Komplikation, sogar der Katastrophe, war der Zeppelin entwickelt und inszeniert worden. Dabei wurde Graf von Zeppelin zu Beginn eher verlacht, galt lange Zeit als »Narr vom Bodensee«.[5]

Es dauerte Jahre, bis Zeppelin es gegen alle Bedenken und Widerstände erreicht hatte, doch wieder genug Kapital für den Bau eines neuen Luftschiffs zusammenzubekommen. Im Januar 1906 machte der LZ 2 dann seine erste Fahrt, die zugleich seine letzte war. Nach Ausfall der Steuerung und der Motoren ging er wie ein Ballon auf freiem Feld nieder, wo ihn in der Nacht ein Sturm vollends zerstörte. Abermals konnte anschließend ein neues Luftschiff gebaut werden, das sich, als es Ende 1906 fertig war, als halbwegs praktikabel und einigermaßen zuverlässig erwies. Nun hatte auch das Militär Lunte gerochen und der Reichstag genehmigte nicht nur einen Betrag von zwei Millionen Mark um LZ 3 für das Heer anzukaufen, sondern auch weitere Mittel für den Bau eines neuen Luftschiffs.[6] Das Ergebnis war LZ 4 mit einer Länge von mittlerweile 136 Metern und zwei Motoren mit jeweils 105 PS.[7] Er erwies sich als so geeignet und nach einer Fahrt über die Schweiz bis zum Vierwaldstätter See und nach Zürich als so erfolgreich, dass Graf von Zeppelin vollends zum Volkshelden avancierte. Wofür man jedoch in der Gestalt seiner Person schwärmte, klang als Pressestimme so: »Es gilt also jetzt mutatis mutandis das Wort, das Heine einst etwas spöttisch geprägt hat: ›Franzosen und Russen gehört das Land, / Das Meer gehört den Britten. / Wir aber besitzen im Luftreich des Traums / Die Herrschaft unbestritten.‹ Das erläuternde Attribut fällt natürlich weg: *Wir besitzen im Luftreich die Herrschaft unbestritten.*«[8]

Dann kam es zu jener denkwürdigen Fahrt vom August 1908, die über die Zukunft der Zeppeline bestimmte und zu der es danach in der Presse hieß: »Die Tragödie dieses Mannes, die Tragödie des Erfinders, vollzieht sich vor der Welt. Wir erleben mit tiefstem Erschauern in Wahrheit, was ähnlich uns sonst nur die Bühne zu geben sucht. Auf der Höhe des Erfolges, vielleicht im größten Momente seines Lebens ereilt den Helden das Geschick, und auf die begeisterten Herzen der Tausende Zeitgenossen legt es sich mit eiskalter Hand. Die Katastrophe ist da.«[9]

Nicht nur um die Bedingungen des Militärs zu erfüllen, das für die Abnahme eines weiteren Luftschiffs vor allem eine 24-Stunden-Fahrt forderte, sondern auch um seine neuste Errungenschaft den Deutschen vorzuführen, begab sich Graf von Zeppelin auf eine Fahrt, die über Basel, Straßburg, Speyer, Mannheim und Worms nach Mainz führte. Dabei beschloss er nach einigen Schwierigkeiten vor allem mit dem Antrieb, auf der Rückfahrt südlich von Stuttgart zu landen um dort direkt von Mechanikern der Daimler-Werke, welche die Motoren geliefert hatten, Hilfe zu bekommen.

Das Luftschiff wurde festgemacht und in den nächsten Stunden von der Bevölkerung umlagert. Wer konnte, machte sich auf den Weg um das gewaltige Fahrzeug zu bestaunen. Das Militär sicherte den Ort. Am Nachmittag näherte sich jedoch eine Gewitterfront und plötzlich riss eine Bö den Zeppelin aus der Verankerung. Als er kurz darauf niederging, kam es zur Funkenbildung und das teure Werk deutscher Ingenieurskunst ging in Flammen auf. Nach Maßgabe jeder Vernunft hätte damit das Ende der Zeppeline besiegelt sein müssen – das aber ließ weitere dreißig Jahre auf sich warten. Es ist eine eigene Geschichte, wie man auf dieses »Unglück von Echterdingen« in Deutschland reagierte. Hier sei dazu nur stellvertretend eine Zeitschrift zitiert: »Seit dem deutsch-französischen Kriege war Deutschland nicht von so einmütiger, alles mit sich reißender Begeisterung durchtost worden, wie in diesen Tagen, wo es galt, alles zu opfern, nur damit der unerschrockene Eroberer der Lüfte wieder ein Luftschiff bauen könne.«[10]

Obwohl sich das Militär in seiner Skepsis gegenüber den Zeppelinen bestätigt fand, machte sich nun also ›das Volk‹ die Sache zu Eigen, angetrieben von einer Presse, die Graf von Zeppelin und sein Werk nicht nur verherrlichten, sondern geradezu mythisch verklärten. Exemplarisch steht dafür der Bericht des ›Schwäbischen Merkur‹, der die weitere Richtung anzeigte: »Dem Stolz und der Freude ist rasch eine tiefe, schmerzliche Trauer gefolgt, eine Trauer, die unser Volk und Land durchwühlen wird, wie der Sturmwind das Meer. Aus der Brandung der Trauer aber, die unser Volk ob des erschütternden Ereignisses vom 5. August 1908 in die tiefsten Tiefen aufrührt, möge sich stolz das Nationalbewußtsein erheben, das mit *rascher* Tat den kühnen, jugendfrischen Greis, *unseren* Grafen, in den Stand setzt, neu erstehen zu lassen, was Sturm und Feuer in verhängnisvoller Stunde vernichtet haben.«[11]

Eine »Nationalspende« zur Unterstützung von Graf von Zeppelin wurde ins Leben gerufen und innerhalb kürzester Zeit kam so viel Geld zusammen, dass gleich mehrere neue Luftschiffe gebaut werden konnten. So entschied letztlich das »Unglück von Echterdingen« in Deutschland über die Zukunft der Fliegerei, die riesige Dimensionen annahm und damit ganz dem imperialen Anspruch des Deutschen Reiches entsprach.

Bald war ein weiterer Zeppelin fertig gestellt, der endlich in der Lage sein sollte, die geforderte 24-Stunden-Fahrt problemlos zu schaffen. Ende Mai 1909 stieg dieser LZ 5 über dem Bodensee auf und begab sich auf eine Reise nach Norden, ohne dass allerdings irgendein Ziel bekannt gegeben worden wäre. Die Fahrt dauerte immer länger und führte tatsächlich in Richtung Berlin. Aufgrund von Gerüchten, die sich wie ein Lauffeuer verbreitet hatten, bereitete sich dort die Bevölkerung auf den Empfang vor, inklusive des Kaisers, als plötzlich die Nachricht eintraf, der Zeppelin habe in Bitterfeld, nur hundert Kilometer von Berlin entfernt, die Rückreise angetreten. Auch wenn es nicht als Schachzug geplant war, so war die Wirkung entsprechend: Telegrafisch forderte Wilhelm II. Graf von Zeppelin auf, den er noch in den nächsten Tagen unter vorgehaltener Hand als »von all den Süddeutschen den Dümmsten«[12] bezeichnen sollte, den enttäuschten Berlinern »eine eklatante Genugtuung zu geben«[13].

Diese erfolgte schließlich mit dem LZ 6, dem nur wenige Tage nach seiner Fertigstellung tatsächlich die weite Strecke bis nach Berlin gelang – und das just zu der Zeit, als in Frankreich die erste internationale Flugschau stattfand, die eindrucksvoll von der Entwicklung des Prinzips Schwerer-als-Luft kündete. In Deutschland mag in jenen Tagen die Frage gewesen sein, wer in der Öffentlichkeit populärer war, wem mehr zugejubelt wurde, dem Grafen von Zeppelin oder Kaiser Wilhelm II., als sie sich beide von einem Balkon des Berliner Schlosses »dem deutschen Volke« zeigten. An der schieren Größe der Zeppeline führte jedenfalls kein Weg mehr vorbei.

Vor diesem Hintergrund waren sie also in Berlin zusammengetroffen, der alte Herr mit dem soldatischen Dünkel und der pragmatische junge Mann von jenseits des Atlantiks – das Luftschiff und das Flugzeug, das Riesenunternehmen und das 1000-Dollar-Projekt, das eine und das andere Prinzip. Es war keine Frage, für wen die Begeisterung in der Stadt höher geschlagen hatte: Der Zeppelin am Himmel war gigantisch, wahrlich ein Schiff in der Luft, und schwebte so ruhig dahin, als wäre er sich seiner Erhabenheit bewusst.

Im weiteren Verlauf der Dinge kam es dann zu einem Vorfall, der wie zeichenhaft für die Wertschätzung des einen oder des anderen Prinzips in Deutschland stand[14]: Orville Wright bot Graf von Zeppelin einen Flug in seinem *Flyer* an, was dieser ablehnte, weil er noch am selben Tag die Rückfahrt antreten musste. Zeppelin seinerseits bot eine Fahrt in seinem Luftschiff an, was Orville Wright annahm. Wie musste nicht da schon der US-Amerikaner erscheinen – klein im Vergleich. Und so geschah es wie konsequent, dass Orville Wright, nachdem er die Fahrt von Frankfurt am Main aus mitgemacht hatte, in Mannheim plötzlich von der Bildfläche verschwand. Als der Zeppelin gelandet war, hatte sich dort abermals eine unüberschaubare Menge versammelt um den Grafen und sein Luftschiff zu bestaunen. Unerkannt hatte sich Orville Wright unter den Zuschauern verloren. Auf der Suche nach dem Hotel, wo er von einem Komitee als Ehrengast zum Frühstück geladen war, irrte er dann in der Stadt umher. Erst nach Stunden wurde er wieder gefunden. Man darf wohl vermuten, das dies einem anderen nicht widerfahren wäre.

Die Bewunderung, ja Verehrung, für den Grafen von Zeppelin und seine Luftschiffe hatte sich in Deutschland bis dahin ins Wahnhafte gesteigert. »Ein Brausen und Schwirren in der Luft und mit majestätischer Ruhe schwebte der weiße Beherrscher der Lüfte einher«, schrieb etwa die ›Neue Badische Landeszeitung‹ über den Anblick eines Zeppelins. »Brausende Hurrah-Rufe erhoben sich aus den Kehlen der an den Boden gebannten Menschenkinder. Sie hatten *das Wunderbare* gesehen, sie hatten geschaut, was man durch tausende von Jahren nur im Märchen träumte. Langsam, wie es einem Herrscher wohl ansteht, der sich seinem Volke zeigt, schwebte der Riesenballon über unseren Häuptern hinweg. Einen Moment lang legte es sich beinahe wie eine leise Beklemmung auf die Brust,

dann aber brach es hervor mit nicht zurückzudämmender Begeisterung ›Zeppelin hoch! Zeppelin hurrah!‹«[15]
Der Zeppelin war zum Ausdruck des Nationalstolzes geworden.
Er stand für das deutsche Überlegenheitsgefühl, für eine wahrlich himmlische Erweckung, wie diese sich exemplarisch in einem
distanziert bewundernden Gedicht des Expressionisten Alfred Wol-
fenstein aus dem Jahr 1914 zeigte:

Luftschiff über der Stadt

Durch die Wolken trommelnd, vorwärts gereckt,
Spitz und weiss und wild und neu wie ein Kind,
Strotzend von Leichtheit, sichtbarer Wind,
Blau vom Himmel, schattig von Erde gefleckt,

Über die Stadt, mit heissen Gesichtern bedeckt,
Über Geschrei, das aus schwebenden Herzen rinnt,
Über Augen vom Blick in Sonne blind,
Über die Hand der Entzückung, zur Luftfahrt gestreckt,

Fliegt es, über das Leben von einstmals fliegt es,
Fremdeste Höhen nahe und gierig wiegt es,
Hirne reisst es aus den Wänden,

Schwach wie ein Spiegel dunkelt die Erde,
In des Himmels leuchtender Gebärde
Greifen wir ein mit neuen Händen![16]

Bei kaum einer technologischen Entwicklung erscheinen psychologische Erklärungen so angebracht wie im Fall der Zeppeline und
der Begeisterung, die sie ausgelöst haben. Nie konnten sie rentabel
fahren, nie wirklich sicher sein. Die 1909 gegründete ›Deutsche
Luftschiffahrts AG‹ (DELAG), die erste Luftfahrtgesellschaft der
Welt, konnte im zivilen Auftrag nie Gewinne einfahren, auch wenn

sie bis zum Ersten Weltkrieg mit Zeppelinen auf fast 1600 Fahrten über 30 000 Personen beförderte, darunter aber nur 10 000 zahlende Passagiere.[17] Zwar ist dabei nie jemand zu Tode gekommen, doch gingen von sieben eingesetzten Zeppelinen vier verloren, vor allem durch Havarien, wenn sich in schlechten Wetterverhältnissen die ganze Empfindlichkeit des Luftschiffsystems zeigte. So drückte ein Windstoß den LZ 7 in den Teutoburger Wald, schob eine Bö den LZ 8 gegen die Wand der Luftschiffhalle in Düsseldorf, wurde der LZ 10 – nach immerhin einem Jahr Fahrtzeit – ebenfalls in Düsseldorf an der Halle gestaucht und verbrannte auf dem Flugfeld.[18] Trotzdem stand die große Zeit der Zeppeline erst noch bevor, als sie im Ersten Weltkrieg ihrer ursprünglichen Bestimmung entsprechend eingesetzt wurden und danach erst recht »Hirne aus den Wänden rissen«.

Obwohl also die Zeppeline die deutsche Fliegerei bestimmten und in der »Aviatik« sich »das deutsche Kapital ebenso zurückhielt wie das große Publikum«[19], gab es dennoch genug Begeisterte, die sich ein Flugzeug kauften. Für die ›Flugmaschine Wright GmbH‹ bot sich eine glänzende Zukunft. Einige der wichtigsten Unternehmen und Banken wie Krupp, Borsig, Bleichröder brachten für die Gesellschaft ein Gründungskapital von 600 000 Mark auf.[20] Ohne Übertreibung konnte man auf dem Markt die »weltbeste Flugmaschine« anbieten und das Unternehmen kam mit der Produktion nicht nach. Bis zum Sommer 1911 konnten über 30 Flugzeuge verkauft werden, die bald auch mit Rädern ausgestattet waren.[21] Dann aber erfolgte der Absturz, in jeglicher Hinsicht. Im September 1911 stürzte ausgerechnet der erste von Orville Wright ausgebildete Flieger, der technische Leiter und Chefpilot der Wright-Gesellschaft, Paul Engelhard, auf einer Flugwoche in den Tod. Im folgenden Geschäftsjahr verkaufte die Firma nur noch zwei *Flyer* und die Krise hielt an. Immer wieder machte man danach Versuche, Vertrauen und Ansehen wiederzugewinnen, verbesserte die Modelle und baute auch neu. Trotzdem konnte die erste deutsche Flugzeugfirma auf dem Markt nicht mehr bestehen, auch weil sie es nie geschafft hatte, das Militär zum Ankauf ihrer Flugzeuge zu bewegen. So schnell kam es zum Bankrott, dass man nicht einmal ein Gerichtsverfahren abwartete, in dem es um die Patentrechte an dem Prinzip der Steuerung ging, und die Gesellschaft 1913 auflöste.

Immer wieder hatten sich die Wrights beklagt, wie schlecht ihre Firmen in Europa geführt würden und schon bei seinem zweiten Europa-Aufenthalt hatte Orville Wright 1909 angesichts ihrer französischen Firma von »Konspiration« gesprochen[22]. Doch es gab tiefere Gründe dafür, warum sich die wrightschen *Flyer* schon ab dem Jahr 1911 kaum noch verkaufen ließen. Der Absturz betraf die Daytoner Brüder auch persönlich – in einem Fall sogar tödlich.

16.

Das Wegende
Systemfehler und übermächtige Konkurrenz

Der Erfolg des wrightschen *Flyer* hatte Dämme gebrochen. Nachdem das Prinzip des Fliegens einmal verstanden war, nämlich die Steuerbarkeit des Flugzeugs um alle drei Achsen, auch um die Längsachse, gab es vor allem in Frankreich kein Halten mehr. Kopierte man am Anfang noch die Form der Wright-Flugzeuge, was sich schon an der Entenbauweise der französischen Flugzeuge zeigte, so fand man bald eigene Techniken, um nicht nur die Leistungen zu verbessern, sondern auch das Patent der US-Amerikaner auf die Steuerbarkeit irgendwie zu umgehen. Fortschrittlich war dabei vor allem die Einführung von Querrudern an den Tragflügeln, wie sie zuerst Farman und Blériot, dann auch Léon Levavasseur in seinen Antoinette-Flugzeugen erfolgreich verwendeten[1], um auf diese Weise das Rollen zu beherrschen, das als dritte Bewegung des Flugzeugs zuvor ja gar nicht erkannt worden war.

Schon 1909 hatte man mit den Wrights gleichgezogen, wie sich dies an zwei Ereignissen festmachen lässt, die der Weiterentwicklung des Flugzeugs neuen Aufwind verliehen: Zum einen stand wie nach der Erfindung des Ballons als Herausforderung die Überquerung des Ärmelkanals an. Immer wieder muss dieser Vorschlag an Wilbur Wright herangetragen worden sein, als er sich noch in Frankreich aufhielt, wie sich in seinen Briefen zeigt. Schließlich gab es auch dabei viel Geld zu verdienen. Die Londoner Zeitung ›Daily Mail‹ hatte 1000 Pfund dafür ausgeschrieben, etwa 20 000 Mark.[2] Bereits im Oktober 1908 schrieb Wilbur Wright, dass die ›Daily Mail‹ ihm sogar 5 000 Dollar für den Flug über den Kanal anbieten würde, dann sogar 10 000 Dollar. Doch schon zu der Zeit überlegte er das Wettkampfgeschäft aufzugeben.[3] Schließlich wurde das Angebot auf 12 500 Dollar erhöht, wenn der Apparat anschließend »in einer großen Halle in London« ausgestellt würde, wozu Wilbur Wright in einem Brief an seinen Bruder genau das Szenario entwarf, das dann ein anderer für sich nutzte: »Wenn ich mir über geeignetes Wetter sicher sein könnte, wäre ich schon darauf aus, weil eine solche Darbietung mit dem Zwang zu weiteren Vorführungen im nächsten Jahr praktisch Schluss machen und alle Parlamente von Frankreich, Deutschland und England dazu bringen würde, auf ihren Wintersitzungen für Kredite zu stimmen. Ich habe gehört, dass der Französische Haushaltsausschuss bereits dafür gestimmt hat, eine umfangreiche Bewilligung in den kommenden Haushalt aufzunehmen.«[4] Doch blieb nun einmal das Risiko des Fluges und so war das Thema mit dem nächsten Antwortschreiben des Bruders offensichtlich abgeschlossen. Darin hieß es: »Mit gefällt die Vorstellung nicht, dass du einen Kanalflug versuchst, wenn ich nicht da bin. Ich habe kein großes Vertrauen in deinen Motor.«[5]

Zwar hatte Wilbur Wright mit all seinen übrigen Flügen gezeigt, dass die Überquerung des Kanals flugtechnisch kein großes Problem dargestellt hätte und damit nichts mehr zu beweisen gewesen wäre, nur kam dem Versuch zu einer Zeit, als der Großteil der Bevölkerung nicht schwimmen konnte und es auf dem Meer noch keine adäquaten Rettungsmöglichkeiten gab, überragende Bedeutung in Hinsicht auf Wagemut und Tapferkeit zu, abgesehen von dem Symbolwert, Großbritannien anders denn auf dem Wasser erreichen zu können, vom Werbeeffekt für das eigene Produkt ganz zu schweigen.

So standen Mitte Juli 1909, genau zu der Zeit, als sich die Wrights in Fort Myer für die Abnahmeprüfung ihres *Flyer* vorbereiteten, drei Franzosen bereit, Eingang in die Geschichtsbücher zu finden: Louis Blériot mit seinem neusten Flugzeug, einem mit 14 m^2 Flügelfläche und einem 25-PS-Motor relativ scheinbar viel zu schweren

Eindecker[6], Hubert Latham mit einer ›Antoinette‹, einem eleganten und technisch fortschrittlichen Flugzeug mit 50 m² Flügelfläche und einem 50-PS-Motor[7], ebenfalls einem Eindecker, und schließlich Charles de Lambert mit gleich zwei Wright-Doppeldeckern von 38,55 m² Flügelfläche und einem 30-PS-Motor[8]. Es ist eigentlich keine Frage, wer das Rennen hätte gewinnen müssen: Latham war Anfang Juni mit Leichtigkeit über eine Stunde lang geflogen und die Rekorde des *Flyer* waren bekannt. Blériot dagegen hatte bis dahin auf eigene Kosten Flugzeug auf Flugzeug konstruiert, ohne durchschlagenden Erfolg.

Als die drei auf ihre Chance warteten, deren Erfolg insbesondere davon abhing, dass es möglichst windstill würde, konnte Latham bereits auf einen Versuch zurückblicken. Am 19. Juli war er gestartet um die knapp über dreißig Kilometer lange Strecke zurückzulegen, die einem Flug von weit weniger als einer Stunde Dauer entsprach. Doch mitten über dem Meer fiel plötzlich der Motor aus, der noch kurz zuvor so zuverlässig gelaufen war. Latham setzte auf dem Wasser auf und mit einer Geste von Kaltblütigkeit, nämlich Zigarette rauchend, wartete er auf das Rettungsschiff.

Sofort bestellte er ein neues Flugzeug um einen neuen Versuch zu wagen, als zu der Zeit Lambert und Blériot an der Kanalküste ihre Quartiere aufschlugen. Nun hatte wirklich ein Wettlauf begonnen, der allerdings nur aus Tagen des Wartens bestand, darauf nämlich, dass sich der stürmische Wind legte. Lambert gab bald auf, als er mit einem der beiden *Flyer* bei einem Probeflug Totalschaden erlitt. Was schließlich siegte, waren Taktik und Technik, wobei letztere nicht einmal die überlegene war. Am Vorabend des 25. Juli gab es Anzeichen, als könnte der Wind endlich abflauen. Beide Piloten legten sich schlafen mit der Anweisung, sie bei günstigen Bedingungen frühzeitig zu wecken. Um zwei Uhr morgens war es so weit: Das Meer lag ruhig da und kaum eine Brise ging. Es muss eine fieberhafte Stimmung gewesen sein, die Blériot zu dieser Stunde aus dem Bett trieb. Wiederum trieb ihn noch etwas anderes: Bis dahin hatte er sein ganzes Vermögen, dazu die reichliche Mitgift seiner Frau, in die Konstruktion von Flugzeugen gesteckt, sodass er mit dem Bau seines letzten Typs, der Zählung nach die Nummer XI, pleite war. Blériot selbst schrieb dazu: »Ich hatte keine andere Wahl, als weiterzumachen, denn wie bei einem Spieler ging es bei mir darum, meine Verluste wieder wettzumachen. Ich mußte fliegen.«[9]

Um kurz nach halb fünf startete Blériot und überflog bald das Begleitschiff, das schon vorher ausgelaufen war und ihn im Notfall aus dem Meer fischen sollte. Ohne ein einziges Instrument an Bord, nicht einmal einen Kompass, flog er in Richtung Nordwest auf die englische Küste zu. Eine solche Windstille lag über dem Meer, dass er kaum die Steuerung betätigen musste. Obwohl der Flug ein Leichtes war, muss er mit Auge und Ohr ganz aufmerksam gewesen sein. Er musste die Kreidefelsen von Dover ausmachen und ständig auf den Motor hören, ob der auch weiter rund liefe. Als endlich Land in Sicht war, hatte er jede Orientierung verloren und war bis dahin tatsächlich weit nach Norden abgekommen. Dann aber sah er Schiffe auf dem Meer, die alle in eine Richtung fuhren. Blériot nahm an, dass ihr Ziel der Hafen von Dover sei. Er folgte ihnen und fand schließlich sogar zu der Stelle, wo ein Freund ihm, wie abgemacht, winkend die Landung anzeigte. Der Flug hatte nicht einmal vierzig Minuten gedauert und wäre sogar noch kürzer gewesen, wenn Blériot die genaue Richtung eingehalten hätte. Und alles war scheinbar so leicht gewesen! Trotzdem muss man sich den noch primitiven Zustand der Flugzeuge vor Augen führen, ihre technische Unzuverlässigkeit, ihre aerodynamische Anfälligkeit. »Kein heutiger Pilot«, hieß es über zwanzig Jahre später, »wie großartig auch immer, könnte diese Leistung in solch einem Flugzeug und mit solch einem Motor wiederholen.«[10]

Blériots erste Frage bezog sich auf Latham und es hieß, der sei noch nicht gelandet. Tatsächlich war Latham bis dahin nicht einmal gestartet. Angeblich soll ihn erst das Dröhnen von Blériots Flugzeug aus dem Schlaf gerissen haben und als er dann hektisch den eigenen Flug vorbereitete, frischte der Wind wieder auf und vereitelte das Unternehmen. Erst zwei Tage später konnte Latham einen neuen

Versuch wagen, doch wieder setzte der Motor aus, diesmal bereits in Sichtweite Dovers.

Wie wird die Geschichte von Taten bestimmt, die außer einem symbolischen eigentlich keinerlei Wert haben! Man wusste lange vor Blériots Erfolg, wozu Flugzeuge fähig waren. Nur etwa einen Monat später, auf der Flugwoche in Reims, wurde der Langstreckenrekord gleich auf 180 Kilometer erhöht.[11]

Im Grunde entschieden die Techniker das Rennen, die für die Entwicklung der Motoren zuständig waren. Trotzdem war Blériots Tat von ungeheurer Wirkung, einmal natürlich für ihn selbst. Er wurde derart zum Helden der Moderne stilisiert, dass ihn sein Ruhm bis heute im Menschheitsgedächtnis verewigt. Zu seinen Ehren wurden in London und Paris grandiose Umzüge veranstaltet, begleitet von Hunderttausenden Menschen, außerdem Empfänge und Ehrungen in beinahe ununterbrochener Folge. Dazu stellte sich sein wagemutiger Einsatz vor allem auch als finanzieller Erfolg heraus, wobei das Preisgeld zweitrangig war: Nach seinem Triumph begann er mit der Serienproduktion von Flugzeugen, die reißenden Absatz fanden, vor allem der Typ XI, mit dem er den Ärmelkanal überquert hatte und der daher unter der Bezeichnung ›La Manche‹ lief. Wenige Monate später beschäftigte die ›Blériot-Société‹ bereits 150 Arbeiter, die jede Woche neun Flugzeuge herstellten, wie ein zeitgenössischer deutscher Reporter erstaunt feststellte, darunter Einsitzer als »Rennmaschinen« und »zweisitzige Apparate«, die »hauptsächlich für das Militär bestimmt« waren.[12]

Nie zuvor war ein Held so schlagartig ›gemacht‹ worden. Blériot wurde nicht nur heroisiert, sondern auch poetisiert und natürlich kommerzialisiert: Sein Abbild wurde in Bronze gegossen, es erschien auf stoßgeschützten Taschenuhren und überhaupt in der Werbung; von Dichtern wurde besungen, was er da scheinbar so Heroisches vollbracht hatte.[13]

Darüber hinaus rief Blériots Tat auch Erschütterungen hervor, insbesondere bei den Engländern. Nicht nur waren die britischen Inseln plötzlich spielend leicht erreichbar, sondern mit dem Mittel des Flugzeugs auch angreifbar. Diese Tatsache befeuerte die Gedanken derjenigen, die damals noch nicht euphemistisch für die ›Verteidigung‹ arbeiteten. Mit Blériots Flug zeigte sich offenkundig auch die Zuverlässigkeit des Systems Schwerer-als-Luft und das Militär musste ebenso begeistert wie natürlich besorgt sein. Es ließe sich wohl behaupten, dass die Aufrüstung in der Luft mit Blériots Kanalflug begann.

Und was dachten die Wrights über den Erfolg des Franzosen? Mit etwas Glück und vor allem Sinn für Abenteuerlust, der ausgerechnet ihnen, den Erfindern des Motorflugzeugs, ganz abging, hätten sie Blériots Erfolg sogar um wenigstens drei Jahre vorwegnehmen können, in einer Zeit, als es keine Konkurrenz für sie gegeben hatte. So jedoch konnten sie nur weiter von ihrem Nimbus zehren und nüchtern und praktisch auf die Zuverlässigkeit ihrer Flugzeuge verweisen. Deren Überlegenheit war aber schon in jenem Sommer 1909 dahin, wie sich dies im Vergleich bald zeigte.

Denn da war zum anderen jene Flugwoche in Reims, die Geschichte schreiben sollte – eine in der Nähe von Paris veranstaltete, professionell organisierte Flugschau, die allein durch die Höhe der Preisgelder alle bedeutenden Flieger und Konstrukteure der Welt anlockte! Die Veranstaltung trug offiziell den Titel ›*La Grande Semaine d'Aviation de la Champagne*‹ und tatsächlich finanzierte mit Reims als ›Produktionszentrum‹ die Champagnerindustrie fast alle Rennen. Es gab Wettbewerbe um alle möglichen Rekorde wie insbesondere um den Streckenrekord, mit Preisgeldern von 100 000 Franc, und den Geschwindigkeitsrekord, dem mit 25 000 Franc dotierten, nach seinem Stifter (einem ›Medienmogul‹ in den USA) benannten Gordon-Bennett-Preis, bald einem der bekanntesten Wanderpreise im Fluggeschäft. Zwar hatten die Wrights selbst abgesagt, da der eine sich gerade um ihre Geschäfte in Deutschland und der andere um die in den USA kümmern musste, doch stellten sich die drei französischen Piloten, die sie ausgebildet hatten, auf ihren Flugzeugen den Konkurrenten. Sonst hatten fast ausschließlich Firmen und Piloten aus Frankreich gemeldet. Eine Flugbegeisterung unglaublichen Ausmaßes hatte das Land ergriffen. So heißt es in einem zeitgenössischen Bericht der englischen Zeitschrift ›Flight‹: »Es hat alle Arten von Schätzung zur Größe der Menge gegeben. Die niedrigste Angabe ist eine halbe Million. Aber tatsächlich ist dies unmöglich festzustellen, denn die Menschenschar erstreckte sich Meilen und Meilen um den Kurs herum. Man kann nicht sagen, ob die Massen in Zehner- oder Zwanziger- oder Vierziger-Reihen hintereinander standen. Keine Militärparade in Frankreich hat jemals solche Mengen angezogen.«[14]

Die Bedeutung dieser Flugschau war also überragend und angesichts der 38 gemeldeten Flugzeuge, von denen aber nur 23 abheben konnten, angesichts der hohen Preisgelder, der Anwesenheit von Staatsmännern, der Weltpresse, für die bereits eigene Räumlichkeiten mit Telefonanschluss und Dunkelkammern reserviert waren, kam es zu einem außerordentlichen Wettbewerb um die besten Flugzeuge. Die Berichterstattung über diese Veranstaltung ist kaum überschaubar und es ließen sich Schilderungen unter jeglichem Aspekt verfassen wie etwa den Wetterbedingungen, die sich von Regen am ersten Tag bis zu Sonnenschein an den weiteren Tagen besserten, dem Informationssystem, das so ausgeklügelt wie verwirrend war und den Zuschauern über Signalflaggen anzeigte, wer gerade an welchem Rennen teilnahm, den Flugvorbereitungen, wo die Mechaniker bis zum Schluss reparierten und neu konstruierten – und schließlich den Flügen selbst. Wie auf einer Autorennstrecke machten die Piloten nichts anderes, als zwischen zwei Wendemarken hin und her zu fliegen. Jedem war der Zeitpunkt des Starts freigestellt. Man kündigte lediglich an, um welchen Preis man flog und versuchte dann abzuheben. So kam es zu Vorgängen, wie sie die Zeitschrift ›Flight‹ etwa folgendermaßen beschrieb: »Man sah, wie sich die Apparate weit verteilten und in alle Richtungen über den Boden huschten und dahinjagten, sodass sie den Eindruck eines Haufens von gigantischem Geflügel machten, das über einen großen Bauernhof flattert.«[15]

Unter zahlreichen Darstellungen dieser Art findet sich auch ein eindringlicher Bericht des jungen Franz Kafka. Er war im September 1909 zufällig in Italien, als in Brescia die nächste große europäische Flugschau stattfand. Angesichts der großen Zuschauerzahl, der anwesenden Prominenz, beschreibt Kafka die Vorgänge im Grunde als ein gesellschaftliches Ereignis, wo immer wieder nur eines vorherrschte: das Warten. Und wenn dann Flugzeuge in der Luft waren, beschrieb Kafka sie so: »Nun aber kommt der Apparat, mit dem Bleriot den Kanal überflogen hat; keiner hat es gesagt, alle wissen es. Eine lange Pause und Bleriot ist in der Luft, man sieht seinen geraden Oberkörper über den Flügeln, seine Beine stecken tief als Teil der Maschinerie. Die Sonne hat sich geneigt und unter dem Baldachin der Tribünen durch beleuchtet sie die schwebenden Flügel. Hingegeben sehn alle zu ihm auf, in keinem Herzen ist für einen andern Platz. Er fliegt eine kleine Runde und zeigt sich dann fast senkrecht über uns. Und alles sieht mit gerecktem Hals, wie der Monoplan schwankt, von Bleriot gepackt wird und sogar steigt. Was geschieht denn? Hier oben ist 20 M. über der Erde ein Mensch in einem Holzgestell verfangen und wehrt sich gegen eine freiwillig übernommene unsichtbare Gefahr. Wir aber stehn unten ganz zurückgedrängt und wesenlos und sehen diesem Menschen zu.

Alles geht gut vorüber. Der Signalmast zeigt gleichzeitig an, daß der Wind günstiger geworden ist und Curtiss um den großen Preis von Brescia fliegen wird. Also doch? Kaum verständigt man sich darüber, schon rauscht der Motor des Curtiss, kaum sieht man hin, schon fliegt er von uns weg, fliegt über die Ebene, die sich vor ihm vergrößert, zu den Wäldern in der Ferne, die jetzt erst aufzusteigen scheinen. Lange geht sein Flug über jene Wälder, er verschwindet, wir sehen die Wälder an, nicht ihn. Hinter Häusern, Gott weiß wo, kommt er in gleicher Höhe wie früher hervor, jagt gegen uns zu; steigt er, dann sieht man die unteren Flächen des Biplans dunkel sich neigen, sinkt er, dann glänzen die oberen Flächen in der Sonne. Er kommt um den Signalmast herum und wendet, gleichgültig gegen den Lärm der Begrüßung, geradeaus dorthin, von wo er gekommen ist, um nur schnell wieder klein und einsam zu werden. Er führt fünf solche Runden aus, fliegt 50 Km. in 49' 24" und gewinnt damit den großen Preis von Brescia, L. 30 000. Es ist eine vollkommene Leistung, aber vollkommene Leistungen können nicht gewürdigt werden, vollkommener Leistungen hält sich am Ende jeder für fähig, zu vollkommenen Leistungen scheint kein Mut nötig. Und während Curtiss allein dort über den Wäldern arbeitet, während seine allen bekannte Frau um ihn sich sorgt, hat die Menge fast an ihn vergessen.«[16]

Schon diese Schilderung deutet an, wie sehr es in Zukunft darauf ankommen sollte, stets etwas Außergewöhnliches zu bieten. Denn was konnte den Reiz einer Veranstaltung ausmachen, wo es die manipulativen Methoden der modernen Berichterstattung von ähnlichen Vorgängen noch nicht gab, wo ebenfalls Menschen sich wie Hamster in Laufrädern all die Zeit im Kreis bewegen? Man denke an jemanden wie Henry Farman, der mit seinem Flugzeug in Reims den Streckenflug gewann. Es war keine Leistung des Piloten, sondern vornehmlich des Motors, das heißt, seiner Mechaniker, wenn Farman Runde um Runde drehte, zwei Stunden lang, womit er den Rekord von Wilbur Wright vom Ende des vergangenen Jahres brach, dann eine weitere halbe Stunde, um den bis dahin bestehenden Rekord von Latham zu brechen, schließlich über drei Stunden, als es schon dunkelte und die Abendkühle einsetzte und er bis dahin 180 Kilometer zurückgelegt hatte. »Mir ist so kalt«, stieß er nur hervor, als ihn seine Mannschaft jubelnd auf den Schultern davontrug.[17]

Im Übrigen machte sich gerade zu der Zeit, als Farman zeigte, welche Leistungen die Motorflugzeuge bereits erbringen konnten, in Deutschland der neuste Zeppelin auf seine lange Fahrt nach Berlin...

Jedenfalls war die Flugwoche in Reims *der* große Leistungsvergleich des Jahres 1909, und für Frankreich als dem Heimatland des Fliegens galt es da sicherlich etwas wettzumachen. Doch fand der eigentliche Wettbewerb um die Siegerplätze schon nicht mehr zwischen den Wright-Flugzeugen statt. Sämtliche Preise gingen an Frankreich – bis auf einen, und dessen Gewinn war von besonderer

Brisanz. Denn derjenige, der sich den von einem Landsmann gestifteten Gordon-Bennett-Preis sicherte, war ausgerechnet Glenn H. Curtiss, der bis dahin zum Erzrivalen der Wright-Brüder geworden war. Immerhin hatte ihnen Curtiss schon 1908 schriftlich versichert, dass er keine Flugvorführungen plane. Doch das hatte sich bald als Vorwand und Lüge erwiesen. Curtiss verfolgte unbeirrt und erfolgreich seinen Weg, und der führte über den Bau und die Erprobung von Flugzeugen geradewegs ins Flugzeuggeschäft. Längst hatte er sich von der *AEA* getrennt und ein eigenes Unternehmen gegründet, das sich bezeichnenderweise ›*Herring-Curtiss-Company*‹ nannte. Da tauchte also auch jener Augustus Moore Herring wieder auf. Er hatte Curtiss versichert, so wie er es ehedem gegenüber den Wrights getan hatte, wichtige luftfahrttechnische Patente zu besitzen, und sich so mit ihm zusammengetan. Zumindest über Herrings Verhalten waren die Wrights wohl kaum überrascht, kannten sie doch seine »unverschämte« Art. Für sie schienen die »Unverfrorenheiten« der Welt nur immer mehr zuzunehmen. Fast alle, mit denen sie auf die eine oder andere Weise in Kontakt gestanden hatten, schienen ihr erfinderisches Werk schamlos für sich auszubeuten und, wenn nicht, sie auf jeden Fall zu diskreditieren. Wie sich noch zeigen wird, war sogar auf Chanute anscheinend nicht mehr zu zählen.

Da sich die Wrights geweigert hatten, an der Flugveranstaltung in Reims teilzunehmen, trat ausgerechnet Curtiss als – einziger – Vertreter seines Landes auf. Und er wusste durchaus zu beeindrucken, war es doch gerade seine hemdsärmelige Art, die gefiel. Während alle anderen Piloten über einen Stab an Mitarbeitern verfügten, war Curtiss nur mit zwei Mechanikern und einem einzigen Flugzeug erschienen, auch noch ›*Golden Flyer*‹ genannt, wie ein Hohn auf die wrightschen Flugzeuge. Konsequent bereitete er sich auf das Geschwindigkeitsrennen vor, ließ alle anderen Wettbewerbe aus, obwohl im Vergleich zu den Eindeckern wie den Antoinette- und Blériot-Typen sein Zweidecker dafür wegen des hohen Luftwiderstands denkbar ungeeignet war. Doch wahrlich um Haaresbreite schlug er ausgerechnet Blériot selbst, was ihm zusätzlich Ruhm einbrachte, und dem Typ des wrightschen *Flyer* war er ohnehin überlegen. Man kann sich vorstellen, welche Gefühle in den beiden Flugzeugerfindern insbesondere nach dieser Veranstaltung aufkamen.

Eugène Lefebvre umfliegt in Reims spektakulär einen der Wendepfosten – nur eine Woche später stürzte er mit seinem Flyer als erster Pilot zu Tode.

›Die Große Flugwoche der Champagne‹ schrieb Geschichte. In der Folge konnte sich die Industrie einen Raum erobern, der bis dahin verschlossen gewesen war. Es war eine Pionierzeit, deren Reiz einen Kitzel versprach wie nie etwas zuvor. Junge Unternehmer, die kein Risiko scheuten, traten in einen erbarmungslosen Wettbewerb, der angefeuert wurde durch nationale Interessen, die von Anfang an auch militärische waren, und mit Wettbewerben des Fliegens trieb man sich in der Tat voran. Immer neue Preise wurden ausgeschrieben, deren wichtigste Sponsoren bald das Militär waren. Zu Tausenden strömten die Menschen herbei, wobei das Spektakel immer auch von der Sensationslust genährt wurde einen der Flieger vom Himmel fallen zu sehen. Zwar waren angesichts der vielen Abstürze tödliche Unfälle relativ selten, doch lag dies vor allem daran, dass die Flugzeuge meist noch keine großen Höhen erreichten und dass mit niedriger Geschwindigkeit geflogen wurde. Trotzdem waren Unfälle im Grunde garantiert. So waren auf der ersten Flugwoche von 1910 in Johannisthal bei Berlin am Ende »von 14 Flugmaschinen nur noch vier flugbereit, alle anderen zerstört oder schwer beschädigt«[18].

Die Wrights hätten sich wohl nie träumen lassen, wie schnell der Flugzeugbau Fortschritte machen und wie schnell sie mit ihren Flugzeugen ins Hintertreffen geraten würden, die noch 1908 so viel Staunen erregt hatten. So erscheinen sie bereits im ›Jahrbuch der Luftfahrt‹ von 1912 nur noch als Randnotiz und namentlich erwähnt werden sie eigentlich nur noch mit der Bemerkung, dass der Flugzeugtyp der Brüder Wright »in den letzten Jahren etwas ins Hintertreffen geraten« sei. »Schuld daran war [...] die Hartnäckigkeit, mit der die Wrights allzu lange an nicht mehr zeitgemäßen Konstruktionen festhielten.«[19]

Welche Konstruktionen waren gemeint? Da war das vornliegende Höhenruder, das alle Wright-Flugzeuge charakterisierte und daher auch stets kopiert worden war. Diese Konstruktion hatten die Wrights gewählt um einen Sturzflug zu verhindern, und sie hatte sich bei ihren Gleitversuchen tatsächlich bewährt. Denn beim Überziehen, beim zu starken Anstellen des Höhenruders, kommt es bei einem konventionellen Flugzeug zum Strömungsabriss und zum Trudeln. Eine wichtige Erkenntnis ihrer Gleitversuche von 1902 war jedoch gewesen, dass sich ihr Flugapparat auch beim Überziehen wieder ›fing‹ und sanft zu Boden glitt. Ohne diese Eigenschaft hätten die Wrights ihre Flugübungen wohl nie so relativ ungefährdet vorantreiben können. Eine Skizze verdeutlicht das Phänomen.

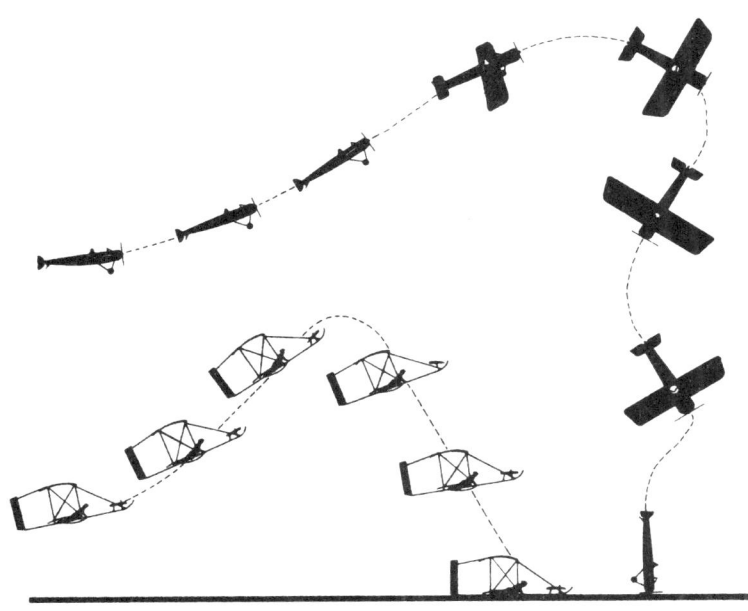

Doch was für den Gleiter zusätzliche Sicherheit bedeutet hatte, galt nicht notwendig auch für ein Flugzeug. Vor allem das vornliegende Höhenruder sorgte für das typische ›Stampfen‹ der wrightschen *Flyer,* ihre ständige Neigung zum Nicken, was bei der Reimser Flugwoche jene Zeitschrift ›*Flight*‹ so formulierte, dass nur die Wright-Apparate »sehr wellenförmige [*undulating*] Flugwege beschrieben«[20]. Bei ›normalen‹ Flugzuständen, also mit Wind und thermischen Ablösungen, bedeutete ein solches Höhenruder eine zusätzliche Gefahr, da es immer zuerst ›getroffen‹ und das Flugzeug doch unkontrollierbar würde. Prinzipiell destabilisierte es den Flug.[21]

Da war außerdem der eigentlich brillant konstruierte Startmechanismus, der Katapult, der den *Flyer* beim Start relativ unabhängig vom Wind machte. Die erforderliche Geschwindigkeit zum Abheben wurde dadurch sicher und auf kurzer und durchaus auch unebener Strecke erreicht. Doch bedeutete das ganze Verfahren einen enormen Aufwand: Der Katapult musste aufgebaut, die

Schiene ausgelegt und schließlich der *Flyer* auf Karren in die richtige Startposition manövriert werden. Dieses Verfahren war angebracht, solange man noch auf irgendwelchen holprigen Wiesen und Feldern starten musste, mit einem Motor, der gerade genug Leistung erbrachte um Auftrieb zu erzeugen. Doch sorgte besonders die Motorenentwicklung dafür, dass bald genug Kraft für jeglichen Start zur Verfügung stand – und überall baute man Flugplätze.

So war bald auch ein weiteres der wrightschen Prinzipien veraltet, dass nämlich der *Flyer* nicht auf Rädern stand, sondern auf Kufen. Das trug zusätzlich zur umständlichen Handhabung dieses Flugzeugs bei. Gerade bei der Frage der Räder zeigte sich jene Hartnäckigkeit, mit der die beiden Brüder an einmal Bewährtem festhielten. Es gab längst keinen vernünftigen Grund mehr, auf Räder zu verzichten, da doch der *Flyer* auch ohne Hilfsmittel starten konnte. Dies führte Wilbur Wright sogar selbst einmal vor. Ein weiterer Preis, den es 1908 in Frankreich zu gewinnen galt, war vom ›*Aéro-Club de France*‹ gestiftet worden und sah vor, dass der Start ohne äußere Hilfe zu erfolgen habe, eine Regel, die den *Flyer* offenbar bewusst ausschloss. Doch Wilbur Wright verlängerte einfach die Startschiene und konnte auch ohne Katapult abheben, um leicht den mit 2 500 Francs dotierten Wettbewerb zu gewinnen, der außerdem eine Flughöhe von mindestens 90 Metern vorsah.[22] Die Wrights blieben jedoch bei Katapult und Kufen, selbst angesichts der Tatsache, dass viele Käufer den *Flyer* bald von sich aus mit Rädern ausstatteten.

Von all dem abgesehen, erwies sich bald auch das gesamte Steuerungssystem des *Flyer,* genial erdacht und noch 1908 unübertroffen, als nicht nur hoffnungslos veraltet und rückständig, sondern auch als relativ gefährlich, zumindest im Vergleich zu den neuen Systemen. Die Steuerung war eben auch noch Abbild dessen, wie die Brüder Schritt für Schritt die Flugfähigkeiten ihres *Flyer* verbessert hatten. Man führe sich den Unterschied im Vergleich zu einem Curtiss-Flugzeug vor Augen: Bei diesem, das doch in der Bauweise dem *Flyer* nachempfunden war, bewegte der Pilot ein Steuerrad vor und zurück um das Höhenruder zu bedienen, und drehte es nach links

oder rechts um das Seitenruder ausschlagen zu lassen. Die Quersteuerung betätigte er, indem er sich schlicht nach links oder rechts
neigte, wo er mit den Schultern gegen entsprechende Hebel drückte (ein Verfahren, das die Wrights in ihren Gleitapparaten noch
selbst praktiziert hatten). Wenn das Flugzeug etwa nach rechts kippte, konnte der Pilot geradezu instinktiv die Stabilität wiedererlan-
gen, indem er sich zur anderen Seite lehnte und auch das Lenkrad
nach links drehte. Bei einem Wright-Flugzeug hielt der Pilot einen
Hebel in jeder Hand. Wollte er eine Kurve fliegen, musste er den
rechten Hebel vorschieben oder zurückziehen um die Tragflächen
zu verwinden, und zugleich nach rechts oder links drehen um das
Seitenruder zu bewegen. Dabei durfte er das Höhenruder nicht vernachlässigen, das er mit der linken Hand bediente.[23]

Glenn H. Curtiss demonstriert seine Methode der Steuerung.

Ein wrightsches Flugzeug zu fliegen erschien im Vergleich unnatür-
lich, war ein zu kopflastiger Prozess. Hinzu kam, dass der *Flyer* an
sich instabil war. Das bedeutete, dass der Pilot ständig damit be-

schäftigt war, eben die instabilen Flugbewegungen auszugleichen. Zwar war das gut möglich und an sich hatte der Pilot durch die Flügelverwindung das bestmögliche Steuerungssystem, aber er brauchte dazu viel Erfahrung. Beim Fliegen kam es so insbesondere darauf an, wie es 1909 Alfred Hildebrandt beschrieb, nämlich »in der Luft die Balance durch fortwährende Betätigung des linken Steuerhebels [also des Höhenruders] zu halten, wobei die Bewegungen jedoch äußerst gering sein müssen, weil der Flieger auf die leiseste Anstellung der Flächen reagiert«.[24]

Es ist bezeichnend, wie auch Wilbur Wright auf die Schwierigkeiten mit ihrem Flugzeug stieß, als er im Sommer 1911 noch einmal nach Europa fuhr um ihre dort gegründeten Gesellschaften zu inspizieren. So schrieb er seinem Bruder aus Berlin: »Die Männer, die ihre Ausbildung schon fast beendet hatten, als ich vor zehn Wochen nach Berlin kam, sind noch immer am Ende ihrer Ausbildung und können doch noch nicht allein fliegen.«[25]

Ein weiteres Indiz für die inadäquate Handhabung der wrightschen Flugzeuge liefern die Veranstaltungen, auf denen alles Pilotengeschick gefragt war. Wie die Flugschau von Reims gezeigt hatte, verfügte man mit dem Flugzeug über ein neues Produkt, das im Grunde alle Menschen sehen wollten. So entstand schnell ein regelrechter ›Flugzirkus‹, der auch so genannt und in der Art wirklich wie ein herkömmlicher Zirkus betrieben wurde. Man reiste von Stadt zu Stadt, suchte ein geeignetes Flugfeld und schlug Plakate an, auf denen waghalsige Attraktionen angepriesen wurden. Nur konnte man im Vergleich nicht von einigen Hundert, sondern gleich Tausenden zahlender Zuschauer ausgehen. Hätte man sich ein einträglicheres Geschäft vorstellen können? Zu Beginn reichte als Nervenkitzel allein die Tatsache, dass sich ein Fluggerät über den Köpfen der Leute bewegte. Doch bald musste mehr gezeigt werden, ›Kunststücke‹, die immer gewagter wurden. Was zählte, war vor allem die Profitgier der Veranstalter. Im Verein mit einer Presse, der die Marktschreierei nur gelegen kam um die Auflage ordentlich zu erhöhen, entstand eine fiebrige Atmosphäre, die erst recht das Publikum anlockte. Ein Veranstalter in den USA schrieb: »Jede Nacht verbrachte ich im Schlafwagen, um die nächste Stadt zu erreichen. Am Ende hatte ich drei Maschinen und drei Mechanikerteams. Wir hatten so viel zu tun, daß ich vor Saisonende schon 13 Staaten und Kuba mit Kunstflügen abgeklappert hatte.«[26] Es konnte alles nicht schnell genug gehen. Auch die Konkurrenz war unterwegs.

Wer bei alledem den Kopf hinzuhalten hatte, waren die Piloten. Sie konnten gewiss gut verdienen und eben über den Verdienst, der eine Schwindel erregende Gage von bis zu 1000 Dollar am Tag betragen konnte, trieb man sie zu immer waghalsigeren Leistungen. So war bald ›garantiert‹, dass es auf einer Flugschau zu Unfällen kam, wobei nur die Frage blieb, ob tödlich oder nicht. Dabei zeigte sich exemplarisch die Kaltblütigkeit weniger der Piloten als vielmehr eines Systems, das die Profitinteressen über alles stellte. Der Blutzoll war enorm hoch, insbesondere in den USA, wo sich der ›Markt‹ zum Fetisch des modernen Lebens entwickelte. Wer als Pilot das Geschäft nicht rechtzeitig verließ, hatte wenige Chancen zu überleben. Dabei wurden selbst um die vielen Unfälle Legenden gestrickt, wie von einem der ›tollkühnsten‹ Piloten der Zeit namens Charles Hamilton, von dem gesagt wurde, dass von dem ursprünglichen Menschen wenig übrig geblieben sei, so oft wie er nach (63!) Abstürzen operiert werden musste.[27] Dabei war er noch einer der wenigen ›Helden‹, die nicht im Flugzeug starben. Hamilton erlag einer Tuberkuloseinfektion.

Wiederum verlangte auch das Publikum ›etwas fürs Geld‹, was das Risiko zusätzlich erhöhte. Da es insbesondere gefährlich war, zur Mittagszeit zu fliegen, wenn sich im Sommer mächtige Thermikblasen ablösen, versuchte man manchmal, Zeit zu schinden, vor allem auch, wenn starker Wind ging. Von solchen Gefahren wusste das Publikum nichts. Es wollte die versprochenen Sensationen, auch wenn oder, besser, gerade weil bald jedem klar war, dass es zu einem tödlichen Unfall kommen konnte. Das erhöhte nur zusätzlich die Spannung. Es kam dabei zu Vorfällen, wo die Piloten von einer aufgebrachten Menge zum Fliegen regelrecht genötigt wurden.

Die Flugschauen waren das wohl zynischste Geschäft jener gereizten Zeit. Trotzdem schlossen sich ihm auch die Wrights an, wenn auch nur, um sich den Verdienst nicht entgehen zu lassen. Sie bauten ihren *Flyer* radikal um, der dann als ›*Model B*‹ bekannt wurde, endlich mit Rädern ausgerüstet war und am hinteren Leitwerk ein zusätzliches Höhenruder hatte, das bald das vordere ganz ersetzte.[28] Sie beauftragten einen Manager und stellten ein ›*exhibition team*‹ zusammen, deren Piloten Orville Wright zunächst selbst ausbildete. Im Juni 1910 war man so weit und es dauerte nicht lange, ehe es zu ersten Unfällen kam. Doch das Fluggeschäft entwickelte seine eigene Dynamik, die sich in den Flugmanövern widerspiegelte. Der Begriff »*stunt*« kam auf. Während sich ein Pilot des *Wright team* darauf spezialisiert hatte, nahe über dem Boden und dabei Kurven bis zu einem Winkel von 80 Grad zu fliegen, vollführte ein anderer Pirouetten und Sturzflüge, während ein dritter den so genannten »*Dive of Death*« zeigte, den Todessturz, bei dem er über dem Flugfeld kreiste, plötzlich in einen Sturzflug überging und das Flugzeug in letzter Minute wieder hochzog.[29] Es war nur eine Frage der Zeit, ehe auch das *Wright team* mit seinen instabilen Flugzeugen den ersten Toten zu beklagen hätte. Da dies so klar vorauszusehen war, schrieb Wilbur Wright eine eindringliche Warnung an die Piloten: »Ich meine es sehr ernst, wenn ich sage, dass ich keine *stunts* und spektakulären Kinkerlitzchen bei den Flügen wünsche. Wenn jeder von Ihnen einen einfachen Flug von zehn bis fünfzehn Minuten pro Tag machen und sich dabei immer innerhalb des inneren Zaunes abseits der Tribüne und nie höher als hundert Meter halten kann, wird es genau das sein, was ich will. Machen Sie unter keinen Umständen mehr als einen Flug am Tag pro Person. Alles was über einen einfachen Flug hinausgeht wird als Schuld angekreidet und nicht als Verdienst.«[30]

Das war zwar gut gemeint, zeugte aber von Weltfremdheit. In ihren Erwartungen bis aufs Äußerste gereizt, waren die Zuschauer längst nicht mehr damit zufrieden zu stellen, einfache Flüge von höchstens fünfzehn Minuten Dauer zu sehen. Im November war es

Kurz vor dem Aufprall scheint an dem Flyer *von Hoxsey bereits jegliches Leitwerk abgerissen zu sein.*

so weit: Als einer der wrightschen Piloten namens Ralph Johnstone, ein ehemaliger Fahrradartist, auf einer Flugschau seine berühmten Steilspiralen zeigte, geriet sein Flugzeug in einen Sturzflug. Wie das Publikum sehen konnte, versuchte Johnstone alles um die Fluglage wieder zu stabilisieren, war aber machtlos. Wie die Empfindungen zu der Zeit waren, zeigt dann allerdings die Tatsache, dass sofort Souvenirjäger zur Stelle waren und dem toten Piloten noch die Handschuhe abstreiften.[31] Johnstone war der erste Pilot in den USA, der seinen Beruf mit dem Leben bezahlte. Nur sechs Wochen später folgte ein weiterer Pilot aus dem *Wright team* namens Arch Hoxsey, der sich an einem Tag vorgenommen hatte, den Höhenweltrekord auf 12 000 Fuß (über 3 600 m) zu schrauben. Als er beim Aufsteigen abbrechen musste und danach abspiralte, warf in geringer Höhe über dem Flugfeld eine Windbö das Flugzeug plötzlich um. Diesmal griff sich sein Mechaniker den Splitter einer Strebe und hielt damit die Souvenirjäger von dem toten Piloten und dem Flugzeugwrack fern.[32]

Doch erst ein knappes Jahr später, als in Europa und den USA bereits der hundertste Pilot die Todeslisten füllte, zog sich die *Wright company* aus dem Fluggeschäft zurück. Bis dahin waren von den neun im *Wright team* beschäftigten Piloten sechs gestorben. Und von den 35 Piloten, die auf den Flugschauen bis Ende 1910 ihre Künste mit dem Leben bezahlten, starb sogar fast ein Viertel in Maschinen des Wright-Typs.[33] Es war eben auch ein Geschäft gewesen, auf das die beiden Brüder so oder so von Anfang an gesetzt hatten, in diesem Fall allerdings ein tödliches. Und es waren ihre Flugzeuge, die darin nicht mehr bestehen konnten.

Eine ähnliche Veranstaltung wie der fliegende Zirkus waren die internationalen und dann auch, um im eigenen Land die Konkurrenz anzustacheln, die nationalen Flugtage. Sie waren zum eigentlichen Motor der Flugzeugentwicklung geworden, angetrieben von Preisen und Ruhmestiteln, die viele wie einen Lotteriegewinn vor sich sahen. Nur heißt es schon 1912 in Bezug auf die zu gewinnenden Geldpreise: »Die Aviatik ist vorläufig noch ein teurer Sport [. . .] Zunächst kostet ein Flugzeug schon ein beträchtliches Anlagekapital; denn die billigste – eine Santos-Dumont-Maschine – stellt sich auf 7 500 Mark, die teuerste – eine Wright-Maschine – auf 30 000 Mark, dazwischen steht die Mittelklasse der Grade- und Huth-Apparate im Preise von 12–15 000 Mark. Der Transport über oft sehr weite Bahnstrecken, die Reisen der Flieger selbst, die Unterhaltung von Monteuren, die Kosten der Reparaturen: das alles vereint sich zu einem recht hohen Unkostenkonto. Dazu kommen noch die Prozente, die sich Agenten, Kommissionäre oder Impresarios zahlen lassen, und somit sieht es für diejenigen Flieger – und das ist schließlich die Mehrzahl – die nur kleine Preise gewinnen oder gar leer ausgehen, durchaus nicht allzu rosig aus.

Daher kommt es auch, daß wir unter den Jüngern des Flugsports eine große Zahl von Haus aus reicher Leute finden.«[34]

Für die Wrights ging es auf den Flugwettbewerben noch lange ums Prestige und sie entwickelten eigene Konstruktionen, wie die so genannte ›Baby Grand‹, eine verkleinerte Rennversion des ›Model B‹, mit einem Acht-Zylinder-Motor von bis zu 60 PS Leistung[35], um schließlich doch wieder einen der Titel zu erlangen, die Wilbur Wright noch 1909 einsammeln konnte, als hätte er sie am Wegesrand nur zu pflücken brauchen. Und natürlich ging es bei den Wettbewerben immer wieder darum, welches Folgegeschäft damit zu machen wäre. Denn ein Sieg bei einem Langstrecken- oder Geschwindigkeitsrennen, möglichst noch spektakulär, garantierte einen erheblichen Anstieg der Verkaufsaufträge. Zugleich sorgte man bei den Wettbewerben dafür, dass es halsbrecherisch zugehen musste. So ließen die Veranstalter des nächsten Rennens um den Gordon-Bennett-Preis in den USA zwischen einem Wendemast und der Haupttribüne nur 30 Meter Platz, sodass einige, doch wenige Flieger die Veranstaltung wegen dieser »Todeskurve« boykottierten.[36]

Wie hätten die beiden Daytoner Brüder auch konkurrenzfähig bleiben können, angesichts einer ganzen Industrie, die sich bald um den Flugzeugbau entwickelte? Allein in Frankreich produzierten verschiedenste Firmen, die alle ihren Marktvorteil suchen mussten, von 1911 an jährlich weit über eintausend Flugzeuge.[37]

Dabei hatten die Wrights selbst die Unzulänglichkeit ihres Systems früh erkannt. Schon im September 1909 schrieb Orville Wright seinem Bruder aus Berlin: »Die Schwierigkeit im Umgang mit unserem Apparat liegt am vornliegenden Ruder, was es schwierig macht, einen ebenen Kurs zu halten. Wenn man steigen will, muss man zuerst das Frontruder in einen größeren Winkel setzen, doch sofort wenn der Apparat zu steigen beginnt, muss man das Ruder umstellen und in einen kleineren Winkel setzen. Der Apparat ist immer in instabilem Gleichgewicht. Ich glaube nicht, dass es notwendig ist, den Apparat zu verlängern, sondern das Ruder einfach nur hinten statt vorn anzubringen.«[38]

Was hielt die Wrights also solange davon ab, ihren *Flyer* entsprechend umzubauen? Wie starrköpfig sie waren, zeigt sich exemplarisch an einem Gespräch, das ein Mitarbeiter mit Orville Wright führte. Es ging um die Flugzeuge mit Zugpropeller, die sich schnell durchzusetzen begannen. Dazu sagte Orville Wright: »Dieser Typ ist eigentlich eine Erfindung der Franzosen, und wir sollten ihn nicht nachbauen, nur um Schritt zu halten. Dafür muß es bessere Gründe geben.« Er blätterte kurz einige ausländische Zeitschriften durch und fügte dann an: »Da das Militär den Hauptverwendungszweck des Flugzeugs in der Beobachtung sieht, was spricht dann dafür, den Piloten hinter die ganze Motor-Propeller-Anlage zu setzen, die ihm die Sicht nimmt?« Zufrieden mit seiner Argumentation, warf er die Zeitschriften auf den Tisch.[39]

Die Wrights steckten in einer Zwickmühle. Sie hatten ein System, das ausgefeilt war, aber an sich einen Stillstand bedeutete. Andere Systeme erwiesen sich als sicherer, vor allem starre Tragflächen mit Querrudern, ein vornliegender Motor und ein Rumpf mit Leitwerk für die Höhen- und Seitenruder, dazu eine Steuerung, die fast intuitiv zu bedienen war, mit einem Steuerknüppel für das Höhen- und Querruder und Fußpedalen für die Seitenruder. Doch hätten die Wrights eine dieser Verbesserungen übernommen, hätten sie damit zu erkennen gegeben, dass sie selbst von anderen kopierten. Eher versuchten sie, ausgerechnet ihrem prinzipiell instabilen System Eigenstabilität zu verleihen. Dazu begannen sie ein Gerät zu konstruieren, das nichts anderes als ein Autopilot werden sollte. Es dauerte Jahre des Forschens, ehe es Ende 1913, patentgeschützt, tatsächlich in die Wright-Flugzeuge eingebaut werden konnte. Ein einfaches, stromgesteuertes Pendelsystem meldete die Schräglage und automatisch wurde die Flügelverwindung aktiviert. Ein ähnliches System auf der Grundlage eines beweglichen Windmessers wirkte auf die Höhensteuerung. Zwar war das System mustergültig konstruiert, doch als es eingeführt wurde, auch nicht mehr wirklich notwendig, jedenfalls nicht für die modernen Flugzeuge. Die wurden inzwischen mit einem Rumpf gebaut, der voll verkleidet war

und auch den Piloten aufnahm, sodass sich schon durch die aerodynamische Gestaltung die Flugstabilität wesentlich erhöhte. Und
als dann später auf Langstreckenflügen ein automatisches Stabili-
sierungssystem nötig wurde, setzte sich das Verfahren eines gewissen Lawrence Sperry durch, das dieser zur selben Zeit wie Orville
Wright entwickelt hatte und das mit Gyroskopen funktionierte, mit
Kreiselkompassen. Zudem erfand Orville Wright auch ein System,
das vor einem Strömungsabriss warnte, wenn sich der Anstellwinkel
der Tragflächen zu stark vergrößerte, was meist der immer stärker
werdenden Motorkraft geschuldet war.[40]

Doch es half alles nichts. Die wrightschen Flugzeuge blieben
weiter zurück, auch beim Militär. Dort war am meisten Profit zu machen, wenn nur die Flugzeuge den kriegerischen Ansprüchen erst
einmal genügten. Entsprechend konkurrierte die *Wright company*
und hatte das ›Model B‹ zum ›Model C‹ weiterentwickelt, ohne dass
allerdings grundlegende Änderungen erfolgt waren. Die relative Instabilität der Flugzeuge blieb bestehen. So wurden diese schließlich
in einem Verdikt von der Armee als »dynamisch ungeeignet zum
Fliegen« beurteilt. Immerhin gingen beim US-amerikanischen Militär bis dahin von zwölf Todesstürzen sechs auf das Konto der
Wright-Modelle.[41]

Angesichts der Hoffnungslosigkeit, das Flugsystem der *Flyer* entscheidend zu verbessern, muss man sich außerdem vergegenwärti-
gen, wie gründlich die Wrights das Fliegen erforscht hatten. Schon
zu Beginn waren sie alle Möglichkeiten durchgegangen, ob Leitwerk hinten oder vorn, ob Ein- oder Zweidecker, ob Räder oder
nicht. Sie hatten alles genau berechnet. Sie waren am Ziel und konnten nicht weiter. Schon im Januar 1905 hatte Wilbur Wright geschrieben: »Auf der Grundlage der uns gegenwärtig zugänglichen
Informationen habe ich keine Hoffnung auf irgendeinen bedeutenden Fortschritt hinsichtlich dessen, was wir bereits an dynamischer
Effektivität erreicht haben.«[42] Die Wrights waren ihren Weg zu
Ende gegangen. Sie konnten oder wollten nicht sehen, was weiter zu
tun gewesen wäre.

Dabei ließe sich die Entwicklungsgeschichte des Flugzeugs tatsächlich mit dem Jahr 1909 abschließen, wie dies Gibbs-Smith in seinem Werk ›The Invention of the Aeroplane‹ konsequent tat. Schon damals war das Flugzeug im Prinzip so weit entwickelt, wie es sich heute noch präsentiert. Nun ging es nur darum, weitere Verbesserungen vorzunehmen, wie sie schließlich zu den modernen Verkehrsflugzeugen führten, die Hunderte von Menschen über Tausende von Kilometern auf strikt festgelegten Bahnen durch die Luft befördern – und zu den Kampfflugzeugen, die heute aus der Luft ihre Bomben zielgenau noch durch die stärksten Befestigungen schießen, von der Möglichkeit in kurzer Zeit ganze Städte und Länder zu zerstören ganz zu schweigen.

All das war 1909 im Keim bereits angelegt und jedenfalls für die Wright-Brüder ein abgeschlossenes Projekt. Bis dahin bestand bei ihnen die Regel, niemals gemeinsam zu fliegen, damit für den Fall eines Absturzes der jeweils andere das Werk hätte fortführen können. Doch während der Ausbildung des *Wright team* durchbrachen sie die Regel im Mai 1909: Wilbur Wright flog sechseinhalb Minuten lang mit seinem Bruder, eine kurze Zeit, die trotzdem von Sicherheitsüberlegungen bestimmt gewesen sein muss. Man mag sich vorstellen, wie sich beide in der Luft einmal gegenseitig zeigten, wie der andere eigentlich flog. Doch besonders Wilbur Wright war es eben nie um das Fliegen an sich gegangen, den Traum davon. Da war dann sogar der Vater ›freier‹, der zu jener Gelegenheit ebenfalls seinen ersten Flug machte und seinem Sohn dabei zurief: »Höher, Orville, höher!«[43]

Mitte 1909 schien das Flugproblem für die Wrights also endgültig gelöst. Wenn es von da an für sie darum gehen musste, den Lohn für ihre Arbeit zu sichern, so konnten sie das nicht mehr durch die Überlegenheit ihrer Technologie. Sie hatten alles erreicht und mussten plötzlich fürchten, alles an die Welt zu verlieren, die ihnen, wie sie meinten, mehr als den Dank dafür schuldete.

Von dem Zeitpunkt an, als das Flugzeug der Wrights praktikabel und verkaufsfertig entwickelt war, richteten sich ihre Gedanken nicht mehr auf die Eroberung des Himmels, im Gegenteil. *Ihr Traum vom Fliegen?* Für einen jedenfalls fragt es sich, ob er ihn je verspürt hatte. Orville Wright flog auch später immer wieder, auch aus Spaß an der Sache; sein Bruder aber flog nur noch »aus geschäftlichen Gründen«[44] – seinen letzten Flug als Pilot absolvierte er am 21. Mai 1910[45]. Auch ist bezeichnend, was die erfinderischen Brüder einem befreundeten Journalisten auf die Frage antworteten, ob sie einmal Angst vor dem Fliegen gehabt hätten. »Dafür habe ich nie irgendein Anzeichen bemerkt«, notierte der Journalist. »Nur meinten sie, daß, wenn alles erst einmal nach ihren Vorstellungen in Gang gekommen sei, sie selbst nicht mehr fliegen zu brauchen. Dann sollten andere für sie fliegen.«[46] Und genau das hatten sie mit der Gründung des *Wright team* im Jahr 1910 veranlasst, sodass sie nun frei waren, sich auf nichts anderem als auf festem Boden einen Stand zu verschaffen. Je nachdem, welche Maßstäbe man anlegt, ist es dabei mehr oder weniger beschämend, wie ihr Leben nach ihren großartigen Erfolgen in den Jahren 1908 und 1909 weiter verlief.

17.

Der Kampf
Geschäft, Patente und Betrug

Welche Sicht auf die Welt die Wright-Brüder als Erfinder des Flugzeugs gehabt haben müssen, erklärt sich aus der besonderen Position, die sie einnahmen: Über fünf Jahre hatten sie darum gerungen, dasjenige Prinzip zu entdecken, das sich dem Menschen bis dahin nicht erschlossen hatte, traumhaft geblieben war und doch alle Freiheit versprach. Weitere drei Jahre hatten sie darum gerungen, nicht nur für die Entdeckung dieses Prinzips, sondern auch für seine Nutzbarkeit angemessen entlohnt zu werden. Doch in Gestalt »unverfrorener« Zeitgenossen drohte mittlerweile die Gefahr, dass sie den ihnen zustehenden Anteil an dem Geschäft, das sie erst eröffnet hatten, verlören. Dagegen stand ihr Kampf um das Recht und der hatte bereits eine solche Dynamik entwickelt, dass es keinen Rückzug mehr gab. Und keinem war dabei zu trauen. Von Anfang an hatten die Wrights die Erfahrung gemacht, wie man hinterrücks gegen sie vorging, wie die Öffentlichkeit manipuliert wurde, wie diejenigen, die diese Öffentlichkeit herstellten, ihnen das Wort im Mund herumdrehten. Am Ende blieb nur die Erkenntnis, dass man sich auf diese Öffentlichkeit besser gar nicht mehr einlassen sollte. Auch einem Journalisten, der es wohlmeinte, schrieb Wilbur Wright einmal: »So lange es sich für die Zeitungen auszahlt, die Kunst in sensationelle und teure Kanäle zu zwingen, ist jeder Protest so nutzlos wie die Warnungen der Hekuba.«[1] So zogen sie es vor, öffentlich zu schweigen, und ihren Kampf juristisch auszufechten.

Dabei schätzte Wilbur Wright ihre Lage schon im Sommer 1911 so ein, dass insbesondere ihre europäischen Gesellschaften keinen

Gewinn abwerfen würden. Er selbst sah ein, dass es eigentlich ver-
nünftig gewesen wäre, sich aus diesem Geschäft zurückzuzie-
hen. Doch stand dem eins entgegen, nämlich »der Widerwille, den
ein Mensch natürlicherweise spürt, es einer Menge Schurken und
Dieben zu erlauben, seine Patente zu stehlen, ihn aller Arten von
Schwierigkeiten auszusetzen oder ihn sogar völlig aus den Patenten
herauszuschwindeln«. Weiter schrieb er seinem Bruder: »Ich hasse
es, wenn die französischen Patentdiebe unser Geschäft ruinieren
und uns missbrauchen und dann unversehrt davonkommen. [. . .]
Zum Besten der Öffentlichkeit und des Schutzes anderer sollten
wir unseren Beitrag dazu leisten, solche Leute ein wenig zu ent-
mutigen.«[2]

In welcher Weise die Wrights dabei gegen diejenigen vorgingen,
die ihre Patente nicht respektieren wollten, zeigt ein Beispiel, das
drastisch ist, aber wohl nicht untypisch. Als sich der französische
Flieger Louis Paulhan 1910 in den USA aufhielt um dort mit Schauflügen auf Tournee zu gehen, wurde ihm dies von Rechtsanwälten
der Wrights untersagt. Dennoch bereitete er noch eine Flugdemon-
stration in New York vor. In eine Halle, die er dort angemietet hatte,
trat plötzlich Wilbur Wright in Begleitung zweier Anwälte. Nach
Paulhans Schilderung bemühte er sich, ihm gegenüber höflich zu
bleiben. Doch »er antwortete mir kaum. Statt dessen stürzte er sich
auf unsere Maschinen, wobei er alles anfaßte und wie ein Verrückter
brüllte und schrie. Mit den beiden Anwälten unterwarf er mich einer
regelrechten Inquisition und stellte meine Redlichkeit in Frage. Er
ist ein Blutsauger, das kann ich Ihnen sagen.«[3]

Insbesondere wandten sich die Wrights gegen Glenn H. Curtiss,
der sie aus ihrer Sicht im eigenen Land um die Früchte ihrer Arbeit
brachte. Zwar boten sie ihm noch im November 1910 als Verein-
barung an, dass er als Lizenzgebühr 1000 Dollar für jedes von ihm
gefertigte Flugzeug zahlen sollte und 100 Dollar für jeden Tag, den
seine Flugzeuge an Schauflügen teilnahmen, wobei diese Verein-
barung auch rückwirkend gelten sollte,[4] doch hätte dies natürlich
den Bankrott seiner Firma bedeutet. Daher blieb Curtiss gar nichts

anderes übrig, als seinerseits alle Ansprüche der Wrights zurück-zuweisen.

Dabei kämpfte er selbst inzwischen damit, gegen seinen Geschäftspartner anzukommen, den notorischen »Schurken« Herring, der Teilhaber der *Herring-Curtiss Company* geworden war mit der Zusage, der Firma seine vermeintlichen Patente abzutreten. Als sich herausstellte, dass er keine Patente besaß, begann ein eigener Rechtsstreit, der sich schließlich bis in die 1930er Jahre hinzog, über Herrings eigenes Leben hinaus, der 1926 verarmt starb.[5] Curtiss hingegen konnte sein Unternehmen neu aufziehen und sich vor allem mit dem Bau von Flugbooten als Konstrukteur, Pilot und besonders als Geschäftsmann profilieren.

Im Januar 1910 erging dann im Fall Wright vs. Curtiss ein erstes Urteil. Das Gericht, das sich ja mit einem völlig neuen technischen Tatbestand befassen musste, stellte in der Hauptsache fest, dass Querruder und Flügelverwindung im Prinzip das Gleiche seien. Damit war tatsächlich jegliches System der Quersteuerung durch die wrightschen Patente geschützt. In der Konsequenz bedeutete dieses Urteil, dass alle Flugzeugfirmen in den USA zukünftig, und zwar bis zum Ende des Patentschutzes im Jahr 1923, Lizenzgebühren an die Wrights zu zahlen hätten.[6]

Es versteht sich von selbst, dass sie damit fast jeden in der Fliegerei gegen sich aufgebracht hatten, wie einer ihrer Mitarbeiter schrieb.[7]

Curtiss ging jedenfalls in Berufung und wieder waren über Jahre hinweg die Experten gefragt, ihre Begründungen stichhaltig darzulegen – ein absurder Vorgang, wie er bis heute die moderne Gesellschaft bestimmt und der natürlich auch dazu führen musste, dass mit Unterstellungen, Verleumdungen und überhaupt Schurkereien gearbeitet wurde. Wilbur Wright verbrachte bald Wochen im Gerichtssaal. Wie er zuvor für die gerechte Sache des Vaters gekämpft hatte, kämpfte er nun für die eigene Sache. So beherrscht war er von diesem Kampf, in dem er gewissermaßen ›ausgebildet‹ war, dass er ihm sogar die wichtigste Freundschaft opferte, die mit Octave Chanute.

Seit jenem Brief vom Mai 1900, als er sich zum ersten Mal direkt an Chanute wandte, hatten sich die beiden Brief um Brief geschrieben, insgesamt an die 500.[8] Welcher Austausch an Ideen und Anregungen! Doch als die Wrights dann jahrelang als Handelsvertreter für ihr revolutionäres neues Produkt warben, erstarb dieser Briefwechsel fast vollständig. Was war da geschehen? Wie war es dazu gekommen?

Chanute war über all die Jahre nicht nur der Ansprechpartner für Wilbur Wright, wenn es um Fragen zur Entwicklung des Flugzeugs ging, sondern er war auch sein Berater, Unterstützer, moralischer Förderer. In den Jahren ihrer entscheidenden Experimente, ihrer entscheidenden Berechnungen, hatte der alte Mann den beiden Brüdern immer wieder Mut gemacht und ihr Zahlenmaterial gern entgegengenommen und selbst geprüft[9], abgesehen von der Anregung, ihre Erkenntnisse der Chicagoer Ingenieursvereinigung zu unterbreiten, auch abgesehen von seiner Bereitwilligkeit, den beiden Fahrradhändlern sogar finanzielle Unterstützung, wie mit dem Verweis auf Carnegie, zukommen zu lassen.

Doch als das Flugzeug der Wrights zum Verkauf bereitstand, schieden sich die Geister. Chanute konnte ihre Art nicht begreifen, die bedeutendste Erfindung der Menschheit versteckt zu halten. Obwohl er lange Zeit immer wieder ihren Willen respektiert hatte, nichts von ihrem Geheimnis preiszugeben, hatte er doch versucht, in eingeweihten Kreisen wie dem französischen ›Aéro-Club‹ auf ihre wichtigsten Prinzipien, so wie er sie verstand, aufmerksam zu machen. Dabei muss es für ihn von Anfang an ein Graus gewesen sein, in diesem Versteckspiel mitzumachen. In dem Kampf, den die Wrights dann zu führen begannen, musste auch er zwangsläufig auf die andere Seite geraten.

Schon im Juli 1908 schrieb Orville Wright seinem Bruder in Frankreich, dass Chanute in den ›Illustrierten Aeronautischen Mitteilungen‹ ihre Geschäftsmethoden kritisiere, wonach »wir zwei Jahre mit fruchtlosen Verhandlungen verbracht hätten, weil wir einen lächerlich hohen Preis gefordert hätten, aber dass wir nun ins andere Extrem gefallen seien, indem wir unserer eigenen Regierung einen Preis festsetzen würden«. Und dann formulierte Orville Wright ziemlich deutlich, was er zu diesem Zeitpunkt über Chanute dachte, dass nämlich auch er inzwischen gegen sie agierte: »Er scheint zu versuchen uns das Geschäft zu erschweren.«[10]

Zunächst hielten sich die Wright-Brüder in dieser Sache jedoch bedeckt. Nur war auch in diesem Fall längst ein Feuer entzündet, das sich bald ausbreiten musste, zumal sich Chanute immer öfter kritisch zu den Wrights äußerte, so auch in der New Yorker Zeitung ›World‹. Im Dezember 1909 fühlte sich daraufhin Wilbur Wright so herausgefordert, dass er an den *aeronautical editor* der Zeitung schrieb und versuchte seine Sicht der Dinge zu erläutern: »Wir haben Herrn Chanute jedes Jahr eingeladen unser Lager zu besuchen, damit wir nicht ohne einen vertrauenswürdigen Zeugen unserer Leistungen wären. Sein gründliches Wissen über unsere Fortschritte und die Tatsache, dass die meisten Informationen über unsere Arbeit durch ihn bekannt wurden, führte zu dem falschen Eindruck, dass wir unter seiner Führung und mit seiner finanziellen Unterstützung arbeiten würden. Viele der veröffentlichten Geschichten sind sehr peinlich, weil sie, wenn sie unbeanstandet bleiben, dazu neigen, eine Legende aufzubauen, die anstelle der Wahrheit tritt, während auf der anderen Seite jeder Versuch von unserer Seite, Ungenauigkeiten zu korrigieren, uns so erscheinen lässt, als wollten wir undankbar versuchen Herrn Chanute seinen Ruhm zu bestreiten. Um uns nun in dieser Hinsicht keiner Kritik auszusetzen haben wir es vorgezogen zu schweigen. [. . .] Wir selbst, eher als Herr Chanute, haben bisher unter diesem Schweigen gelitten.«[11]

Tatsächlich nannte Wilbur Wright hier wie nebenbei einen der entscheidenden Gründe, warum sie Chanute immer wieder in ihr Fliegerlager an den Kill Devil Hills eingeladen hatten: Sie brauchten einen »vertrauenswürdigen Zeugen«. Von ihrer Seite war alles von Anfang an kalkuliert. Chanute hat dies womöglich irgendwann selbst gespürt. Denn tatsächlich war er es, der bald öffentlich gegen die Wrights Stellung bezog, indem er schlichtweg das Patentrecht auf ihr Steuerungssystem anzweifelte. Ihr Anspruch, über ihre Patente den gesamten entstehenden Fliegermarkt zu beherrschen, war wohl der wesentliche Grund, warum Chanute sie inzwischen nicht mehr zu unterstützen bereit war. Für die Wrights aber war der gesamte Vorgang von Anfang an auch eine geschäftliche Angelegenheit. In einem Brief wurde Wilbur Wright gegenüber Chanute sehr deutlich: »Unsere Meinung ist, dass die Welt moralisch den fast universellen Gebrauch unseres Systems der Quersteuerung ganz und gar uns schuldet. Wir sind auch der Ansicht, dass sie es uns rechtlich schuldet.«[12]

Hatten sie damit nicht Recht, in dieser Welt der Geschäftemacherei? Benutzten nicht alle tatsächlich ihre Erkenntnisse, ihre Methoden, gar wie Curtiss im Grunde ihr Flugzeug und machten damit Geschäfte, die sie ihnen verdankten? In welchem Umfang sie selbst allerdings Geschäfte machten, hatte Wilbur Wright im November 1910 einmal ihrem europäischen Vertreter Hart O. Berg vorgerechnet. Er kam zu dem Ergebnis, »dass wir in den letzten 16 Monaten in Amerika zweihunderttausend Dollar in bar erhalten haben«.[13] Die Preisgelder und ausländischen Lizenzverkäufe eingeschlossen, hatte sich ihre Lösung des Flugproblems bis dahin also wahrlich ausgezahlt.

Doch die Wrights hatten der Welt ein geniales neues System geliefert, das unendlich viel mehr einbrachte, als sie bisher daran verdient hatten, und dafür hatte diese auch zu zahlen. Eine solche Sichtweise war Chanute völlig fremd. Er wollte, dass sich die Fliegerei ›frei‹ entwickelte – und er wurde gegenüber Wilbur Wright deutlich und schrieb: »Ich habe Ihnen in New York gesagt, dass Sie einen Fehler machen würden, indem Sie sich von Preis-Wettbewerben fern halten, obwohl doch die Öffentlichkeit darauf so begierig ist, und indem Sie Klage erheben um andere daran zu hindern. Das ist noch immer meine Meinung und es tut mir leid, mein Freund, dass Ihr sonst so gesundes Urteilsvermögen durch den Wunsch nach großem Reichtum verwunden [im Original »warped« in Anspielung auf wing warping, die Flügelverwindung] worden ist.«[14]

Da entlud sich Chanutes ganzer Ärger über diejenigen, die er so eifrig unterstützt hatte und die nun die gesamte Fliegerei zu ihrem Geschäft machen wollten. Er wurde erst recht persönlich, indem er ein Beispiel anführte, wo er sich durch die Wrights gekränkt fühlte: »Ihre Rede auf dem Bostoner Festessen am 12. Januar begannen Sie damit, dass ich 1901 in Ihrem Laden in Dayton ›aufgetaucht‹ sei und dass Sie mich dann in Ihr Lager eingeladen hätten. Dies vermittelte den Eindruck, dass ich mich Ihnen zu jener Zeit aufgedrängt hätte, und die Feststellung blieb unerwähnt, dass Sie mir 1900 als Erster schrieben und um Informationen baten, die gern verschafft wurden, dass viele Briefe zwischen uns ausgetauscht wurden und dass Sie mir sowohl 1900 und 1901 geschrieben hatten um mich zu einem Besuch bei Ihnen einzuladen, ehe ich 1901 bei Ihnen ›auftauchte‹.«[15]

Ohne dass Wilbur Wright auf diesen Vorwurf genauer einging, der einmal mehr davon kündet, dass die Wrights sich angesichts ihrer Lösung des Flugproblems im Grunde keinem verpflichtet fühlten, beantwortete er Chanutes Brief in seitenlangen Ausführungen, im Ton recht barsch und verletzend. Er ging darin auch umfangreich auf den Vorwurf des »verwundenen Urteilsvermögens« ein, eine Passage, die in ihrer ganzen Länge das Denken der Wrights beleuchtet: »Was den übermäßigen Wunsch nach Reichtum angeht, sind Sie der Einzige mit uns befreundete Mensch, der uns jemals so einen Vorwurf gemacht hat. Wir glaubten, dass die körperlichen und finanziellen Risiken, die wir auf uns nahmen, und der Wert dieses Dienstes für die Welt einen hinreichenden Ausgleich rechtfertigte, damit wir bescheiden mit genug Gewinnüberschuss leben könnten um uns zu erlauben, die uns verbleibende Zeit für wissenschaftliches Experimentieren anstatt für Geschäfte zu opfern. Wir haben mehrere Jahre wertvoller Zeit mit dem Versuch verbracht Pläne auszuarbeiten, die uns unabhängig gemacht hätten, ohne die Erfindung durch die kommerzielle Ausbeutung der Patente zu behindern. Diese Anstrengungen hätten nur auf Kosten von Eifersucht und Neid Erfolg gehabt. Erst als wir herausfanden, dass der Verkauf der

274

Patente die einzige Möglichkeit bot um einen Ausgleich für unsere Arbeiten von 1900 – 1906 zu erlangen, ließen wir die Möglichkeit zu, die Erfindung der Welt frei zu überlassen und sie aus unseren Händen zu geben. Sie gestehen uns anscheinend kein Recht auf Ausgleich für die Lösung eines uralten Problems zu, außer was man Leuten einräumt, die keinen Anteil an dem Werk der Erfindung haben. Das heißt, wir dürfen mit Scharlatanen um die Möglichkeit konkurrieren, im Scharlataneriegeschäft Geld zu verdienen, aber sollen keinen Anspruch auf irgendetwas für die vergangene Arbeit als Erfinder haben. Falls es uns fast zu Kriminellen macht eine andere Sichtweise zu haben, wie wohl einige meinen, schämen wir uns nicht. Wir sind ganz bestimmt der Meinung, dass unsere Arbeit von 1900 – 1906 für die Welt von Wert ist und sein wird und dass uns die Welt etwas als Erfinder schuldet, ungeachtet dessen, ob wir persönlich römische Ferien für das Unglück liebende Volk machen.«[16]

›Die Welt‹ schuldete ihn etwas – eine solche Einstellung hatte durchaus biblische Dimensionen. Und in gewisser Weise waren die beiden Brüder zunächst in die Wüste gegangen, nach Kitty Hawk, wo sie ohne Hilfe von außen, im Kampf gegen Regen, Kälte und Mücken, ihr System, basierend auf dem Gedanken der Flügelverwindung, praktikabel gemacht hatten. Hatten nicht alle anderen im warmen Kämmerlein gesessen und sich dann ihre Methode, als sie erprobt war, skrupellos angeeignet? Die Wrights konnten nicht anders, als sich missverstanden zu fühlen, von allen, in jederlei Hinsicht, von der Welt und auch von Chanute. Dabei lag ihnen durchaus an der Freundschaft mit diesem alten Mann der Fliegerei. Der erwähnte seinerseits seinem Freund George A. Spratt gegenüber, welch »heftigen Brief« Wilbur Wright ihm geschrieben und dabei »die Beherrschung verloren« habe. Obwohl er darin ankündigte, er würde in einigen Tagen antworten und sie würden dann Streit haben, entschied er sich schließlich gar nicht zu antworten.[17]

Wilbur Wright schrieb noch einmal und die Lektüre dieses Briefes ist durchaus ergreifend, auch weil er davon zu sprechen scheint, wie sehr sich die Wrights bis dahin isoliert hatten, wie wenige es noch gab, auf die sie zählen konnten, da doch so viele Freundschaften angesichts des besonderen Wesens der beiden Brüder nicht bestehen konnten. »Ich habe keine Antwort auf meinen letzten Brief und fürchte, dass die Offenheit in der Behandlung delikater Themen Sie blind für den wirklichen Geist und Zweck des Briefes gemacht haben könnte«, begann er den zweiten Brief und fuhr bald fort: »Mein Bruder und ich schließen nicht viele vertraute Freundschaften und geben sie auch nicht leicht auf. Ich habe geglaubt, falls wir nicht genau verstehen könnten, wie es Ihnen ginge, und Sie nicht genau verstehen könnten, wie es uns ginge, würde unsere Freundschaft dazu neigen schwächer anstatt stärker zu werden. [...] Diese Freundschaft, die uns in den Jahren unserer frühen Bemühungen so viel bedeutete, schätzen wir zu hoch um sie durch nicht behobene Missverständnisse, die durch eine freie Diskussion geklärt werden könnten, bereitwillig ausmergeln zu sehen. Ich habe gemerkt, dass nur wenige Freundschaften in der Lage sind dem Druck von Offenheit standzuhalten. [...] Unsere Dankbarkeit und unsere Freundschaft sind echt. Es ist unser Wunsch, dass alles, was Verbitterung auslösen könnte, so bald wie möglich ausgeräumt wird.«

Chanute ging auf diesen Brief dann doch ein, erwähnte auch, wie verletzt er sich durch den letzten Brief gefühlt habe, führte noch aus, dass er von ihnen nie anders denn »als unabhängige Forscher und des höchsten Lobes würdig« geschrieben und gesprochen habe, bot auch seinerseits wieder die Freundschaft an[18] – aber es war zu spät. Chanute war bis dahin so krank, dass sich keine Möglichkeit mehr für ein Treffen ergab. Er starb im Alter von 78 Jahren im November 1910. Wilbur Wright blieb nichts weiter übrig als zu seiner Beerdigung zu fahren. Sein Bruder war da schon wieder auf Geschäftsreise in Europa. Es war beinahe ein symbolischer Vorgang, dass sie, als sie ernsthaft zu schlichten bereit waren und um eine Freundschaft kämpften, keine Genugtuung mehr erfahren konnten. Selbst als sie in der Welt einmal um Gefühle kämpften, wandte sich diese von ihnen ab.

Auch eine andere Freundschaft ließ sich nicht halten, die mit George A. Spratt. Wie mit Chanute hatte man sich immer weiter voneinander entfernt und besonders Spratt konnte den beiden Brüdern bald keine Hilfe mehr sein. Auf dem Höhepunkt ihres Ruhms schrieb er ihnen 1909 noch einen Brief und beklagte sich, dass sie ihm nicht seinen Anteil an der Entwicklung ihres Flugzeugs zugestehen wollten; sein Ausdruck war: »*Fair compensation.*«[19] Doch Wilbur Wright tat dies mit folgendem Vergleich ab: »Ich nehme an, wenn zwei Leute Geschichten austauschen, denkt jeder, seine eigene Geschichte sei besser als die des anderen, und es ist ungefähr dasselbe, wenn Leute Ideen austauschen.«[20] Als Orville Wright ihm viel später noch einmal schrieb und um Kopien der Briefe bat, die er und sein Bruder ihm geschrieben hatten, verweigerte er dies unter der Anschuldigung, sie seien heimlichtuerisch und hinderlich und ohne Vision und Großzügigkeit gewesen[21]. Spratt versuchte weiter ein Flugzeug zu entwickeln, was ihm bis 1934 schließlich gelang, bis einen Monat vor seinem Tod. Dieser Apparat sollte alle seine Theorien über die Steuerbarkeit und Lenkbarkeit verkörpern und wurde doch nur in das aeronautische Kuriositätenkabinett aufgenommen.[22] Gerade Spratt blieb gleichsam als Abfall der wrightschen Versuche zurück.

In gewisser Weise befanden sich die Wrights in dem Dilemma, dass sie nicht nur im juristischen Sinn, sondern auch im ökonomischen ›Recht‹ hatten, zumindest auf der Grundlage des Gesellschaftssystems, in dem sie lebten, dass sie auch nach ihren besonderen religiösen Vorstellungen nicht anders handeln konnten, kurz, dass ihre Vorgehensweise auch heute nicht nur ihre Berechtigung hätte, sondern selbstverständlich wäre – nur verfügten sie über ein Produkt, das gewissermaßen jeglichen Rahmen sprengte, weil es ›der Menschheit‹ gehörte und diente. Trotzdem war die Argumentation ihrer Gegner eigentlich eine moralische, eine ethische, die niemand auf andere Produkte angewendet hätte. Das Dilemma der Wrights war, dass sie das einzig verbliebene universelle Produkt der Menschheit erfunden hatten.

Wilbur Wright jedenfalls kämpfte um Anerkennung, vor Gericht wie in persönlichen Briefen. Doch die Welt, wie er sie verstehen wollte, konnte ihn nicht verstehen. Und so ging der Kampf für ihn plötzlich ein für alle Mal zu Ende. Er hatte noch das neue Haus besichtigt, das in einem Vorort von Dayton entstand und dessen Bau sein Bruder in allen Details plante und beaufsichtigte, als er plötzlich erkrankte. Bald stellte sich heraus, dass nicht nur ein harmloser Infekt vorlag, sondern Typhus, die Krankheit, mit der auch Orville Wright in seiner Jugend zu kämpfen gehabt hatte. Die besten Ärzte wurden herangezogen, aber Wilbur Wright war mit seinen Kräften am Ende. Er starb am 30. Mai 1912, im Alter von 44 Jahren. Noch am selben Tag schrieb Bischof Milton Wright folgende Sätze in sein Tagebuch, die wie eine Grabinschrift in ihrer Kühle trefflich ausdrücken, wie man in seiner Familie durchs Leben ging: »Ein unfehlbarer Intellekt, ein unerschütterliches Naturell, ein großes Selbstvertrauen und eine ebenso große Bescheidenheit, der das Rechte klar sah und es stetig verfolgte, so lebte und starb er.«[23]

Für Orville Wright muss der Tod seines Bruders wie der Tod des Ehepartners gewesen sein. Vor allem fehlte ihm nun, dem Tüftler und Bastler, derjenige, der systematisierte, der ihn in Bahnen lenkte. So war Orville zu nichts ›Großem‹ mehr fähig, obwohl er sich nichts so sehr wünschte, als in Abgeschiedenheit und Ruhe experimentieren zu können. Das tat er auch bis zum Ende seines Lebens, wobei er durchaus noch an wichtigen flugtechnischen Projekten arbeitete. Doch der einzige Erfolg, den er mit einer weiteren Erfindung haben sollte, war ein Kinderspielzeug mit Namen ›Flips and Flops‹. Es bestand aus zwei Clowns, die mechanisch durch die Luft wirbelten. Unter der Leitung von Lorin Wright florierte eine eigene Firma mit dem Vertrieb des Produkts, die später auch ein Modellflugzeug herstellte, das ›Wright Flyer‹ hieß.[24]

»Ich nehme an, die Curtiss-Bande wird sich freuen, daß Wilbur nicht mehr da ist«, soll Katharine Wright auf der Beerdigung ihres Bruders gesagt haben.[25] Nicht nur für sie, sondern für die ganze Wright-Familie war es keine Frage, wer Wilbur Wright ins Grab getrieben hatte. So konnte man auch nach seinem Tod, oder gerade nicht nach seinem Tod, von dem Kampf gegen die Welt nicht ablassen. Der Gegner stand nun erst recht fest, nämlich von allen, die an ihren Rechten verdienten, insbesondere die »Curtiss-Bande«. Für Orville Wright bestimmte dieser Kampf den Rest seines Lebens. Entsprechend erinnerte sich einer seiner Mitarbeiter: »Er dachte an nichts anderes als an die Ungerechtigkeit der wachsenden Konkurrenz, die ihn um die Früchte seiner Erfindung brachte. Über dieses Thema konnte er stundenlang reden.«[26]

Angefeuert wurden diese Gefühle immer wieder auch dadurch, dass vor Gericht weiter um das wrightsche Patentrecht gerungen wurde. Angesichts des zu gewinnenden oder verlierenden Profits für jegliche Flugzeugfirma waren hervorragende Rechtsanwälte eingeschaltet, die das Verfahren bis in jedes Detail trieben. Wenigstens kann man als Erfolg all dieses juristischen Ringens die Tatsache werten, dass so auch die Geschichte um die Anfänge der Fliegerei unter jedem nur denkbaren Aspekt beleuchtet wurde.

Im Februar 1913 verkündete das Gericht schließlich sein zweites Urteil. Wieder fiel es ganz im Sinne Orville Wrights aus. Wieder blieb Curtiss nichts übrig, als in Revision zu gehen. Mit welchen Mitteln, auch finanziellen, dann vor dem Berufungsgericht gearbeitet wurde, lässt sich denken, wenn man sich nur vorstellt, was ein endgültiger ›Sieg‹ allein für die *Wright Company* bedeutet hätte, nämlich die zukünftige und nachträgliche Tantiemenzahlung aller Unternehmen, die in den USA Flugzeuge produzierten. Im Januar 1914 entschied das Gericht, scheinbar endgültig, und es bestätigte, dass alle Arten von Quersteuerung durch das wrightsche Patent geschützt waren. Da muss in der Wright-Familie doch ein Siegesjubel ausgebrochen sein, zumindest muss Orville Wright allergrößte Befriedigung empfunden haben.

Welche Genugtuung er empfand, welche Gefühle für Curtiss er dabei in sich trug, geht aus einem Interview hervor, das er anschließend der ›*New York Times*‹ gab. Obwohl er endlich am Ziel seiner Wünsche war, besonders auch der seines verstorbenen Bruders, und alle Patentdiebe zum Zahlen nötigen konnte, nämlich zu einer Gebühr von 20 % vom Verkauf jedes in den USA hergestellten Flugzeugs[27], zeigte er sich plötzlich generös und kündigte Nachsicht gegenüber den Firmen an – nur nicht gegenüber Curtiss. Wessen er ihn eigentlich beschuldigte, nämlich nicht mehr und nicht weniger als der Schuld am Tod seines Bruders, sprach er dann deutlich aus: Der lange Patentrechtsstreit gegen Curtiss habe »Wilbur so geplagt, dass er zuerst in einen Zustand chronischer Nervosität geriet, dann in physische Erschöpfung, die ihn zum leichten Opfer des Typhusanfalls machte, der seinen Tod verursachte«[28]. Zumindest im Fall Orville Wrights muss man also nicht lange rätseln, was ihn in *seinem* weiteren Kampf bewegte.

Allerdings sollte es nicht überraschen, dass auch mit dem abschließenden Urteil des Berufungsgerichts der Fall nicht abgeschlossen war, jedenfalls nicht für Curtiss und seine Firma, für die es ums wirtschaftliche Überleben ging. So wurde es angesichts all der Absurditäten dieses Rechtsstreits nach Orville Wrights ›Sieg‹ geradezu grotesk: Um den gesamten Anspruch der Wrights als Erfinder des Flugzeugs aushebeln zu können, kam Curtiss, unterstützt von der *Smithsonian Institution,* auf die Idee, das ›*Great Aerodrome‹* von Langley nachzubauen. Wenn er damit zeigen könnte, dass dieser Apparat an sich flugfähig war, dass nur ein Fehler im Startmechanismus den Erfolg verhindert hätte, stünde Langley als Erfinder des Flugzeugs fest. Das war die Überlegung und tatsächlich machte man sich an die Arbeit. Mit den aeronautischen Erkenntnissen, über die man bis dahin verfügte, war es nicht schwer, den Nachbau irgendwie in die Luft zu bekommen. Dies gelang im Juni 1914 und wurde publizistisch entsprechend gewürdigt. Man kann sich vorstellen, wieviele schlaflose Nächte Orville Wright deswegen hatte. Er machte sich daran, das neue Flugzeug genau zu untersuchen und es mit Langleys Originalkonstruktion zu vergleichen. Dabei kam er zu dem Ergebnis, dass an dem Apparat nicht weniger als 35 Änderungen vorgenommen worden waren, darunter so entscheidende wie das Streckungsverhältnis der Tragflächen und die sie tragenden Stützstreben, die Langley aufgrund seines fehlenden Wissens über die Wanderung des Druckmittelpunkts falsch angebracht hatte.[29] Doch welche Mühsal war mit diesem Beweisgang verbunden, welche zusätzliche Verbitterung musste da in ihm entstehen! Bezeichnenderweise hatte sich sogar sein Bruder Lorin auf die Reise begeben um sich inkognito unter die Mitarbeiter des Projekts zu schleichen und Fotografien des Nachbaus zu machen.[30] Im eigenen Heimatland ließ man es zu, dass die Erfinder des Flugzeugs derart diskreditiert wurden! Zwar hatte die Manipulation von Curtiss vor Gericht keine Chance, doch die juristische Auseinandersetzung ging weiter.

Orville Wright muss die ganze Angelegenheit bis dahin längst über den Kopf gewachsen sein. In einem letzten großen taktischen Manöver gelang es ihm, zunächst alle Aktien der *Wright Company* aufzukaufen, wofür er sich sogar verschuldete, um sie dann, im Oktober 1915, für einen Betrag von angeblich 1 500 000 Dollar wieder zu verkaufen.[31] Trotzdem lief der ›Patentkrieg‹ weiter. Wer dann in dieser Sache das endgültige Urteil fällte, die längst ein juristisches Eigenleben angenommen hatte, jedoch mit Konsequenzen für einen abermaligen Urteilsspruch, der mit riesigen Zahlungen verbunden gewesen wäre – das war einmal mehr ›der‹ Krieg, der wirkliche Krieg.

Bis dahin hatte sich die Situation auf dem US-amerikanischen Flugzeugmarkt unvermeidlich dahin entwickelt, dass angesichts eines völlig neuen Produkts auch zahlreiche »Schwindler« davon profitieren wollten. So gab es über einhundert luftfahrttechnische Patente, die oft ohne Wert waren, jedoch von den Flugzeugherstellern berücksichtigt oder juristisch hinterfragt werden mussten. Im Krieg aber, in den die USA im April 1917 eintraten, wollten nicht nur alle Unternehmen möglichst von den riesigen Staatsaufträgen profitieren, sondern auch die Regierung wollte die bestmöglichen Kriegswaffen, ohne dass kleinliche Patente die Entwicklung hemmten. Man gründete einen *patent pool*. In diesen wurden alle Patente eingekauft und alle Ansprüche dann finanziell pauschal bedient.[32] So beendete die schreckliche Vernunft des Krieges einen Kampf, der eigentlich nicht zu entscheiden war, weil seine Dimen-

sion zu groß war: Für das wesentliche Prinzip des Fliegens, nämlich die Kontrolle der Quersteuerung, sollten Patentgebühren ge-
zahlt werden.

Eigentlich aber siegte am Ende nicht der Krieg, sondern die Iro-
nie der Geschichte. Denn 1929 fanden die beiden Kontrahenten
Wright und Curtiss unfreiwillig zusammen, als ihre ehemaligen
Firmen in den Händen abermals neuer Kapitaleigner zur *Curtiss-
Wright Corporation* fusioniert wurden. Auch dieser Fall, der mit
keiner Entscheidung der beiden mehr zu tun hatte, beschäftigte
Orville Wright noch insofern, als er angeblich empört darüber war,
dass ›Curtiss‹ seinem Namen vorausgehe. Curtiss selbst soll angesichts der Reaktion von Orville Wright angenehm erregt gewesen
sein.[33]

Für Orville Wright persönlich ging das Prozessieren trotzdem
weiter. Es hatten sich andere Fälle ergeben, wo die Urheberschaft
der Wrights auf die Erfindung des Flugzeugs, auf ihr Patent der
Quersteuerung, bestritten wurde. Die Welt ließ ihn nicht zur Ruhe
kommen und die Schmähungen und Diffamierungen hielten an, immer wieder genährt auch von der *Smithsonian Institution*. Angesichts all dieser Kontroversen fühlte sich Orville Wright schließlich
so weit getrieben, dass er 1928 den Original-*Flyer*, mit dem sie an
den Kill Devil Hills ihre ersten Motorflüge gemeistert hatten, nach
London verschiffen ließ. Als Grund gab er an: »In einem ausländischen Museum wird dieser Apparat ständig an den Grund erinnern,
warum er dort ist.«[34]

Es wäre eine ganz eigene Geschichte zu verfolgen, wie Orville
Wright bis zum Ende seines Lebens darum kämpfte Genugtuung zu
erlangen, und wie er bis zum Schluss darauf bestand, dass einzig und
allein die Brüder Wright als Erfinder des Flugzeugs zu gelten hätten. Dieser Anspruch wurde ihm schließlich – völlig zu Recht – zu-
gestanden, als sich die *Smithsonian Institution* selbst bereit erklärte,
den *Flyer*, der noch immer in London war, als *erstes* Motorflugzeug
der Welt auszustellen. Es entbehrt nicht der Tragik und scheint
abermals etwas Symbolisches zu haben, dass Orville Wright nur

wenige Monate bevor der *Flyer* in die USA zurückkam, am 30. Januar 1948 starb. Und fast symbolisch ist schließlich auch, *wie* der Tüftler Orville Wright starb: nämlich an den Folgen eines Herzinfarkts, den er erlitt, als er mit einigem Aufwand die Türklingel seines Hauses reparieren wollte.

Die Wright-Brüder hatten das Flugproblem gelöst und ihr Geschäft damit gemacht, und sie hatten dabei die Welt kennen gelernt, in jederlei Hinsicht. Die hatte sich als undankbar erwiesen und die Menschen als wenig vertrauenswürdig. Die Geheimniskrämerei hatte ihren Tribut gefordert. Das Einzige, worauf sich Orville Wright bis zum Ende verließ, war der Kreis seiner Familie, den er, eng gezogen, mit Zuneigung füllte, dazu auf seine Haushälterin und seine Sekretärin, die ihn nach außen abschirmten, und schließlich auf seine Tätigkeit des Tüftelns und Ordnens, wozu ihm vor allem sein neues Haus diente. Alles an diesem riesigen Gebäude in seinem klassischen, kolonial-konservativen Stil mit Säulenvorhalle, plante er selbst und es musste bis ins Detail genau ausgeführt werden. So gab es etwa ein eigenes Wassersystem für das Bad. Dazu wurde das Regenwasser in einem Behälter gesammelt, von dort durch ein Filtersystem, welches selbst durch einen Rückfluss in bestimmten Intervallen gereinigt wurde, in einen zweiten Behälter gepumpt um dann im Bad aus mehreren Duschköpfen zu strömen.[35]

Mit der Erfindung des Flugzeugs war für Orville Wright eine eigene Welt geschaffen, die er gegen alle Bedrohung von außen verteidigte. Als ihn 1930 einmal ein Reporter besuchen durfte, war dessen Eindruck der eines »ängstlichen Mannes, dessen Jammer jemanden treffen zu müssen, offensichtlich so groß ist, dass man, mit gebührendem Anstand, so bald wie möglich wieder geht«[36].

18.

Der Krieg
Folgen der Erfindung

Der Traum vom Fliegen, den die Brüder Wright zu ihrem Geschäft machen wollten, zu einem Geschäft, das sie von Anfang an in den kriegerischen Möglichkeiten des Flugzeugs sahen, führte nicht einmal elf Jahre nach dem ersten Motorflug zum schlimmsten Erwachen der Menschheitsgeschichte. Wer sehen wollte, konnte von Beginn an erkennen, worauf die Entwicklung zusteuerte. Schon 1909 schrieb Ferdinand Ferber, immerhin Hauptmann der französischen Armee: »Eine seltsame Sache: die meisten Erfinder von Flugmaschinen denken einzig und allein an deren militärische Anwendung! Selbst die Brüder Wright sind solchen Irrungen nicht entgangen. Anderseits unterlassen es die Träumer nicht, zu versichern, dass gerade das Aufkommen der Flugmaschine den Krieg ausschalten werde.«[1]

Dabei erschien die praktische Verwendbarkeit des Flugzeugs im Krieg zunächst eher begrenzt, so wie ja überhaupt der Einsatz des Flugzeugs zunächst kaum lukrativ, nämlich wirtschaftlich verwertbar, war. Nicht ohne Grund war es am Anfang nichts anderes als eine sensationelle Jahrmarktsattraktion, geeignet zum Nervenkitzel für die Massen. Doch wozu sollte ein Apparat dienen, der mit Mühe einen Passagier tragen konnte, gegen jedes schnellere Automobil in der Geschwindigkeit zurückblieb und bei Regen und Wind am Boden bleiben musste? Im Krieg schien das Flugzeug höchstens für die Aufklärung zu taugen. Dafür allerdings wurde es zielstrebig entwickelt. Nicht umsonst hatten die Wrights ihren *Flyer* entsprechend konstruiert, mit Passagiersitz für einen Späher, und sie hatten ihre Erfindung dem Militär ja auch angedient.

In einem Buch mit dem Titel ›Die deutschen Flugzeuge in Wort und Bild‹ aus dem Jahr 1913 hieß es dann jedoch: »Vor zwei Jahren noch spottete man über die Personen, die sich beim Fliegen den sicheren Tod holen wollten, und noch mehr über die gebrechlichen Fahrzeuge selbst, die ja nur bei schönem Wetter verwendet werden konnten. Dieses Vorurteil ist langsam verschwunden und jeder, auch der allergrößte Skeptiker, nimmt das Flugzeug als eine Tatsache hin, mit der zu rechnen ist. So auch die Heeresverwaltungen.«[2] Insbesondere die Heeresverwaltungen – hätte es allerdings heißen müssen, wobei diese Zeilen auch zeigen, wie sehr gerade die Armee in Deutschland bis dahin das militärische Potential des sich rasant entwickelnden Flugzeugs unterschätzt hatte. Angefeuert durch den Wettkampf um all die zu gewinnenden Strecken-, Höhen- und Geschwindigkeitspreise, verbesserten die Piloten (und Konstrukteure) in immer kürzeren Abständen die Rekorde. Die dabei zunehmende Zuverlässigkeit und Leistung der Motoren ließen gar keinen Zweifel daran, dass dieser Apparat entscheidend die zu planenden ›Kampfhandlungen‹ beeinflussen würde, und zwar durchaus nicht nur bei der Aufklärung. Was das Militär in Zukunft vom Flugzeug erwartete, zeigen deutlich die »Die neuen Bedingungen der Heeresverwaltung für den Bau von Kriegsflugzeugen« für das Jahr 1913. Nach der ersten Forderung: »Die Flugzeuge sollen grundsätzlich in allen Teilen aus deutschem Material hergestellt und deutschen Materials sein.« – lautete schon die dritte Forderung eindeutig: »Für die Besatzung wird möglichst großer Windschutz und völlige Armfreiheit verlangt. Die Karosserie muß genügend Raum zum Einbau einer Abwurfvorrichtung und zur Unterbringung von Abwurfbomben, sowie zum ungehinderten Photographieren besitzen.«[3] Längst hatte man in Frankreich bis dahin systematisch das Bombenwerfen aus Flugzeugen erprobt.

Wie unausweichlich und geradezu schicksalhaft steuerte Europa auf den Krieg zu. Schon kurz nach der Jahrhundertwende hatte der russische Philosoph Nikolaj Fedorov eine Einschätzung gegeben, die allerdings auch hundert Jahre später noch zutrifft: »Alles dient gegenwärtig dem Krieg, es gibt keine einzige Entdeckung, deren kriegerische Nutzanwendung von den Militärs nicht ins Auge gefasst würde, keine einzige Erfindung, die sie nicht für militärische Zwecke einzusetzen bemüht wären.«[4] Immer neu waren über Jahre hinweg die nationalen Gefühle der Völker propagandistisch auf heißer Flamme gehalten worden, sodass der scheinbar unvermeidliche Krieg schließlich sogar wie ein »Heilmittel«[5] erschien, wie der Schriftsteller Georg Heym schrieb, nämlich gegen die Langeweile, gegen die ständige Wiederholung, gegen Verweichlichung, Trägheit, gegen die ganze Dekadenz der Zeit und für den Sinn in einer Gesellschaft, der angesichts des Götzen der Warenproduktion der höhere Glaube abhanden kam.

»Ganze Schichten unseres Volkes scheinen den idealen Schwung verloren zu haben, der die Größe seiner Geschichte ausmacht«, schrieb Friedrich von Bernhardi im Jahr 1912, als dieser General kaum verhüllt einen Angriffskrieg gegen Frankreich forderte. »Bei steigendem Reichtum leben sie dem Augenblick, vermögen den Genuß der Stunde nicht mehr wie ehedem im Dienste großer Ideen zu opfern.«[6] Wenn man sich vor Augen führt, mit welchen Erwartungen insbesondere die Intellektuellen 1914 in den Krieg zogen, nämlich um der Gefahr ins Auge zu schauen, sich über die Banalität des Alltags zu erheben, endlich Held sein zu können, wie derartige Lebenslügen lauteten, die von manchen noch nach dem völkermordenden Krieg propagiert wurden, so war dieses Empfinden in der Fliegerei exemplarisch zu finden. Sie verkörperte wie symbolisch den Aufstieg wie den Absturz, war eines der zentralen Themen des Futurismus, der so dynamischen wie zerstörerischen Kunst der Vorkriegszeit. Der motorisierte Flug schien wahrlich über den *Ennui* der Zeit zu erheben, führte zu einer je individuellen Auseinandersetzung mit der Maschine, der Natur und den überwältigenden eigenen Gefühlen. Nicht von ungefähr ›passte‹ das Flugzeug zu der vom Individuum des Staatsbürgers geprägten, republikanisch verfassten französischen Gesellschaft. Alle bedeutenden aeronautischen Entwicklungen gingen bis 1914 weiterhin von Frankreich

aus, sei es der voll verkleidete Flugzeugrumpf wie bei den aerodynamisch geformten Nieuport-Eindeckern[7], der berühmte Gnôme-
Umlaufmotor, bei dem der Propeller mitsamt Motor um die fest-
stehende Kurbelwelle rotierte und so, fast wie bei einem heutigen
Motor, ein Leistungsgewicht von nur noch einem Kilogramm pro
PS aufwies[8], dazu Flugfiguren wie Rückenflug, Rolle und Looping,
die alle zuvor als unmöglich galten, ›erfunden‹ oder perfektioniert
vor allem von Adolphe Pégoud, der gleichwohl schon im zweiten
Kriegsjahr von einem deutschen Piloten abgeschossen wurde[9].
Nicht umsonst waren noch zu Beginn des Ersten Weltkriegs die
deutschen Flugzeuge zum großen Teil nur veränderte Nachbauten
der erfolgreichen französischen Modelle.[10]

In Deutschland dagegen hatte man bis dahin auf die scheinbare
Überlegenheit, auf die Größe eines anderen Systems gesetzt, das
der Zeppeline. Doch als die belächelten »Drachenflieger« ihr Ent-
wicklungspotential zeigten, als schon ein Jahr nach Blériots Kanalflug Georges Chavez die Alpenüberquerung auf der Strecke von
Brig nach Domodossola über den 2 000 Meter hohen Simplon-Pass
glückte, wobei sein Flugzeug tragischerweise beim Landeanflug
zusammenbrach und Chavez schwer verletzt starb, machte man sich
auch in Deutschland daran, auf eigene Art das Flugzeug zu fördern.
Begründet wurde dies etwa so: »Das Jahr 1912 brachte der deutschen Flugzeugindustrie eine Krise, die zu erwarten war. Nachdem
das Flugzeug sein Interesse als Neuheit verloren hatte, kam bei den
gegebenen Verhältnissen das Publikum als Abnehmer nur wenig
in Betracht. Da war es Pflicht der Heeresverwaltungen, daß sie hel-
fend einsprangen, indem sie die verschiedenen Fabriken mit Auf-
trägen bedachten. Es war ihre Pflicht, jene Unternehmer vor dem
Ruin zu bewahren, die ihr ganzes Sein, ihr Kapital fürs Vaterland
aufs Spiel setzten, bestrebt, nachdem sie sich von ihrer Abhängigkeit vom Ausland freigemacht, Deutschland im Flugwesen an die
Spitze aller Nationen zu bringen. [. . .] Können wir auch stolz sein
auf die Leistungen unserer heimischen Flugzeuge und deren Führer, so sichert uns doch erst der Besitz einer gleichgroßen oder grö-

ßeren Zahl von Flugzeugen, als wie sie das Ausland aufzuweisen hat, die Ueberlegenheit über dasselbe.«[11]

Nach dem Vorbild der »Nationalspende« für den Zeppelinbau kam man im Jahr 1912 darauf, zu einer so genannten »Nationalflugspende« aufzurufen, um auf diese Weise »unaufhaltsam weiterzuarbeiten an der Vervollkommnung der Flugapparate, an der Ausbildung der Flieger, auf daß die Gefahren vermindert, die Leistungen erhöht werden«[12].

Wieder machte ›das Volk‹ begeistert mit, und als die Geldsammlungen nach sechs Monaten eingestellt wurden, waren bei Postämtern und Banken über sieben Millionen Mark zusammengekommen.[13] Auch wenn viele geglaubt hatten, durch ihren Beitrag den ›Flugsport‹ in Deutschland allgemein zu unterstützen, so war diese Spende zunächst Ausdruck dafür, dass sich auch 1912 die Großindustrie noch immer mit der Flugzeugproduktion zurückhielt, dass es für sie dabei keinen profitablen ›Markt‹ gab. Durch das Mittel der Nationalflugspende hatte man so die Kosten für den fliegerischen Fortschritt auf die einfache Bevölkerung übertragen. Und diesen

Fortschritt suchte vor allem das Militär, wie es schon in dem Aufruf selbst versteckt formuliert war: »Das deutsche Flugzeug soll, ob es in den Stunden nationaler Gefahr wachsam in den Lüften kreist, oder ob es in friedlichem Wettbewerb der Nationen als neuesten Mittel modernen Verkehrs und als geflügelter Bote vaterländischer Leistungsfähigkeit durch die Lande eilt, in jedem Augenblicke bereit und imstande sein, zu erfüllen, was das Gebot der Stunde von ihm fordert.«[14] Tatsächlich diente die Nationalflugspende dazu, in der Luftfahrt aufzurüsten, wenn etwa zu schwach motorisierte Flugzeuge und überhaupt kleine Betriebe keine Zuschüsse aus den Spendengeldern erhielten und die entsprechend ausgewählten Flugzeugfabriken sich verpflichten mussten, auf eigene Kosten ständig zwei Militärflugzeuge für den Einsatz bereitzuhalten.[15] Insbesondere hatte man sich als Anreiz für die Verbesserungen der Flugzeugleistungen ein Rentensystem ausgedacht, wonach – anders als beim Preissystem in Frankreich – jedem Rekordhalter monatlich ein Geldpreis ausgezahlt wurde, und zwar so lange, bis ein anderer Flieger den jeweiligen Rekord verbessern konnte.

In kaum zwei Jahren hatte Deutschland den technischen Vorsprung Frankreichs nicht nur eingeholt, sondern sogar überboten: Mit Kriegsbeginn hielten deutsche Piloten alle fliegerischen Weltrekorde bis auf den der höchsten Geschwindigkeit. Das Deutsche Reich war also gut gerüstet um als einer der ersten zu provozieren, was propagandistisch seit Jahren vorbereitet worden war: den Krieg. Außer den Flugzeugen, von denen man sich am Anfang kaum mehr als Erkundungsflüge versprach, verfügte man im Übrigen auch über eine ›Luftwaffe‹: die Zeppeline. Endlich konnten sie ihrem eigentlichen Bestimmungszweck zugeführt werden, nämlich den Krieg in das gegnerische Hinterland zu tragen. Wer sich daher als einer der Eifrigsten ins Gefecht stürzte und als glühender Nationalist und Militarist auftrat, war Graf von Zeppelin selbst. Welche Erwartungen man insgeheim in den Einsatz der Luftschiffe im Krieg setzte, zeigt sich in privaten Briefen, die der »alte Mann vom Bodensee« erhielt. Da schrieb etwa der Leipziger »Universitätsaufseher« namens

Leipsky schon zwei Jahre vor Kriegsausbruch: »Es ist unser aller Wunsch, die Bomben der Zeppelinluftschiffe mit solcher Sprengladung zu versehen, daß Eisenbahnbrücken, Bahndämme und selbst ganze Bahnhöfe in einigen Minuten in Schutthaufen und dem Erdboden gleichgemacht werden; ganze Armeen im Felde zu vernichten, die Bomben müssen, was grundsätzlich Bedingung und unsere Pflicht und Schuldigkeit ist, derartige giftige Atmosphäre entwickeln, daß ein jedes Lebewesen verenden muß.« Selbst solche pervers-inhumanen Gedanken, die man trotzdem bald in die Tat umzusetzen suchte, wies Graf von Zeppelin nicht zurück, sondern nahm ihnen nur die Spitze, indem er entgegnete, er sei bestrebt, »meine Luftschiffe zu tüchtigen Kriegswaffen auszubilden, wobei ich allerdings hoffe, daß sie nur die Kampfmittel unserer Feinde und nicht das unkriegerische Bürgertum werden schädigen müssen.«[16] Für einen mit dem Kriegsrecht vertrauten Militär waren auch solche Einschränkungen pure Heuchelei, zumal man von Anfang an plante, auch Städte mit Luftschiffen anzugreifen.[17]

Tatsächlich hatte man vor allem in England Furcht vor dieser deutschen Kriegswaffe, gegen die es vermeintlich keinen Schutz gab. Schon mit den ersten langen Fahrten der Zeppeline ab 1909 gab es Berichte in englischen Zeitungen, wonach angeblich deutsche Luftschiffe heimlich in England gelandet wären, ein Vorgang, der ganz an die spätere Angst vor Ufos erinnert. Und schon im Jahr 1900 hatte ein Magazin aus den USA die Möglichkeit erwogen, dass die deutschen Luftschiffe das Weiße Haus aus der Luft bombardieren könnten[18], eine wie aberwitzig anmutende Vorstellung, die einige Jahre später jedoch wirklich in Deutschland ins Auge gefasst wurde.[19]

Mit Beginn des Krieges war die inzwischen nach Friedrichshafen verlegte Zeppelinproduktion äußerst lukrativ geworden und die ›Luftschiffbau Zeppelin GmbH‹ entwickelte sich zu einem wahren Konzern. 88 Zeppeline wurden bis Kriegsende gebaut.

Eine stets wiederholte Aussage über die Konsequenzen des Krieges lautet, dass in den über vier Jahren seiner Dauer der technische

Fortschritt insbesondere im Flugzeugbau geradezu galoppiert sei. Doch sieht man sich die Zahlen einmal genauer an, die dies verdeutlichen sollen, so kommt man zu der gegenteiligen Feststellung. Von Anfang bis Ende des Jahres 1909 wurde etwa der Höhenrekord von 155 auf 493 Meter verbessert, und gar auf 6 120 Meter in den vier Jahren bis 1913; dann aber bis zum Jahr 1920 ›nur‹ auf 10 093 Meter. Der Geschwindigkeitsrekord stieg von Anfang bis Ende des Jahres 1909 von 55 km/h auf 77 km/h, bis 1913 auf 204 km/h; in den nächsten sieben Jahren bis 1920 jedoch ›nur‹ auf 275 km/h.[20] Schon angesichts der enormen Mittel, die im Krieg dem Militär bereitgestellt wurden, einer Industrie, die allein in Deutschland bis Kriegsende weit über 40 000 Flugzeuge verkaufte[21] und der Einvernahme fast der gesamten Forschung, war der technische Fortschritt doch bescheiden. Wie hätte er sich auch entwickeln sollen? Massenproduktion bringt nicht notwendig mehr Fortschritt mit sich. So schrieb nach dem Krieg August Euler, einer der ersten deutschen Flugzeugbauer: »Die Flugzeugindustrie und das Flugwesen ist von einzelnen Privatleuten auf ihre Kosten in nur fünf Friedensjahren entwickelt worden. Der Krieg hat, rein flugtechnisch gesehen, wenig aufgebaut. Er hat das vor dem Kriege Vorhandene durch den Krieg ins Vielfältige übertragen.«[22]

Wenn sich also durchaus bestreiten lässt, dass der Erste Weltkrieg die technische Entwicklung der Flugzeuge ungemein angetrieben habe, lässt sich diese Aussage, die dem Phänomen des Krieges doch mehr oder weniger Bewunderung entgegenbringt, problemlos auf die deutschen Luftschiffe übertragen. So ergeben die ›Daten‹ eines der letzten vor dem Krieg hergestellten Zeppelins, des LZ 24, eine Länge von 158 Metern, ein Volumen von 22 500 m², drei Motoren von je 200 PS und eine Nutzlast von 9,2 Tonnen.[23] Dagegen betrug die Länge von LZ 112, eines der letzten im Krieg gebauten Luftschiffe, 211,5 Meter, bei einem Volumen von 62 600 m², sieben Motoren mit je 260 PS und einer Nutzlast von 44,5 Tonnen[24]. Auch die aerodynamische Gestaltung war so weit verbessert worden, dass die Höchstgeschwindigkeit schließlich auf mehr als 130 Kilometer pro

Stunde verdoppelt und eine Steighöhe von über 6 000 Metern erreicht werden konnte.[25]

Dabei war diese so gepriesene Waffe der Deutschen am Anfang nichts weiter als ein träges Objekt in der Luft, an dem die gegnerischen Truppen Zielschießen üben konnten. Von den sechs Heeresluftschiffen gingen allein im ersten Kriegsmonat vier verloren, die alle vom Boden aus getroffen wurden.[26] Mag auch die Aufklärungsfahrt zu den wichtigsten Aufgaben der Zeppeline gehört haben, so trat doch rasch deren eigentliche Bestimmung in den Vordergrund: das nächtliche Bombenwerfen über den Städten des Gegners. Welche Erwartungen man dabei hatte, zeigt etwa ein Befehl an eines der Heeresluftschiffe, nur drei Wochen nach Kriegsanfang: »Bombenabwurf über Antwerpen, Zeebrügge, Dünkirchen und Calais. Rückkehr über Lille, wo ebenfalls Beunruhigungen durch Bombenwurf stattzufinden haben.«[27] Das Luftschiff sollte strategischer Fernbomber sein, von Anfang an gegen zivile Ziele eingesetzt werden, so euphemistisch wie zynisch »Beunruhigungen« genannt – und man war dabei der eigenen Propaganda über die Leistungsfähigkeit der Zeppeline aufgesessen, die völlig überschätzt wurde.

Doch trieb man die Entwicklung schnell voran, in jeglicher Hinsicht. Die Steighöhe der Zeppeline erhöhte sich und die Ziele wurden weiter gefasst. Zehn Monate nach Beginn des Krieges erfüllte sich das Szenario, das immer Kalkül gewesen war und angeblich nur aus Rücksicht auf die Verwandtschaft Wilhelms II. im englischen Königshaus nicht schon stattgefunden hatte: der Angriff auf London. Längst war damit eine neue Dimension des Krieges erreicht, zählten doch auch Zivilisten zu den potentiellen Opfern. Bei den folgenden Angriffen auf englische Städte wurden tatsächlich fast 500 Zivilpersonen getötet, darunter 110 Kinder.[28] Mit den Zeppelinen begann der moderne Luftkrieg, in dem man danach trachtet, die allgemeine Bevölkerung zu terrorisieren. Und so gesehen war der Einsatz der Luftschiffe ein Erfolg. Fast bis zum Ende des Krieges konnte man die Zeppeline auf ›Feindfahrt‹ schicken, indem man sie in immer größere Höhen trieb, wo sie von Flugzeugen nicht

erreicht werden konnten. Zwar war der Aufwand für ihren Bau und
Einsatz enorm, mit Luftschiffhäfen in verschiedensten deutschen
Städten, die selbst oft eigene Städte mit entsprechender Infrastruktur waren – doch wirkten sie als ständige Bedrohung, sodass in England Tausende von Soldaten zum Schutz der Bevölkerung eingesetzt
werden mussten. Bezeichnenderweise hatten mit dem Tod Graf von
Zeppelins 1917 auch seine Luftschiffe ihre Vollendung erreicht

*Die beiden deutschen Luftschiffe LZ 127 und LZ 129 gehen für das Nazi-
Regime zusammen auf Werbefahrt.*

Es ist dann eine eigene Geschichte, welcher Zukunft die Zeppeline
nach dem Krieg entgegensahen. Ausgerechnet eine der Terrorwaf-
fen des Deutschen Reiches wandelte sich zum Symbol der Fried-
fertigkeit. Als ›Graf Zeppelin‹ (LZ 127) und ›Hindenburg‹ (LZ 129)
waren sie schon in ihrer schieren Größe nicht mehr als Kriegswaffe
geeignet – und sie wurden dann doch wieder zu einem der wichtigsten Propagandainstrumente des so genannten Dritten Reiches,
deren Ende erst mit dem neuen, dem totalen Krieg kommen sollte.
Als der ›Hindenburg‹ 1937 in Lakehurst spektakulär in Flammen

aufging, hieß das nicht notwendig, dass damit das Ende der bis dahin so erfolgreichen transatlantischen Luftschifffahrt gekommen war. Die USA waren danach sehr wohl bereit, das unbrennbare Helium zu liefern, wobei doch die – geheim gehaltene – Ursache für den Brand der Anstrich der Hülle gewesen war, wie inzwischen der NASA-Mitarbeiter Addison Bain herausfand.[29] Das Schwesterschiff von LZ 129 wurde noch gebaut. Allerdings hatte Hitler bis dahin alle Kredite im Ausland verspielt.

Im Gegensatz zu der fast vergessenen Rolle der Zeppeline im Ersten Weltkrieg hat über die der Flugzeuge auch heute noch jeder Bilder im Kopf, in denen schemenhaft Luftkämpfe zwischen Zwei- und Dreideckern auftauchen, auch immer wieder ein Name: von Richthofen beziehungsweise »Der Rote Baron«. Bis heute wirkt die Kriegspropaganda um das fliegerische Gemetzel des Ersten Weltkriegs fort, bis heute werden darüber kriegerische Tugenden propagiert. Dabei liest sich die Entwicklung, wie sie sonst umfangreich ausgebreitet wird, so: Während des ganzes Krieges wuchs die Bedeutung der Flugzeuge als Aufklärungsinstrument. Da sie am Anfang noch unbehelligt bis in das Aufmarschgebiet des Gegners fliegen konnten, suchte man rasch nach Möglichkeiten, die gegnerischen Flugzeuge in der Luft zu bekämpfen. Verwendeten die Piloten dazu anfänglich noch alle möglichen Waffen, vorzugsweise Pistolen und Gewehre, so war der nächste Schritt konsequent, nämlich Maschinengewehre mitzuführen und diese fest zu installieren. Um dabei ein freies Schussfeld zu haben konstruierte man sogar wieder Flugzeuge mit Schubpropeller, montierte die Maschinengewehre auch auf die Tragflächen und entwickelte schließlich in Frankreich das System, durch den Propeller zu schießen. Damit konnte das Flugzeug an sich als Schusswaffe ausgerichtet werden. Wie man dies erreichte, klingt abenteuerlich, lag aber nahe, weil eben Krieg herrschte: Man panzerte die Propeller schlicht mit Metallplatten, die wiederum so konstruiert waren, dass die Kugeln, wenn sie ein Propellerblatt trafen, zur Seite abgelenkt wurden. Angespornt von den Erfolgen dieses Systems führte dann in Deutschland der Holländer Anthony Fokker die Entwicklung zu Ende, indem er in die von ihm produzierten Flugzeuge einen Mechanismus einbauen ließ, bei dem die Schussfolge des Maschinengewehrs tatsächlich mit der Drehung des Propellers synchronisiert war. »Der Motor schießt und das Flugzeug zielt«, beschrieb es ein Militär.[30] Damit erreichten die deutschen Piloten zunächst eine derartige Luftüberlegenheit, dass man auf britischer Seite von der »Fokker-Geißel« sprach, ehe dann doch beide Seiten über das System verfügten und damit von 1916 an jene Luftkämpfe begannen, deren heroisierende Darstellungen bis heute nicht aus der Überlieferung getilgt sind. Bald bildete man Flugzeugstaffeln, dann ganze Geschwader, führte den Verbandsflug ein und griff schließlich im Tiefflug mit gezielten Bombenangriffen in die Menschenschlächterei am Boden ein, wobei auch schon ganze Bomberverbände ihre mörderische Last über den gegnerischen Stellungen abwarfen. Die Entwicklung führte so weit, dass etwa auf deutscher Seite mit dem Bau von so genannten Riesenflugzeugen begonnen wurde, deren Abschluss die R VIII der Siemens-Schuckert-Werke bildete, ein Doppeldecker mit einer Spannweite von über 47 Metern und einem Leergewicht von über zehn Tonnen.[31]

Die Produktionszahlen der Flugzeugindustrie schossen in die Höhe. Man schätzt, dass in den vier Kriegsjahren 200 000 Flugzeuge hergestellt wurden, wobei dann im letzten Kriegshalbjahr in jedem Monat die Hälfte des eingesetzten »Materials« wieder »verloren ging«.[32] Und so wie das Material vernichtet wurde, erging es denen, die es benutzten. Kaum ein Pilot hatte die Chance, den Einsatz im Luftkrieg länger als einige Monate zu überleben. Von Maschinengewehrsalven wurde man entweder tödlich getroffen oder aber schwer verletzt, das Leitwerk wurde weg- oder der Benzintank in Brand geschossen, sodass man schließlich auf dem Boden aufschlug, als Leiche zerquetscht oder verbrannt. Und doch war es gerade das Leben und Sterben dieser immer jungen Flieger, denen man Heldentum andichtete. Sie schienen in ihrem Kampf über den Wolken noch eine gewisse Fairness, gar Ritterlichkeit exerzieren zu können,

noch etwas vom Kampf Mann gegen Mann, wo doch in den Schützengräben die Soldaten von einem unsichtbaren Gegner derart
hingeschlachtet wurden, dass es jedes Vorstellungsvermögen übertraf.

Nicht umsonst bemächtigte sich die Kriegspropaganda eben dieser Soldaten, damit sich die Menschen weiter bereitwillig dem Tod
auslieferten. »Nur Männer mit unverbrauchten Nerven, mit der
Unbefangenheit der Jugend gegenüber Gefahren und höchstem
Verantwortlichkeitsgefühl konnten den Ansprüchen des Flugdiens-
tes genügen«, schrieb ein Militär.[33] So wurden »Fliegerasse« gemacht, die sich noch heute in fast jedem Straßenverzeichnis jeder
größeren Stadt finden, mit Namen wie Boelcke, Immelmann und
Richthofen, Guynemer, Fonck und Garros, Ball, Mannock und
Bishop, deren Größe nach »Luftsiegen« gemessen wurde, die immer nur bedeuteten, dass sie Menschen wie Tiere auf der Jagd getötet hatten.

Jagd und Jagd*sport* – in eben dieser Weise präsentierten sich die
Piloten nach erfolgreichen Abschüssen, mit Trophäen aus Teilen der
Flugzeuge ihrer abgeschossenen Gegner. Ein britischer Pilot ging
so weit, noch in den Luftkämpfen mit einem privaten Fotoapparat
eigene Bilder zu schießen, die er dann in seinem Tagebuch wie folgt
kommentierte: »Stießen wieder auf unsere Fokker-Freunde und
hatten einen herrlichen Kampf, waren gut in Form. Vier von ihnen
haben wir runtergeholt, einer ist mir zugesprochen worden – und
jetzt fühl ich mich wundervoll, so wundervoll. Ja, bei Gott: ›wundervoll‹ ist das richtige Wort! [. . .] Sie waren unter uns, also glitten wir
direkt in die Sonne, und dann stießen wir nach unten. Gerade als
ich einen von diesen Kerlen abknallen wollte, dreht der zur Seite
ab, und ich kurve rum wie 'ne plumpe Henne und versuche, mir
einen unerfahrenen Hunnen zu schnappen. [. . .] ich knallte ihn ab.
Das Bild zeigt den Hunnen, kurz bevor er ins Trudeln geriet und
dann in Flammen aufging. Und ich war natürlich dumm genug,
ihm beim Absturz zuzuschauen – bis ich plötzlich dieses allzu vertraute Geräusch höre: Ich hatte gerade noch Zeit für einen schnel-

len Schlenker, sonst hätte mich das gleiche Schicksal erwischt wie meine Beute. Bei diesem Sport kann man sich nicht auf Lorbeeren ausruhen!«[34]

Eine britische ›Nieuport N-17‹ wird in dem Augenblick fotografiert, als sie im Flugmanöver eines Luftkampfes auseinanderbricht.

Auch der Status der Piloten war nicht nur privilegiert, sondern geradezu abgehoben. Während das ›Fußvolk‹ im Dreck der Schützengräben vegetierte, schliefen die »Asse« fern der Front in weichen Betten, hatten Hunde dabei, Grammophonplatten und konnten ein

Bad nehmen und sogar Champagner trinken.[35] Wie dann der kriegerische Einsatz erlebt wurde, liest sich in den Erinnerungen des
Rittmeisters Manfred Freiherr von Richthofen wie folgt, wobei sich
der *Ton* nicht grundsätzlich von dem anderer Piloten unterschied:
»Diesmal hatte ich wieder Glück und hatte meinen zweiten Engländer an dem Tage abgeschossen. [. . .] Wolff war mit seiner Gruppe
während der Zeit am Feinde gewesen und hatte selbst einen erledigt. Auch Schäfer hatte sich einen zu Gemüte geführt. [. . .] Da
plötzlich bäumt sich das feindliche Flugzeug auf – ein sicheres
Zeichen des Getroffenseins, gewiß hatte der Führer Kopfschuß
oder so etwas – das Flugzeug stürzt, und die Flächen des feindlichen
Apparates klappen auseinander. Die Trümmer fallen ganz in der
Nähe meines Opfers. Ich fliege an meinen Bruder heran und gra-
tuliere ihm, das heißt wir winkten uns gegenseitig zu. Wir waren
befriedigt und flogen weiter. [. . .] Mein Vater macht einen Unterschied zwischen einem Jäger (Weidmann) und einem Schießer,
dem es nur Spaß macht zu schießen. Wenn ich einen Engländer
abgeschossen habe, so ist meine Jagdpassion für die nächste Viertel-
stunde beruhigt. Ich bringe es also nicht fertig, zwei Engländer
unmittelbar hintereinander abzuschießen. Fällt der eine herunter,
so habe ich das unbedingte Gefühl der Befriedigung. Erst sehr, sehr
viel später habe ich mich dazu überwunden und mich zum Schießer
ausgebildet. Bei meinem Bruder war es anders.«[36]

Das Flugzeug als Waffe zur Menschenjagd, über allem erhoben –
die Erfindung der Brüder Wright führte das moderne Zeitalter in
wahrlich unerreichte Höhen. Abschusslisten wie aus Feudalzeiten
gingen mit einer modernen Technik zusammen, welche die Menschen auf ferne Pünktchen reduzierte und ihre Häuser und Arbeits-
stätten auf auszuradierende Strichbilder, wobei die Empfindungen
der mordenden Piloten gottgleich umnebelt wurden. Was der Pilot
unten auf dem Boden anrichtete, wirkte auf ihn nur noch abstrakt,
da ihn eine Reaktion auf sein Tun nur im ›sauberen‹ Kampf treffen
konnte. Und je höher die Flugzeuge stiegen, je kleiner die Menschen, Häuser und Ortschaften wurden, desto mehr verringerte sich

auch die Moral. Heute lässt sich dies noch für jeden Fernsehzu-
schauer nachempfinden, wenn in einem der modernen Kriege die
Videobilder irgendwelcher zerstörten Objekte übertragen werden.
Man kann dabei leicht weiter zu Abend essen.

Wie verhielt sich Orville Wright zu *dieser* Entwicklung des Flugzeugs, die doch auch er von Beginn an gesehen hatte? Zwar hatten
die Wrights immer wieder auf das Flugzeug als friedensstiftendes
Instrument verwiesen, es allerdings von Anfang an in den militärischen Dienst gestellt. Zum Ende des großen Krieges entwickelte
Orville Wright für die *Dayton-Wright Company* ein Flugzeug, billig
und leicht herzustellen, das unbemannt, doch kontrolliert fliegen
sollte, um auf diese Weise eine Bombe zielgenau gegen den Feind
lenken zu können. Zwar konnte den technischen Herausforderun-
gen für eine solche Waffe noch nicht begegnet werden, doch war
damit in die Zukunft verwiesen, in das Zeitalter ferngesteuerter und
atomwaffenbestückter Lenkraketen, die vielleicht eine Zeit lang
wirklich den Frieden auf der Erde sicherten, so wie sich das Orville
Wright immer wieder versprochen hatte. Trotzdem kann man nur
entweder naiv oder zynisch nennen, was er noch 1923 schrieb, schon
angesichts seiner eigenen Rolle als Konstrukteur einer Terrorwaffe,
wie sie in heutigen Kriegen ständig eingesetzt wird: »Die Möglichkeiten des Flugzeugs zur Zerstörung durch Bomben und Giftgas
haben seit dem letzten Krieg so zugenommen, dass der Versuch
sprachlos macht, sich den Horror des nächsten vorzustellen. Indem
das Flugzeug Regierungen dazu zwingt, dessen Zerstörungsmög-
lichkeiten zu erkennen, ist es tatsächlich ein mächtiges Instrument
für den Frieden geworden.«[37]

Ein Instrument für den Frieden, so wie es sich Lilienthal so
aufrichtig erträumt hatte? Kein Instrument hat den Krieg derart
verbreitet wie das Flugzeug, kein Instrument hat so sehr den ›modernen‹ Krieg erlaubt. Es reicht, sich einen der letzten modernen
Kriege anzuschauen, der mit allem Einsatz geführt wurde, und das
seitens der Angreifer hauptsächlich aus der Luft: Im Vietnamkrieg
setzten die US-Amerikaner das Flugzeug durchgehend als Terror-

waffe ein und versuchten so, ihren Gegner zu demoralisieren. Mit Bombardements in bis dahin unvorstellbarem Ausmaß sollte das weitgehend agrarisch geprägte Nordvietnam nach den Worten des wahrlich ausgezeichneten Generals William C. Westmoreland »ausgeblutet«[38] werden. Allein in der »Operation« mit dem Namen »*Rolling Thunder*« warfen die Bombermannschaften 1966 in 79 000 »Einsätzen« 136 000 Tonnen Bomben über Nordvietnam ab, 1967 in 108 000 »Einsätzen« 226 000 Tonnen.[39] Die Menge der über ganz Vietnam abgeworfenen Bomben betrug schließlich mit 7 000 000 Tonnen Bomben[40] ein Mehrfaches aller im Zweiten Weltkrieg abgeworfenen Bomben.

Besonders das Flugzeug hatte es möglich gemacht, dass die Verantwortlichen dieses nie erklärten Krieges schnell alle Maßstäbe verloren. In den Reisfeldern Vietnams wollten die US-Amerikaner nicht nur die ›Freiheit‹ eines Volkes verteidigen, das sich seinerseits von Gewaltherrschaft zu befreien suchte, sondern auch die West-Berlins und also der ›freien‹ Welt. Angefeuert von einer profitsüchtigen Rüstungsindustrie setzte die US-Luftwaffe schließlich alles ein, »was die Forschungslabors und Rüstungsschmieden anzubieten hatten, unter anderem Lenkwaffen, unbemannte Flugkörper, Überschalljets und die gefürchteten B-52. Diese vierstrahligen Langstreckenbomber mit einer Traglast von fast 30 Tonnen Bomben konnten ein Gebiet von 800 Metern Breite auf einer Länge von 4,5 Kilometern in eine Kraterlandschaft verwandeln. Hinzu kamen Napalm oder Splitterbomben, die kurz vor dem Aufprall in Hunderte von kleinen Stahlgeschossen zerplatzten.«[41] Der Einsatz des Flugzeugs hatte da längst zur völligen Abstraktion von ›Kampf‹ geführt, alle Konventionen und jegliche Moral außer Kraft gesetzt und das Töten von Menschen zu einem solchen Zynismus gemacht, dass die Bombardierung Kambodschas schließlich von den Kriegführenden als Operation »*Menu*« bezeichnet wurde, wobei sie die jeweiligen Angriffswellen »*Breakfast*«, »*Lunch*«, »*Snacks*« und »*Dinner*« nannten.[42] Mit dem Flugzeug kam der kriegerische Terror in die Welt, der es den führenden Militärmächten erlaubt hat, sogar diejenigen zu ›schonen‹, deren Handwerk der Krieg ist, nämlich die eigenen Soldaten – und die Zivilbevölkerung kalkuliert zu Opfern zu machen. Im Vietnamkrieg starben 58 000 US-Soldaten und etwa 1 000 000 vietnamesische Soldaten, dazu etwa 2 000 000 Zivilisten.[43]

Das Flugzeug in seiner weiteren technologischen Entwicklung steht als Symbol für die Überheblichkeit eines Systems, das inzwischen längst wie ein göttliches Gericht strafen kann, ohne dass es für die ›Betroffenen‹ eine Möglichkeit der Verteidigung gäbe, auch nicht der ›rechtlichen‹. Im Kosovo-Krieg bombardierte die NATO völkerrechtswidrig ein souveränes Land wochenlang ohne Unterlass, um auf diese Weise eine »humanitäre Katastrophe« abzuwenden, die als Grund für neue imperialistische Stellvertreterkämpfe herhalten musste, schlicht aus einem Bürgerkrieg bestand und ausgerechnet von der deutschen Regierung schamlos zu einem neuen Auschwitz stilisiert wurde. Wer dabei die Durchführung solch humanitärer Aufgaben erledigte, waren die Flugzeugpiloten. Um angeblich einen Völkermord an den Kosovo-Albanern zu verhindern wurde die gesamte Bevölkerung eines verteidigungsunfähigen Landes terrorisiert und dabei dessen gesamte Infrastruktur zerstört. In einem unter »humanitären« Gesichtspunkten geführten Krieg feuerten NATO-Kampfflugzeuge nicht nur an die 1000 Splitterbomben ab, von denen jede einzelne über 200 Einzelbomben ausstieß, »die alles Lebendige im Umkreis von 150 mal 1 000 Metern töten«[44], sondern auch über 30 000 Geschosse mit abgereichertem Uran, obwohl eine solche Waffe das menschliche Genmaterial schädigt und obwohl es dafür in der Menge gar keine militärischen Ziele gab.

Wie ein solcher ›moderner‹ Krieg betrieben wird, bei dem die Wahrheit gewiss das Erste ist, was auf der Strecke bleibt, gefolgt allerdings gleich von der selbst beschworenen Humanität, zeigt der aufgezeichnete Funkverkehr zwischen einem Piloten und seinen ›Instrukteuren‹: »Pilot: Ich verlasse jetzt die Wolken. Ich sehe immer noch nichts. – Basis: Setzen Sie Ihren Flug fort. Richtung Nord 4280. – Pilot: Ich bin unter 3 000 Fuß. Unter mir eine Kolonne von

Fahrzeugen. Eine Art von Traktoren. Was soll das? Ich verlange Instruktionen. – Basis: Wo sind die Panzer? – Pilot: Ich sehe Traktoren. Ich nehme nicht an, daß die Roten die Panzer als Traktoren getarnt haben. – Basis: Was sind das für komische Geschichten? So ein Ärger! Da stecken sicher die Serben dahinter. Zerstören Sie das Ziel! – Pilot: Was soll ich zerstören? Traktoren? Gewöhnliche Fahrzeuge? Ich wiederhole: Ich sehe keine Panzer. Ich verlange weitere Informationen. – Basis: Es ist ein militärisches Ziel. Zerstören Sie das Ziel! Ich wiederhole: Zerstören Sie das Ziel!«[45] Der Mensch als Einheit mit seiner unschlagbaren Maschine, mit Befehlen, die von fern kommen – deren Ausführung bedeutete in diesem Fall den Tod von über 70 Menschen, und zwar Kosovo-Albanern.

Sicherlich verhält es sich mit der Erfindung des Flugzeugs nicht anders als mit der Erfindung so vieler fortschrittlicher Technologien: Sie können ›missbraucht‹ werden, eine Diskussion, die Bände füllt. Entsprechend hat sich auch Orville Wright einmal in einem Brief gegenüber Henry Ford geäußert. Im April 1942 schrieb er dem Multimilliardär, der Curtiss in dessen Rechtsstreit gegen die *Wright Company* wesentlich unterstützt haben soll[46]: »Ich stimme mit Ihnen völlig überein, dass das Flugzeug unsere wichtigste Stütze sein wird um den Frieden in der Welt wiederherzustellen. Der Gebrauch einer nützlichen Erfindung für teuflische Zwecke, wie im gegenwärtigen Krieg, erinnert an eine Geschichte, die ich vor fünfzig Jahren von einem aus China zurückgekehrten Missionar hörte. Die Chinesen ernteten ihr Getreide, indem sie es mit einer Hand fassten und dann mit einer Schere [*shears*] in der anderen Hand die Halme abschnitten. Der Missionar dachte, er würde einen großen Beitrag zu ihrem Wohlergehen leisten, wenn er den Gebrauch einer Sichel einführte. In einer Stunde könnte so mehr Getreide mit der Sense geschnitten werden als an einem Tag mit der Schere. Also ließ er sich eine Sense aus Amerika senden und lud die Einheimischen ein um sie ihnen vorzuführen. Die Chinesen der Umgebung kamen in Massen. Die Vorführung war ein großer Erfolg und die Zuschauer waren beeindruckt und sehr enthusiastisch. Am nächsten Morgen besuchte jedoch eine Delegation den Missionar. Die Sense müsse sofort zerstört werden. Was geschieht, fragten sie, wenn sie in die Hände von Dieben fällt? Ein ganzes Feld könnte abgeerntet und in einer einzigen Nacht fortgeschafft werden. Daher könne der Gebrauch der Sense nicht übernommen werden. Anscheinend fiel es ihnen nicht ein, dass es zur Verhinderung einer solchen Situation darauf ankäme, die Diebe aufzuhalten anstatt den Gebrauch der Sense.«[47]

Auch wenn man Orville Wright zubilligen wollte, dass er diese Geschichte tatsächlich von jenem Missionar gehört hatte, so war sie auf jeden Fall so gut erzählt, dass man kaum an dem Gedanken vorbeikommt, sie habe ihm als Rechtfertigung auch vor seinem eigenen Gewissen gedient. Immerhin hätte er 1942 nicht wirklich Grund gehabt, den missbräuchlichen Gebrauch des Flugzeugs zu rechtfertigen, als zu *jener* Zeit kein anderes Mittel blieb um den Terror der Nazis in Europa zu bekämpfen. Nur hatte er selbst mit seinem Bruder das Flugzeug prinzipiell eben nicht für friedliche Zwecke entwickelt.

Den Traum vom Fliegen hat Orville Wright mit seinem Bruder niemals geträumt. Die beiden Wright-Brüder hatten ihn zum Geschäft gemacht, von Anfang an auch zum Geschäft des Krieges. Wer will, mag sich einreden, beide hätten dafür ausreichend bezahlt.

Quellen

Angesichts der unüberschaubaren Menge an Literatur zum Thema erhebt die Liste keinen Anspruch auf Repräsentanz, geschweige denn Vollständigkeit.
Bei den kursiv gesetzten Kürzeln stammt die Übersetzung vom Autor.

Behringer	Wolfgang Behringer/Constance Ott-Koptschalijski: Der Traum vom Fliegen – Zwischen Mythos und Technik. Frankfurt/M. 1991
Clausberg	Karl Clausberg: Zeppelin – Die Geschichte eines unwahrscheinlichen Erfolges. München 1979
Combs	Harry Combs: Brüder des Winds. Königstein/Ts. 1981
Crouch	Tom Crouch: *The Bishop's Boys. A Life of Wilbur and Orville Wright.* New York, London 1989
Gibbs-Smith	Charles H. Gibbs-Smith: *The Invention of the Aeroplane.* London 1966
Gütschow	Fred Gütschow: Das Luftschiff. Stuttgart 1985
Halle I	Gerhard Halle: Otto Lilienthal und seine Flugzeug-Konstruktionen. München 1962
Halle II	Gerhard Halle: Otto Lilienthal. Düsseldorf 1976
Hildebrandt	Alfred Hildebrandt: Die Brüder Wright. Berlin 1909
Howard	Fred Howard: *Wilbur and Orville – A Biography of the Wright Brothers.* Mineola 1998
Ingold	Felix Philipp Ingold: Literatur und Aviatik. Basel 1978
Josse	Raimond Josse: Ferdinand Ferber (1862–1909) – Pionier der Luftfahrt. In: Deutsche Luft- und Raumfahrt. Mitteilung 74-15. Köln 1974
Kelly	Fred C. Kelly: Die Gebrüder Wright. Stuttgart 1947
Knäusel	Hans G. Knäusel: Zeppelin – Die Geschichte der Zeppelin-Luftschiffe. Oberhaching 2000
Letters	Fred C. Kelly: *Miracle at Kitty Hawk: The Letters of Wilbur and Orville Wright.* New York 1996
Lilienthal	Otto Lilienthal: Der Vogelflug als Grundlage der Fliegekunst. Berlin 1889
Mackworth-Praed	Ben Mackworth-Pread (Hrsg.): Pionierjahre der Luftfahrt – Vom Heißluftballon zum Motorflug. Stuttgart 2001
Meyer	Peter Meyer: Luftschiffe. Bonn 1996
Moolman	Valerie Moolman: Der Weg nach Kitty Hawk. Amsterdam 1981
Prendergast	Curtis Prendergast: Pioniere der Luftfahrt. Eltville am Rhein 1993

Schmitt	Günter Schmitt: Fliegende Kisten von Kitty Hawk bis Kiew. Berlin (DDR) 1985
Schwipps I	Werner Schwipps: Schwerer als Luft – Die Frühzeit der Flugtechnik in Deutschland. Koblenz 1984
Schwipps II	Werner Schwipps: Lilienthal und die Amerikaner. München 1985
Seifert/Waßermann	Karl-Dieter Seifert und Michael Waßermann: Otto Lilienthal – Leben und Werk. Hamburg 1992
Stoffregen-Büller	Michael Stoffregen-Büller: Himmelfahrten – Die Anfänge der Aeronautik. Weinheim 1983
Vogelsang	Walther Vogelsang: Die deutschen Flugzeuge in Wort und Bild. Berlin 1913
Weber	Max Weber: Gesammelte Aufsätze zur Religionssoziologie I. Tübingen 1988
Wissmann	Gerhard Wissmann: Geschichte der Luftfahrt. Berlin (DDR) 1982

Anmerkungen

Kapitel 1: Der Beginn

1 Elias Canetti: Die Provinz des
  Menschen. München 1973. S. 10
2 Zitat aus: Hildebrandt. S. 41
3 Zitat aus: Seifert/Waßermann. S. 79
4 Siehe: http://www.destatis.de/
  presse/deutsch/pm2000/
  p2470191.htm
5 Siehe: http://www.gleitschirm-
  faq.de/unfall/tiefer strich/2000.html
6 Siehe: http://www.destatis.de/
  presse/deutsch/pm2000/
  p2470191.htm
7 Siehe: http://www.gleitschirm-
  faq.de/unfall/tiefer strich/2000.html
8 Zitat aus: Ovid: Metamorphosen.
  Düsseldorf, Zürich 1996. S. 287
9 Stoffregen-Büller. S. 33
10 Zitat aus: Stoffregen-Büller. S. 34
11 Stoffregen-Büller. S. 88
12 Zitat aus: Mackworth-Praed. S. 22
13 Zitat aus: Mackworth-Praed. S. 22
14 Zitat aus: Mackworth-Praed. S. 22
15 Zitat aus: Stoffregen-Büller. S. 191
16 Zitat aus: Stoffregen-Büller.
   S. 115/117
17 Zitate aus: Stoffregen-Büller.
   S. 120-123
18 Wissmann. S. 476
19 Urs Jaeggi: Macht und Herrschaft
   in der Bundesrepublik. Frankfurt/
   M. 1969. S. 43
20 Zitat aus: Eva Hodapp-Hammer.

Die Geschichte des Menschen-
fluges im Spiegel der deutschen
Presse bis zum Beginn des
20. Jahrhunderts.
München 1952 (Diss.) S. 53
21 Zitat aus: Eva Hodapp-Hammer.
   [a.a.O.] S. 54
22 Zitat aus: Eva Hodapp-Hammer.
   [a.a.O.] S. 53
23 Lilienthal. S. 156/157
24 Mackworth-Praed. S. 84
25 Wissmann. S. 222
26 Wissmann. S. 220/221
27 *Gibbs-Smith.* S. 20
28 Zitat aus: Wissmann. S. 222.
29 Zitat aus: Wissmann. S. 222

Kapitel 2: Der Vogelmensch

1 Zitat aus: Schwipps II. S. 34-35
2 Zitat aus: Seifert/Waßermann. S. 79
3 Zitat aus: Halle I. S. 31-32
4 Zitat aus: *Schwipps II.* S. 126
5 Zitat aus: Halle I. S. 141
6 Annemarie Lange: Berlin zur Zeit
  Bebels und Bismarcks. Berlin
  (DDR) 1984. S. 308
7 Lilienthal. S. 150/151
8 Zitat aus: Halle I. S. 74
9 Seifert/Waßermann. S. 40
10 Zitat aus: Halle II. S. 11
11 *Gibbs-Smith.* S. 23
12 Zitat aus: Seifert/Waßermann. S. 65

13 Zitat aus: Wissmann. S. 256/257
14 Zitat aus: Seifert/Waßermann.
   S. 111
15 Zitat aus: Seifert/Waßermann.
   S. 94
16 Schwipps II. S. 57/58
17 *Crouch.* S. 142
18 Zitat aus: Halle II. S. 138/139
19 Zitat aus: *Schwipps II.* 124
20 Peter Auer: Lilienthal & Co. Berlin
   1996. S. 149-173. [Der Autor gibt
   allerdings keine Quellen an.]
21 Zitat aus: Seifert/Waßermann.
   S. 159
22 Zitat aus: Halle I. S. 63
23 Zitat aus: Schwipps II. S. 33.
24 Zitat aus: Seifert/Waßermann.
   S. 78/79
25 Zitat aus: Halle I. S. 44 – 45.
26 Zitat aus: Schwipps II. S. 78
27 Zitat aus: Wissmann. S. 320
28 Halle II. S. 153 ff.
29 Zitat aus: Seifert/Waßermann.
   S. 129
30 Zitat aus: Seifert/Waßermann.
   S. 161
31 Zitat aus: Schwipps II. S. 132

Kapitel 3: Die Versuche

1 Mackworth-Praed. S. 38
2 Wissmann. S. 109
3 Mackworth-Praed. S. 53
4 Wissmann. S. 112
5 Siehe etwa: *Grand Larousse
   Universel.* Paris 1997. Dort heißt
   es zu Ader auch immer noch, er
   habe »unzweifelhaft den ersten
   Flug in einem Flugzeug« vollbracht.
6 Siehe: Hans Holzer und Werner
   Schwipps: Gustav Weißkopf –
   Legende und Wirklichkeit.
   Planegg 2001
7 Schwipps I. S. 30

8 Sowohl im neusten Meyers- als
   auch Brockhaus-Lexikon ist
   Weißkopf noch immer als derjenige
   aufgeführt, der den »ersten Motorflug der Geschichte« unternahm.
9 Siehe: www.weißkopf.de
10 *Letters.* S. 458
11 Mackworth-Praed. S. 100
12 Zitat aus: *Crouch.* S. 441
13 Mackworth-Praed. S. 101
14 *Gibbs-Smith.* S. 3
15 *Letters.* S. 459/460
16 Zitat aus: Ingold. S. 194
17 Ingold. S. 194
18 Behringer. S. 410/411
19 Josse. S. 69
20 Mackworth-Praed. S. 96/97
21 Wissmann. S. 150
22 Wissmann. S. 144/145
23 Knäusel. S. 14
24 Knäusel. S. 32
25 Gütschow. S. 33
26 Zitat aus: Knäusel. S. 40/41
27 Meyer. S. 19

Kapitel 4: Die Herkunft

1 Weber. S. 35/36
2 *Crouch.* S. 58
3 Weber. S. 167/168
4 *Crouch.* S. 75
5 *Crouch.* S. 77
6 Zitat aus: *Howard.* S. 10
7 Zitat aus: Kelly. S. 184/185
8 Zitat aus: *Howard.* S. 442

Kapitel 5: Das Fahrrad

1 Zitat aus: *Crouch.* S. 159
2 *Crouch.* S. 106
3 Zitat aus: *Crouch.* S. 113
4 *Crouch.* S. 114
5 Zitat aus: Kelly. S. 213
6 Zitat aus: *Crouch.* S. 169

Kaptitel 6: Die Umsetzung

1 *Letters*. S. 15/16
2 *Letters*. S. 20
3 Wissmann. S. 266–268
4 *Howard*. S. 33
5 Kelly. S. 40
6 *Howard*. S. 34
7 *Letters*. S. 28
8 *Letters*. S. 22/23
9 *Letters*. S. 23/24
10 *Letters*. S. 27
11 *Crouch*. S. 199
12 *Gibbs-Smith*. S. 344
13 Zitat aus: *Crouch*. S. 191
14 *Letters*. S. 69
15 Zitat aus: *Crouch*.
   S. 195/196
16 Zitat aus: *Crouch*. S. 196
17 Zitat aus: *Crouch*. S. 190
18 *Letters*. S. 35
19 Kelly. S. 51

Kapitel 7: Die Ernüchterung

1 *Letters*. S. 38
2 *Howard*. S. 56
3 Zitat aus: *Crouch*.
   S. 208
4 *Howard*. S. 62
5 *Letters*. S. 46
6 Zitat aus: *Howard*. S. 67
7 Zitat aus: *Crouch*. S. 213
8 *Letters*. S. 45
9 *Letters*. S. 44
10 *Crouch*. S. 219
11 Zitat aus: *Crouch*. S. 228
12 Zitat aus: *Howard*. S. 64
13 *Letters*. S. 55
14 Weber. S. 96
15 *Crouch*. S. 290
16 *Letters*. S. 61
17 *Letters*. S. 59/60
18 *Letters*. S. 69

Kapitel 8: Die Steuerbarkeit

1 Josse. S. 62
2 Zitat aus: Josse. S. 72
3 Zitat aus: *Crouch*. S. 231
4 *Letters*. S. 107
5 *Howard*. S. 83
6 *Letters*. S. 74
7 *Letters*. S. 76
8 *Crouch*. S. 89
9 *Letters*. S. 80
10 *Letters*. S. 79/80
11 *Howard*. S. 88/89
12 Zitat aus: *Crouch*. S. 234
13 *Letters*. S. 67
14 *Letters*. S. 66 – 69
15 *Letters*. S. 84
16 Schwipps I. S. 79 – 81
17 *Letters*. S. 78
18 *Letters*. S. 79
19 *Howard*. S. 91/92
20 Kelly. S. 61
21 *Letters*. S. 81

Kapitel 9: Der Konkurrent

1 Wissmann. S. 228
2 *Howard*. S. 95
3 *Howard*. S. 126/127
4 *Letters*. S. 84
5 Zitat aus: *Howard*. S. 95
6 *Letters*. S. 85
7 *Letters*. S. 85
8 Zitat aus: Weber. S. 96
9 *Letters*. S. 128
10 *Letters*. S. 86
11 Kelly. S. 64

Kapitel 10: Der Antrieb

1 Combs. S. 149
2 Zitat aus: *Crouch*. S. 243
3 Combs. S. 151
4 Zitat aus: *Crouch*. S. 252

5 Zitat aus: Prendergast. S. 19
6 Josse. S. 73
7 Zitat aus: Prendergast. S. 18
8 Josse. S. 85
9 *Letters.* S. 91
10 *Letters.* S. 97
11 *Crouch.* S. 254
12 Zitat aus: *Crouch.* S. 254
13 *Letters.* S. 97

Kapitel 11: Das Motorflugzeug

1 Zitat aus: Combs. S. 149
2 *Letters.* S. 103
3 Siehe: Wissmann. S. 228 – und Kelly. S. 71 (Der *Flyer* wog 340 Kilogramm.)
4 *Howard.* S. 129
5 Zitat aus: *Howard.* S. 129
6 *Howard.* S. 130
7 *Letters.* S. 106
8 *Letters.* S. 104
9 *Letters.* S. 104
10 *Letters.* S. 105
11 *Letters.* S. 60
12 *Letters.* S. 105/106
13 *Letters.* S. 107
14 *Letters.* S. 109
15 *Letters.* S. 108
16 *Letters.* S. 108/109
17 *Letters.* S. 110
18 *Howard.* S. 119
19 *Howard.* S. 130
20 Zitat aus: Moolman. S. 149
21 *Letters.* S. 112
22 Weber. S. 33
23 *Letters.* S. 121
24 *Letters.* S. 113
25 *Letters.* S. 114
26 Zitat aus: Kelly. S. 72
27 Zitat aus: Combs. S. 180
28 Zitat aus: Combs. S. 180
29 Kelly. S. 74/75
30 *Letters.* S. 118/119
31 *Letters.* S. 122

32 *Letters.* S. 121
33 *Letters.* S. 116
34 Zitat aus: Combs. S. 190
35 *Letters.* S. 430
36 Zitat aus: *Howard.* S. 143/144
37 *Letters.* S. 430
38 Zitat aus: *Howard.* S. 142
39 Zitat aus: *Crouch.* S. 271
40 *Letters.* S. 120

Kapitel 12: Die Praktikabilität

1 Zitat aus: *Crouch.* S. 275
2 *Letters.* S. 128/129
3 *Letters.* S. 129/130
4 Zitat aus: Combs. S. 197
5 Siehe. Kelly. S. 91
6 Kelly. S. 93
7 Siehe: Kelly. S. 99
8 *Letters.* S. 131
9 Kelly. S. 93
10 Combs. S. 203
11 Combs. S. 204
12 Kelly. S. 94
13 Kelly. S. 95
14 Zitat aus: *Howard.* S. 161/162
15 Zitat aus: *Crouch.* S. 307
16 *Letters.* S. 133
17 *Letters.* S. 135
18 *Letters:* S. 136/137
19 Siehe etwa: *Howard.* S. 166; Kelly. S. 96 ff.
20 *Howard.* S. 167
21 *Howard.* S. 169
22 Combs. S. 212/213
23 Combs. S. 213
24 *Howard.* S. 184

Kapitel 13: Die Verkaufsverhandlungen

1 *Letters.* S. 141
2 Siehe: *Letters.* S. 181
3 Siehe: *Howard.* S. 190
4 Siehe etwa: *Crouch.* S. 303

5 *Letters*. S. 143
6 *Letters*. S. 223
7 *Letters*. S. 214/215
8 Siehe etwa: *Letters*. S. 222/223
9 Hildebrandt. S. 45-47
10 *Letters*. S. 181
11 *Letters*. S. 213
12 *Gibbs-Smith*. S. 69/70
13 *Letters*. S. 251
14 *Letters*. S. 252
15 *Crouch*. S. 347
16 *Letters*. S. 266
17 Siehe: *Gibbs-Smith*. S. 128
18 Siehe: *Gibbs-Smith*. S. 129
19 Schmitt. S. 57

Kapitel 14: Der Triumph

1 *Gibbs-Smith*. S. 128/129
2 Siehe: *Letters*. S. 267
3 *Letters*. S. 271
4 *Letters*. S. 275
5 Kelly. S. 169
6 Kelly. S. 173
7 Combs. S. 239
8 Siehe: Kelly. S. 168
9 *Letters*. S. 291
10 Kelly. S. 170
11 Prendergast. S. 34
12 *Letters*. S. 292
13 *Gibbs-Smith*. S. 146
14 *Gibbs-Smith*. S. 147
15 *Gibbs-Smith*. S. 147
16 Kelly. S. 171
17 Siehe: Kelly. S. 172
18 Kelly. S. 175
19 Kelly. S. 178
20 *Crouch*. S. 388
21 *Letters*. S. 326
22 Siehe: *Crouch*. S. 383;
   Howard. S. 284
23 *Letters*. S. 137
24 *Letters*. S. 295
25 *Letters*. S. 299
26 *Letters*. S. 297

27 Prendergast. S. 53
28 *Letters*. S. 279 (Im Original:
   »*They have got good cheek!*«)
29 Schmitt. S. 29
30 *Letters*. S. 272
31 *Letters*. S. 298
32 *Letters*. S. 301
33 *Letters*. S. 302
34 *Letters*. S. 306/307
35 *Letters*. S. 303
36 *Howard*. S. 273
37 *Letters*. S. 331/332
38 *Howard*. S. 276
39 *Howard*. S. 272
40 *Letters*. S. 315
41 *Howard*. S. 292
42 *Letters*. S. 316/317
43 *Letters*. S. 317
44 *Letters*. S. 330
45 *Letters*. S. 339/340
46 *Letters*. S. 340
47 *Letters*. S. 337/338
48 Hildebrandt. S. 10/11
49 *Letters*. S. 234
50 *Letters*. S. 232
51 *Letters*. S. 319
52 *Letters*. S. 317
53 Zitat aus: *Howard*. S. 294
54 *Letters*. S. 342
55 Siehe: *Howard*. S. 296/297
56 *Howard*. s. 277
57 Zitat aus: *Crouch*. S. 396

Kapitel 15: Das Deutschland-Geschäft

1 Siehe: Schwipps I. S. 160
2 Siehe: Wolfgang Ruppert: Die A-̈
   beiter. München 1986. S. 140
3 *Letters*. S. 344
4 Siehe: Kelly. S. 187
5 Knäusel. S. 15
6 Siehe: Gütschow. S. 41
7 Meyer. S. 25
8 Clausberg. S. 5
9 Clausberg. S. 54

10 Zitat aus: Clausberg. S. 59
11 Zitat aus: Clausberg. S. 55/56
12 Knäusel: Zeppelin. S. 15
13 Zitat aus: Clausberg. S. 64
14 Siehe: Kelly. S. 188
15 Zitat aus: Clausberg. S. 78
16 Zitat aus: Karl Riha (Hrsg.): Reisen
   im Luftmeer. München, Wien
   1983. S. 269
17 Knäusel. S. 20
18 Siehe: Meyer. S. 30/32
19 Walter Heichen: Abenteuer der
   Luft. Berlin, Breslau, Kattowitz,
   Leipzig 1912. S. 117
20 Schwipps I. S. 159
21 Siehe: Schwipps I. S. 160/161
22 Siehe: *Letters*. S. 353

Kapitel 16: Das Wegende

1 *Gibbs-Smith*. S. 124
2 Schmitt. S. 65
3 Siehe: *Letters*. S. 322 und S. 324
4 *Letters*. S. 327
5 *Letters*. S. 332/333
6 Schmitt. S. 118
7 Schmitt. S. 119
8 Schmitt. S. 25
9 Zitat aus: Prendergast. S. 37
10 Zitat aus: *Gibbs-Smith*. S. 210
11 *Gibbs-Smith*. S. 213
12 Schmitt. S. 69
13 Siehe: Ingold. S. 86-94
14 Zitat aus: *Gibbs-Smith*. S. 330
15 Zitat aus: *Gibbs-Smith*. S. 338
16 Franz Kafka: Die Aeroplane in
   Brescia und andere Texte. Frank-
   furt/M. 1977. S. 21 – 23
17 Siehe: Prendergast. S. 67
18 Schwipps I. S. 59
19 Ansbert Vorreiter (Hrsg.): Jahrbuch
   der Luftfahrt. München 1912. 2.
   Jahrgang. S. 168
20 Zitat aus: *Gibbs-Smith*. S. 339
21 *Gibbs-Smith*. S. 345

22 Siehe: *Crouch*. S. 381
23 Siehe Schwipps I. S. 160
24 Hildebrandt. S. 61/63
25 *Letters*. S. 383
26 Zitat aus: Prendergast. S. 89
27 Prendergast. S. 89
28 Siehe etwa: *Howard*. S. 355;
   Schmitt. S. 61
29 Siehe: *Howard*. S. 356
30 Zitat aus: *Howard*. S. 356
31 Siehe: *Howard*. S. 359
32 Siehe *Howard*. S. 360
33 Siehe *Crouch*. S. 435
34 Walter Heichen: [a.a.O.]
   S. 124
35 *Howard*. S. 357/358
36 Prendergast. S. 100
37 Siehe: Maeckworth-Praed.
   S. 147
38 *Letters*. S. 347
39 Siehe: Prendergast. S. 127
40 Siehe: *Howard*. S. 389-391
41 Siehe: *Howard*. S. 392
42 *Letters*. S. 134
43 Siehe: *Howard*. S. 354
44 *Letters*. S. 333
45 Siehe: *Letters*. S. 374
46 Combs. S. 262/263

Kapitel 17: Der Kampf

1 *Letters*. S. 385/386
2 *Letters*. S. 384/385
3 Zitat aus: Prendergast. S. 115
4 *Letters*. S. 371
5 Siehe: *Howard*. S. 347
6 Siehe: *Howard*. S. 332
7 Prendergast. S. 116
8 Siehe: *Howard*. S. 338
9 *Howard*. S. 75 – 77
10 *Letters*. S. 286/287
11 *Letters*. S. 356
12 *Letters*. S. 360
13 *Letters*. S. 375
14 *Letters*. S. 361

15 *Letters.* S. 362
16 *Letters.* S. 364
17 *Crouch.* S. 421
18 *Letters.* S. 373/374
19 *Letters.* S. 351
20 *Letters.* S. 351
21 *Howard.* S. 207/208
22 Siehe: *Howard.* S. 468/469
23 *Letters.* S. 388
24 Siehe: *Howard.* S. 420
25 Zitat aus: Prendergast. S. 126
26 Zitat aus: Prendergast. S. 127
27 Siehe: *Howard.* S. 393
28 Zitat aus: *Howard.* S. 393/394
29 Siehe: *Letters.* S. 401/402
30 Siehe: *Howard.* S. 399/400
31 *Howard.* S. 404
32 *Howard.* S. 405
33 *Howard.* S. 504
34 *Letters.* S. 410
35 *Crouch.* S. 477
36 Zitat aus: *Howard.* S. 421

Kapitel 18: Der Krieg

1 Zitat aus: Ingold. S. 218
2 Vogelsang. S. 7
3 Vogelsang. S. 10
4 Zitat aus: Ingold. S. 105
5 Zitat aus: Gunther Mai: Das Ende
  des Kaiserreichs – Politik und
  Kriegführung im Ersten Weltkrieg.
  München 1987
6 Zitat aus: Michael Fröhlich: Imperi-
  alismus – Deutsche Kolonial- und
  Weltpolitik 1880 – 1914. München
  1994. S. 171
7 Schmitt. S. 77/78
8 Wissmann. S. 320
9 Prendergast. S. 144/145
10 Prendergast. S. 153
11 Vogelsang. S. 8
12 Zitat aus: Schwipps I. S. 82
13 Schwipps I. S. 83
14 Schwipps I. S. 82

15 Wissmann. S. 302/303
16 Zitat aus: Clausberg. S. 136
17 Clausberg. S. 135 ff.
18 Clausberg. S. 134/135
19 Knäusel. S. 63
20 Ingold. S. 223
21 Wissmann. S. 336
22 Zitat aus: Wissmann. S. 343
23 Peter Meyer. S. 42
24 Peter Meyer. S. 103
25 Gütschow. S. 67
26 Gütschow. S. 61
27 Zitat aus: Meyer. S. 43
28 Knäusel. S. 65
29 Siehe: www.dwv-info.de/pm/
   hindbg/hbd.htm
30 Georg Paul Neumann:
   Die deutschen Luftstreitkräfte
   im Weltkriege. Berlin 1920.
   S. 236
31 Mackworth-Praed. S. 202
32 Mackworth-Praed. S. 216
33 Ernst von Hoeppner: Deutschlands
   Krieg in der Luft. Leipzig 1921.
   S. 77
34 Zitat aus: Mackworth-Praed.
   S. 199
35 Siehe etwa: Dieter Kühn: Luftkrieg
   als Abenteuer – Kampfschrift.
   München 1975. S. 20 ff.
36 Zitat aus: Karl Kraus: Werke. Welt-
   gericht (Bd. 13). München, Wien
   [Ohne Jahresangabe]. S. 197/198
37 Zitat aus: *Howard.* S. 416
38 Zitat aus: Marc Frey: Geschichte
   des Vietnamkriegs. München 1998.
   S. 131
39 Marc Frey: [a.a.O.] S. 127
40 Rüdiger Dingemann: Krisenherde
   der Welt. Braunschweig 1996.
   S. 815
41 Marc Frey: [a.a.O.] S. 127
42 Marc Frey: [a.a.O.] S. 191
43 Brockhaus – Die Enzyklopädie.
   Leipzig, Mannheim 1999. Bd. 23.
   S. 313

44 Jürgen Elsässer: Kriegsverbrechen
– Die tödlichen Lügen der Bundes-
regierung und ihre Opfer im Koso-
vo-Konflikt. Hamburg 2000. S. 115

45 Zitat aus: Jürgen Elsässer: [a.a.O.]
S. 120/121
46 Siehe etwa: *Crouch.* S. 461/462
47 *Letters.* S. 437/438

.

Bildnachweise

197   Aus: Prendergast. S. 28. Foto: Musée de l'Air, Paris
213   Aus: Crouch. S. 367. Foto: National Air and Space Museum,
      Smithsonian Institution
222   Aus: Crouch. S. 376. Foto: National Air and Space Museum,
      Smithsonian Institution
225   Aus: Crouch. S. 382. Foto: National Air and Space Museum,
      Smithsonian Institution
253   Aus: Rendall. S. 65. Foto: Musée de l'Air, Paris
255   Nach: Combs. S. 111
257   Aus: Culick/Dunmore. S. 95. Foto: Brown Brothers
261   Nach: Culick/Dunmore. S. 147
288   Aus: Prendergast. S. 156. Foto: Willi Bernhard, Hamburg
293   Aus: Knäusel. S. 119. Foto: Sammlung Knäusel
297   Nach: Mackworth-Praed. S. 200

Personenregister

Green, Charles 48
de Groof, Vincent 18, 19, 20
Grumbach, Carrie 171, 176
Guynemer, Georges 296

Hamilton, Charles 259
Herring, Augustus Moore
43, 124–130, 134–136, 177 f., 181,
252, 270
Heym, Georg 286
Hildebrandt, Alfred 195, 227, 258
Hoxsey, Arch 261
Huffaker, Edward C. 96 f., 99–101,
106
Huth, Walther 262

Ikarus 9, 44
Immelmann, Max 296

Jatho, Karl 49 f., 52
Jeffries, John 48
Johnstone, Ralph 261

Kafka, Franz 191, 249–251
Kapferer, Henry 210
Kelly, Fred C. 207, 214
Knabe, Robert 61
Kress, Wilhelm 35

de Lambert, Charles 245
Lamson, Charles H. 127
Langley, Samuel Pierpont 36 f., 79,
96, 105, 114, 130, 131–137,
140, 152–154, 158, 160–162,
280
Latham, Hubert 245, 251
Lefebvre, Eugène 253
Levavasseur, Léon 243
Lilienthal, Agnes (Ehefrau von
Otto Lilienthal) 47
Lilienthal, Gustav (Bruder von
Otto Lilienthal) 29, 31
Lilienthal, Gustav (Vater von Otto
Lilienthal) 28
Lilienthal, Otto 8, 18, 23, 24–47, 55 f.,
60, 65, 74, 80, 82, 85 f., 88, 92, 96,

99, 101, 103–105, 115, 125, 127,
214, 299
Ludwig XVI. 11

MacCready, Paul 44 f.
Manly, Charles M. 132, 135, 151–153,
161
Mannock, Edward 296
Maxim, Hiram 20–22, 30, 35 f., 45,
125
Means, James 78 f.
Meyer-Foerster, Wilhelm 37
Moedebeck, Hermann 55, 63
Montgolfier, Jacques Étienne
10 f., 13
Montgolfier, Joseph Michel 10 f.
Moore, Johnny 168, 171

Newton, Isaac 83
Nieuport, Edouard 287, 297

Otto, Nikolaus August 56

Paulhan, Louis 269
von Parseval, August 64
Pégoud, Adolphe 287
Pénaud, Alphonse 79
Peyrey, François 208, 210, 222
Pilâtre de Rozier, Jean-François 9,
11–13
Pilcher, Percy 36, 80 f., 96, 98

von Richthofen, Manfred Frei-
herr 294, 296, 298
Robert, Jean und Noël 11, 13, 15
Röntgen, Wilhelm Conrad 26
Root, Amos J. 186

Santos-Dumont, Alberto 58–60, 175,
181, 197 f., 262
Schindler, Reubens 196
Selfridge, Thomas 202 f., 217,
219–222
Shukowski, Nikolai Jegorowitsch 35
Simmons, Joseph 20
Sperry, Lawrence 265

318